KB039413

관료의
언어와
이미지생산

김민주

박영사

이 저서는 2021년 대한민국 교육부와 한국연구재단의 저술출판지원사업의
지원을 받아 수행된 연구임(NRF − 2021S1A6A4050827)
This work was supported by the Ministry of Education of the Republic of
Korea and the National Research Foundation of
Korea(NRF − 2021S1A6A4050827)

머리말

인간은 망각의 동물이다. 지나간 것을 모두 기억할 수 없다. 기억할 수 없기에 낭패를 보거나 아쉬운 점도 있지만, 한편으로는 잊고 지내는 것이 마음 편하고 좋은 면도 있다. 모든 것을 다 기억하면 고통스럽다.

이런 우리 인간이 지금부터 5년 후, 10년 후, 50년 후에도 망각하지 않고 기억할 일이 있다. 코로나19(코로나바이러스감염증-19)를 만난 경험이다. 어쩌면 100년 뒤에도 우리 후손은 중요한 역사적 사실이라며 우리가 살았던 코로나19 시대를 배우고 있을지 모른다. 마치 우리가 중요하다고 여기는 100년 전의 역사적 사실을 배우는 것과 같다. 코로나19를 경험한 이들이라면 코로나19가 망각되지 않고 왜 계속 기억될 것으로 예상되는지 굳이 긴 설명을 하지 않아도 알 것이다.

그런데 이 책은 굳이 조금 길게 설명해야 알 수 있는 사실 하나를 들려주기 위해 쓰였다. 그것은, 코로나19가 우리 인간에게 전에는 하지 않았던 상상을 하게 했고 새로운 이미지를 만들어 준 사실이다. 망각의 동물이자 동시에 생각하는 동물인 인간이 새로운 상상으로 이미지를 만들게 되면, 전에는 하지 않았던 행동을 하거나 새로운 인식이나 태도 등을 지니게 된다. 그에 따른 결과물은 전에 없던 것들이 되며, 그로 인해 각종 변화가 생긴다. 그 변화는 전에 없던 큰 변화라서 미래의 우리도, 먼 미래의 우리 후손도 코로나19를 기억하는 것이다.

  이 책은 바로 여기에 관심을 둔다. 군이 말하지 않아도 모두가 아는, 즉 누구나 체감했던 여러 일상의 변화에 대한 설명이 아닌, 코로나19가 우리에게 불러일으킨 새로운 상상과 이미지를 분석한다. 특히 코로나19와 새로운 상상을 하며 이미지를 떠올리게 된 우리 사이에는 관료의 언어가 존재하고 있다는 사실에 초점을 둔다.

  '코로나19', '관료의 언어', '이미지 생산'이라는 키워드를 놓고 보면 조합이 될 듯도 하고 그렇지 않을 듯 보이기도 한다. 그래서 군이 설명이 필요했기에 이 책을 집필하게 되었다. 나중에는 코로나19 대신에 또 다른 대상이 관료의 언어와 이미지 생산과 조합이 이루어질 수도 있을 것이다. 물론 코로나19만큼 고통스럽지 않고 대신 아주 즐거운 대상이 그 자리를 차지했으면 한다.

2023년 10월 학교 연구실에서
저자 김민주

서장: 코로나19가 낳은 새로운 현실과 언어

새로운 현실

코로나바이러스감염증－19(이하, 코로나19로 지칭)의 발생이 개인은 물론이고 사회 전반에 미친 영향을 하나하나 새삼 말할 필요는 없다. 2020년 이후부터 지금까지 살아온 사람이라면 직접 체감한 그대로이다. 사람마다 체감도가 다를 수 있다고 말할 수도 있으나, 코로나19 발생에 따른 체감은 아마도 비슷할 것이다. 한정된 대상이나 특정 집단이 표적이 되는 감염병이 아니라 그 누구라도 감염될 수 있는 바이러스의 유행이었기 때문이다. 그리고 무엇보다도 감염병 예방 및 관리와 방역이 정부에 의해 일괄적으로 이루어졌기 때문에 체감도가 크게 다르지 않았다.

　　모두가 함께 비슷한 체감으로 경험한 코로나19는 생활 곳곳에 크고 작은 변화를 가져왔다. 남녀노소 그 누구도 피할 수 없었다. 크건 작건 그 변화는 이전과는 분명 달랐다. 코로나19가 국내에 발생하기 직전인 2019년 말경에 태어나서 마스크를 친숙하게 여기는 한 아이의 사례를 보자.

　　그 아이는 태어난 지 백일쯤 될 때인 2020년 2월 한국 사회는 코로나19 발생으로 시끌벅적했다. 대구에서 한 종교 집단에 의해 발생한 대규모 감염 사태로 전 국민의 걱정과 불안이 최고조에 달했고, 해외에도 소개될 정도였다. 그 아이가 걸음마를 뗼 때인 2020년 하반기에는 마스크 착용 의무학가 시행되었다. 본격적으로 마스크에 친숙한 아이가 되어 가기 시작했다. 이후 2021년과 2022년 그리고 2023년이 되면서 사회적 관계 맺기의 일종인 어린이집과 유치원을 다닐 때는 마스크를 옷처럼 여겼다. 시키지 않아도 집 밖에 나갈 때면 마스크를 꼭 착용했다. 심할 때는 밖에서 마스크를 잠깐이라도 착용하지 않으면 큰일 나는 것으로 생각했다. 코로나19가 발생하기 이전을 기준으로 보면 참으로 생소한 풍경이지만 코로나19가 세계적 차원의 이슈가 된 시점에서 보면 방역수칙을 잘 따르는 아이다.

　　이 내용은 코로나19에 의해 나타난 한 아이의 사례에만 해당하는 것이 아니다. 또 마스크에 한정된 이야기만도 아니다. 코로나19를 마주한 무수히 많은 또 다른 아이들과 어른들이 존재하고, 마스크와 같이 그동안 친숙하지 않았던 것들이 친숙해진 것들도 많다. 코로나19가 한창 유행할 때는 완전히 다른 세상으로 접어들 것으로 예상할 정도였다. 실제로 2022년 한 언론매체의 특집호 기사에 실린 2020년 당시 중앙방역대책본부 부본부장의 중앙방역대책 브리핑 내용을 보면, "거듭거듭 말씀드립니다마는, 코로나19 발생 이전의 세상은 이제 다시 오지 않습니다. 이제는 완전히 다른 세상입니다."라고 말하고 있다.[1] 방역에 만전을 기해달라는 메시지를 전달하려는 목적이었겠지만 당시 그렇게 생각할 정도로 불과 몇 개월 전과는 너무나도 다른 상황이었다. 정부에서 발표하는 보도자료의 붙임 페이지에는 코로나19 방역을 위한 내용을 담은 '국민 여러분께 간곡히 부탁드립니다.' 라는 별도의 메시지를 첨부할 정도였다.

외국에서도 역시 아직 코로나19는 끝이 아니며 새로운 변이 바이러스 출현이나 또 다른 팬데믹 출현을 대비해야 한다고 강조하며, 기존과는 달라질 세상을 말했다. 예컨대, 토머스 프리드먼(Thomas Friedman) 뉴욕타임즈 칼럼니스트는 "세계는 코로나 이후(AC: After Corona)와 이전(BC: Before Corona)으로 나뉠 것"이라고 예측했고, 헨리 키신저(Henry A. Kissinger) 전 미국 국무장관도

---

1) 중부일보(2022). 코로나와 동거… 세상이 변했다, 7월 6일자 기사.

코로나19가 세계 질서를 영원히 바꿔놓을 것이라고 진단하며 "코로나19 팬데믹이 끝나더라도, 세계는 그 이전과는 전혀 같지 않을 것"이라고 했다.[2]

일반인 역시 코로나19 유행이 영원히 지속될 것에 대한 두려움이 높게 나타났다.[3] 현재의 코로나19 유행의 지속은 코로나19가 없던 그 이전과는 분명 다른 상황이라는 점에서 비롯된 두려움이다. 그래서 이에 대해 우리 사회가 세계적·시대적 차원의 불확실성으로 이어지고 있다는 진단을 하기도 했다.[4] 이 모두가 현재의 우리가 비슷하게 체감하는 코로나19 발생 전(前)과 후(後)의 차이가 비교적 뚜렷하다는 인식에서 비롯된 것들이다.

코로나19 발생 이전과 이후가 다르다는 점은 우리의 체감뿐 아니라 전염병 특유의 명확한 영향에 의해 구분되기도 한다. 전염병이 인간에게 미치는 생명의 위협이 분명하기 때문이다. 실제로 그동안 인류가 지구에 등장한 이후 가장 많은 목숨을 앗아간 원인은 바로 전염병이었다. 흔히 전쟁이나 기아를 그 원인으로 생각하지만, 전쟁과 기아에 의한 사망자를 모두 합한 것보다 전

---

2) 연합뉴스(2020). 키신저 "코로나19 팬데믹, 세계 질서 영원히 바꿔놓을 것", 4월 5일자 기사.
3) 통계청(2022). 「한국의 사회동향」, 통계청·통계개발원.
4) 김호직(2023). 불확실성의 포스트 코로나 시대, 「국가관리BRIEF」, 78호, 국가관리연구원.

염병에 의한 사망자가 더 많다고 한다.5) 사망자 수가 많다고 해서 그것을 기점으로 다른 세상이 되었다고 단정하는 것은 다소 성급하지만, 그만큼 사회를 전과 후로 구분 지을 수 있을 정도로 파급력이 적지 않은 것이 사실이다. 실제로 최근의 코로나19 역시 세계 곳곳에서 적지 않은 사망자를 발생시켰다. 세계보건기구 WHO(World Health Organization)에 따르면, 코로나19 발생 이후 2년간(2020. 1. 1~2021. 12. 31) 전 세계에서 코로나19의 영향으로 사망한 사람은 약 1,490만 명으로 추산된다고 했다. 이 규모는 세계 인구 약 500명당 1명이 사망했다는 의미이고 또 평상시보다 13% 많은 사망자가 발생한 것이다.6) 만일 여기에 2022년과 2023년의 코로나19와 관련된 사망자 수가 반영되고, 또 통계 집계의 열악함이나 불가 등의 이유로 공식통계에 집계되지 않는 경우까지 포함하면 그 규모는 더 클 것이다. 특히 WHO의 우려와 지적처럼 중국의 코로나19 사망자 수 축소 의심까지 고려한다면 더욱 그렇다.7) 따라서 전염병이 미치는 영향이 결코 적지 않다는 점을 알 수 있는데, 그것은 코로나19 발생으로 다시 한번 더 확인된 셈이다. 코로나19는 그 이전과는 다른 세상의 문을 연 것이다.

---

5) Inhorn, M. C., & P. J. Brown(1990). The Anthropology of Infectious Disease, *Annual Review of Anthropology*, 19(1): 89–117.
6) 세계보건기구 홈페이지(www.who.int).
7) 연합뉴스(2023). WHO "중국, 코로나 정보 공유 늘었지만 사망자 수 축소 여전", 1월 12일자 기사.

정부와 관료의 대응

코로나19는 발생 초기부터 그 영향력의 크기를 보여주었다. 코로나19에 의한 영향과 변화는 개인이 감당할 수 있는 수준을 넘어선 상태로 시작되었다. 정부가 그에 대응하는 역할을 맡지 않을 수 없었다. 사실, 전통적으로 정부의 역할에는 공중보건처럼 공공재적 성격을 띠는 서비스 제공도 포함되기 때문에 정부의 대응 역할이 새삼스러운 것은 아니다. 특히 가레쓰 모르간(Gareth Morgan)이 제시한 조직의 이미지 중 두뇌(brains)로서 조직처럼 정부조직도 인간의 두뇌처럼 과거 경험이나 외부 사례 등을 통해 학습하면서 지식을 쌓고 배우면서 자기조직화해서 살아가는데,[8] 이미 과거 사스(중증급성 호흡 증후군, SARS)와 메르스(중동호흡기증후군, MERS)로부터 학습한 바가 있어서 코로나19에 대해서도 정부가 더 적극적으로 대응하였다. 현재는 질병관리청으로 승격되었지만 불과 얼마 전까지만 해도 질병관리본부였는데, 이 기관은 과거 사스를 계기로 출범한 것으로 정부 학습의 결과 사례 중 하나이다. 이렇듯 코로나19가 사회에 미친 영향력의 크기만큼이나 정부는 곧바로 대응했고 그에 따라 정부와 그 속의 관료의 역할도 뚜렷이 부각되었다.

---

8) Morgan, Gareth(2006). *Images of Organization*, Sage Publications.

단적으로, 코로나19 발생 초기에는 매일 두 번씩 코로나19 현황을 브리핑하는 정부 관료의 말에 모두가 귀를 기울였다. 그뿐 아니라 그동안 감염병으로 인한 피해에 대해 특별재난지역을 선포한 전례가 없었음에도 불구하고 2020년 3월에 특정지역의 갑작스러운 코로나19 확산에 대응하기 위해 해당 지역을 특별재난지역으로 선포하였다. 그리고 전 국민을 대상으로 '재난지원금'을 지급하기도 했다. 또 국가감염병위기대응자문위원회 등과 같은 기구도 만들어졌다. 우리나라뿐 아니라 미국에서도 코로나19로 인해 공식적으로 국가비상사태를 선언하기도 했다. 그 외 유럽의 많은 나라들도 마찬가지였다.

이처럼 재난으로 인식되었기 때문에 개인의 수준이 아닌 국가 차원의 대응이 요구되었고, 실제 그렇게 이루어졌다. 이는 위기상황에서 일종의 민첩한 정부(agile government)가 되고 민첩한 관료(agile bureaucrat)가 되는 것이다. 경험적 연구에서도 볼 수 있듯이, 유연하고 신속한 대응으로 위기 상황에 적극 대처하는 민첩한 정부역량은 코로나19 대응 성과에 긍정적인 영향을 미치는 것으로 나타났다. 물론 그 수준이 과도할 경우에는 오히려 위기대응 성과에 부정적일 수도 있다고는 한다.[9] 하지만 중요한 것

---

9) 이슬기·김태형(2022). 코로나19 대응성과의 영향요인에 관한 연구: 민첩한 정부의 비선형성과 정부의 관리역량을 중심으로, 「지방정부연구」,

은 과도한 수준에 이르기까지의 기본적인 정부의 역할로서 민첩한 대응이다. 코로나19에 대응하는 정부와 관료의 역할은 불가피하고 중요한 것이었다.

26(3): 225–254.

관료의 언어

정부와 관료의 대응은 여러 형태로 나타난다. 전통적 관료
조직 내 자원을 활용하는 것이 모두 해당할 수 있다. 조직, 인사,
재무, 정책 각각을 활용한 조치들이 그렇다. 별도 위원회와 같은
기구 신설이나 기존 기구를 변화시키거나(조직), 인력배치나 보충
그리고 지위 조정 등이 있을 수 있고(인사), 예비비나 추가경정예
산 투입 및 조세지출 확대와 예산 전용 조치(재무), 또 각종 위기
대응 대책 및 기존 정책 수정과 제도 도입(정책) 등이 해당된다.

하지만 이러한 대응은 중요하고 필수적이지만 한편으로는
일정한 시간이 요구된다. 물론 민첩한 정부와 관료는 여기서 말
하는 시간도 보통의 상황에서 소요되는 시간보다는 훨씬 빠르게
진행되는 것을 의미한다.[10] 하지만 조금 더 간단한 측면으로 볼
때, 위기 상황에 대응하는 정부와 관료의 모습을 보면 그 모든 조
치에 앞서 혹은 그 조치들과 함께 등장하는 것은 바로 관료의 언
어이다. 다시 말해, 말이나 글 등이 포함된 언어가 여러 조치들과
함께 또는 한발 앞서 관료로부터 표출된다는 것이다. 특히 위기
상황이라서 더욱 그렇다. 실제로 과거 메르스가 확산되었을 때

10) Mergel, I., S. Ganapati & A. B. Whitford(2020). Agile: A new way
of governing. *Public Administration Review*, 81(1): 161-165.

정부 관료가 메르스에 대응하며 사용한 언어를 중심으로 분석한
결과를 보면, 초기는 물론이고 바이러스 쇠퇴기에 이르기까지 정
부 관료가 사용하는 언어의 중요성을 알 수 있다.[11]

이런 상황에서 관료가 사용하는 언어는 일종의 커뮤니케이
션이다. 위험한 상황임을 알리고 그 위험을 피하기 위한 정보를
제공하여 대중들이 신속히 적절한 행동을 취하도록 하는 것을 목
표로 하는 커뮤니케이션인 것이다.[12] 그래서 이를 위기커뮤니케
이션(risk communication)이라고도 한다. 위기커뮤니케이션이란 위
기의 수준, 중요성, 의미를 관리하기 위한 결정·정책·행동 등에
대하여 공동체가 의견을 교환하는 커뮤니케이션 과정을 말한다.
위기커뮤니케이션은 위기 사건에 대한 사회구성원 간의 개별적인
인식의 간극을 좁혀준다. 나아가 특정한 위기 상황에 대한 정보
전달을 넘어, 공동체 간 합의의 구성과정을 포함하는 공론장 형
성 과정이기도 하다. 그렇기 때문에 그동안에는 주로 정부와 같
은 위기 상황 관리자의 관점에서 공동체의 안정을 높이는 방향으
로 소통 전략을 논의해 왔지만, 최근에는 일반 대중의 역할도 강
조되고 있다. 사회 내 위험과 위기에 대한 인식과 협조적 대응 등

---

11) 이미나·홍주현(2016). 메르스 확산에 따른 정부의 위기 대응 메시지 언
어 네트워크 분석, 「한국콘텐츠학회논문지」, 16(5): 124-136.

12) Glik, D. C.(2007). Risk Communication for Public Health Emergencies,
Annual Review of Public Health, 28: 33-54.

은 결국 일반 대중과 관련될 수밖에 없기 때문이다. 대중에게 미치는 위기의 영향이 없다면 그것을 사회적 차원의 위기이라고 여기지도 않을 것이다. 따라서 오늘날에는 정부와 같은 위기 관리자에 국한된 위기커뮤니케이션이 아니라, 다양한 주체가 참여하는 역동적인 위기커뮤니케이션 과정을 중요하게 여기고 있다.[13]

위기 상황에서 위기관리자에 해당하는 정부 내 관료들의 언어가 미치는 영향이 더욱 커진 이유도 바로 여기에 있다. 위기 상황에서 관료의 언어는 단순한 외침이 아니라 대중과 상호작용을 하게 만드는 시작점이 될 수 있어서 그렇다. 무엇보다도 위기 상황에 대한 정보를 더 많이 가지고 있는 이들이 위기관리 업무와 관련된 관료들이다. 특히 위기관리 주무부서의 관료들은 위기 상황 판단과 대응 및 관리의 최전선에 있기 때문에 그 위기에 대해 가장 잘 알고 있다. 이런 위치에 있는 그들이 사용하는 언어가 지니는 힘이 적지 않다. 따라서 시간이 소요되는 각종 제도 도입이나 규정 개정 등의 실현보다, 위기 상황을 설명하고 도입될 제도나 개정될 규정을 설명하는 관료의 언어가 비록 공식적으로 제도화된 형태는 아니더라도 그 영향은 분명하다. 위기 상황의 시급

---

13) 조민정·이신행(2021). 코로나19 관련 언론 보도 프레임 분석: 자료기반 자동화 프레임 추출 방법을 중심으로, 「한국소통학보」, 20(1): 79-121, p.83.

함 등에 따라 그 영향의 정도는 다르겠지만, 코로나19와 같은 상
황은 사회 전체적 파급력이 워낙 컸기 때문에 관료의 언어가 지
니는 영향력의 분명함을 넘어 그 크기도 컸다.

언어의 영향

조르조 아감벤(Giorgio Agamben)에 따르면, 언어 자체가 일종의 장치(dispositif)이다. 장치란 생명체의 몸짓, 행동, 의견, 담론을 포획, 지도, 규정, 차단, 주조, 제어, 보장하는 능력을 지닌 모든 것을 말한다. 그래서 언어도 장치에 해당하는데, 이 언어는 가장 오래된 장치로 불리기도 한다.[14] 장치의 정의에서 알 수 있듯이 그 영향을 생각할 때 언어의 영향도 쉽게 생각할 수 있다. 위험 상황에서 관료의 언어는 국민인 우리의 몸짓, 행동, 의견, 담론을 포획, 지도, 규정, 차단, 주조, 제어, 보장하는 것이다. 이는 일종의 힘(power)의 작용이다. 언어의 힘인 것이다.

언어의 힘은 광신적 종교 집단을 보면 쉽게 이해된다. 1978년 남아메리카 가이아나 북서부의 존스타운에서 신흥 종교 집단 신도 900여 명이 목숨을 끊었는데, 그것은 교주의 말에 의해서였다. 어맨다 몬텔(Amanda Montell)의 말처럼 모든 컬트 집단에는 그 집단만의 독자적인 언어가 있고, 그 언어는 집단 구성원들의 세계관을 효율적으로 지배한다.[15] 소위 말하는 사이비 종교 집단뿐

---

14) 조르조 아감벤·양창렬(2010). 양창렬 옮김, 「장치란 무엇인가? 장치학을 위한 서론」, 난장, p.33.
15) 어맨다 몬텔(2023). 김다봄·이민경 옮김, 「컬티시」, 아르테.

아니라 사회 곳곳에서 이런 모습을 볼 수 있는데, 선동 언어나 슬
로건이나 스토리 등이 핵심적인 요소가 되어 영향을 미친다. 무
대 위에 있는 한 명의 교주를 향해 무대 아래의 수천·수만 명의
사람들이 열렬히 양손을 들고 흔드는 사진을 떠올려 보자. 교주
가 총과 칼을 들고 위협해서 수천 명의 사람들이 열렬히 양손을
들고 흔드는 것이 아니다. 오직 교주가 사용하는 언어와 그 언어
에서 비롯된 가치관이나 신념 및 이념 등의 영향 때문이다. 이는
상징적 수단을 통제수단으로 사용하는 집단이나 조직에서 흔히
볼 수 있는 것으로,16) 그 상징은 언어로부터 비롯된 것들(가치관,
신념, 이념 등)이다. 물론 사이비 종교 집단이나 교주 사례는 다소
극단적인 사례일 수 있으나, 그와 같이 극단적인 상황까지 몰고
갈 수 있는 것이 바로 언어의 힘인 것이다.

　　비록 극단적 사례가 아니더라도 현실 속에서 언어가 지니는
영향력은 우리 주변 곳곳에서 목격할 수 있다. 하지만 보다 근본
적인 영향은 언어가 현실 자체를 만들 수도 있다는 점이다. 다시
말해, 뇌과학자 리사 펠드먼 배럿(Lisa Feldman Barrett)의 말대로
인간은 뇌를 가지고 있어서 다른 동물에 비해 크게 노력하지 않
아도 다른 사람들과 사회적 현실을 만들 수 있다.17) 특히 언어가

---

16) 김민주(2017). 「정부는 어떤 곳인가: 행정학의 이해와 활용」, 대영문화
　　사, p.111.

있기 때문인데, 인간의 여러 능력 중에서도 압축(compression)하는 능력 덕분이다. 복잡한 현상에 대해 중복되는 것은 줄이고 요약하고 또 요약해서 의사소통이 가능한 압축된 사회적 현실을 만든다. 이것이 중요한 이유는 압축된 만큼 우리 뇌가 추상적으로 생각할 수 있게 해주기 때문이다. 사회적 현실을 만들되 사고력에 의한 의미를 인식하도록 하고 그 의미가 내포된 개념을 만드는 것이다. 그래서 리사 펠드먼 배럿은 인간이 사회적 현실을 만들기 위해 '말로 개념을 전달하는 점'을 인간과 다른 동물들과의 차이점으로 들기도 한다.[18] 그렇게 볼 때 현재는 눈앞에 펼쳐진 상황에 대한 감각적 경험이자 이해한 현실로 볼 수 있다. 인간은 기존 지식과 욕구에 따라 현재 상태에 정서를 부여하며 이때 상상이 동반되는 등의 새로운 언어가 만들어지는데,[19] 그 새로운 언어가 사용되면서 그에 따른 사회적 현실도 만들어지거나 수정된다. 그리고 그것을 감각적 경험으로 받아들이고 이해하며 현실감을 가지게 되는 것이다. 따라서 사회적 현실이 동일한 특정 형태로만 만들어지지는 않는다. 실제 세계는 상당한 정도로 해당

---

17) 리사 펠드먼 배럿(2022). 변지영 옮김, 「이토록 뜻밖의 뇌과학」, 더퀘스트, p.166.

18) 리사 펠드먼 배럿(2022). 변지영 옮김, 「이토록 뜻밖의 뇌과학」, 더퀘스트, pp.166-176.

19) 조던 피터슨(2021). 김진주 옮김, 「의미의 지도」, 앵글북스.

집단의 언어 관습에 무의식적으로 기초하고 있어서 집단이 다르면 다른 실제 세계에 살게 되는 것과 같게 느껴진다. 실제로 미국 영어의 화자와 호피족 언어의 화자는 다른 세상 속에 산다고 말하기도 한다.[20]

　　화자는 항상 특정한 사회적 언어로 말하며 살아간다. 화자는 말 할 수 있거나 말하는 것으로 언어를 형성하고 그 언어에 의해 또 다른 언어가 형성되기도 한다.[21] 언어를 새롭게 형성하는 것은 물론이고 새롭게 형성된 언어로 스스로가 다시 형성되기도 하는 것이다. 단순히 언어를 넘어 세상의 축적인 것이다. 그 과정에서 언어는 인간에게 인간은 언어에게 영향을 준다. 한 번도 겪지 못한 코로나19는 새로운 언어를 필요로 했고 그 언어는 다시 새로운 언어에 맞는 우리 인간의 행동을 유도했다. 역시 코로나19 상황에 따르는 언어와 함께 세상의 축적이 이루어졌다. 따라서 루드비히 비트겐슈타인(Ludwig Josef Johann Wittgenstein)이 자신의 인생 후기에 밝힌 생각처럼 언어를 알기 위해서는 언어의 본질적 의미에 집착하기보다는 일상 언어의 쓰임새와 맥락 등과 같은 언어의 '사용'을 이해하는 것이 중요하며, 그것이 언어를 사용

---

20) 수잔 티체·로리 코헨·질 머슨(2013). 신병현 옮김, 「언어와 조직 이해」, 커뮤니케이션북스, p.163.
21) 수잔 티체·로리 코헨·질 머슨(2013). 신병현 옮김, 「언어와 조직 이해」, 커뮤니케이션북스, p.46.

하며 사는 인간과 사회를 더 잘 이해하는 방식이 된다.[22] 코로나 19 상황에서 사용되는 언어도 마찬가지다.

이렇게 본다면 위기 상황에서 정부의 역할에 부합한 일을 하는 관료가 사용하는 언어는 신중하게 선택되고 사용될 필요가 있다. 위기 상황에서 관료의 언어를 중요 정보로 여기는 국민에게 그 위기를 어떻게 인식하고 어떻게 대응할지에 관한 생각과 방향에 영향을 주기 때문이다. 이미 코로나19 상황에서 관료의 언어 선택은 시작되어 왔다. 대표적으로 '코로나19'라는 명칭이 사용된 사례를 들 수 있다. 처음에는 중국 우한에서 시작되어 폐렴 증상이 나타나는 질병이라고 해서 '우한 폐렴', '신종 코로나' 등의 용어가 사용되었다가 세계보건기구(WHO)가 공식 명칭으로 '코비드19(COVID-19)'를 사용하기로 결정했고,[23] 우리나라는 '코비드19' 대신 '코로나19를 쓰기로 했다. 당시 중앙사고수습본부 부본부장은 "영어로 명명할 때는 코비드19란 명칭을 따르지만 영어식 이름이 긴 편이어서 정부 차원에서 한글 표현을 사용하기로 했다"

---

22) 여기서 비트겐슈타인 생각을 후기라고 표현한 것은 그의 생각 변화 때문이다. 비트겐슈타인은 인생의 전기와 후기의 생각에 차이가 있었던 철학자로서 스스로가 자신의 입장을 수정했다. 루드비히 비트겐슈타인(2008). 김양순 옮김, 「논리철학논고/철학탐구/반철학적 단장」, 동서문화사.

23) 'COVID-19'에서 CO는 코로나(corona), VI는 바이러스(virus), D는 질환(disease), 19는 신종 코로나바이러스가 처음 보고된 때인 2019년을 의미한다.

고 설명했다.[24] 이로써 특정 국가나 도시가 표현되지 않고 한글로 부르기 편한 형태의 용어로 '코로나19'를 공식적으로 사용하여 오늘에 이르고 있다. 전문가의 자문도 있었겠지만 최종적으로는 관료의 언어 선택의 결과이다.

국민들 입장에서는 국가적 재난으로 불릴 정도의 상황에서는 정부에서 사용하는 언어를 충분히 믿고 따를 수밖에 없다. 실제로 일반국민 1,000명 대상으로 실시한 온라인 설문조사에서 국민 3명 가운데 2명은 정부의 브리핑과 언론을 통해 충분한 정보를 얻는다고 생각하는 것으로 나타났다.[25] 정부가 브리핑을 하면 대부분 언론 매체는 정부 브리핑에서 사용된 용어를 그대로 사용하여 보도한다. 이는 곧 코로나19 관련 언어를 비록 언론을 통해 접하게 되지만 정부 관료가 사용한 언어 그대로 국민에게 전달되는 것으로 볼 수 있다. 그래서 코로나19 관련 정보의 충분성을 정부 브리핑과 언론을 통해 얻는다고 생각하는 것이다.

하지만 정부 관료가 코로나19 대국민 브리핑에서 사용한 빈도가 높은 10개 용어에 대한 일반 국민의 인지도와 이해도를 조사한 결과에 따르면, 3명 중 2명이 어렵다고 생각하고 5명 중 1명은

---

24) 동아사이언스(2021). [감염병 시대 우리말](하)한국만 쓰는 코로나19, 선택이 맞았나, 8월 30일자 기사.

25) 동아사이언스(2021). [감염병 시대 우리말](중)백신 맞은 국민 3명 중 2명 "언론과 정부 브리핑 참고했다⋯다만 좀더 쉬웠으면", 8월 26일자 기사.

아예 용어를 이해하지 못한다고 응답했다.[26] 정부가 일반 국민의 눈높이에 맞추겠고 하면서 진행한 대국민 브리핑에 쓰인 용어임에도 이와 같은 결과가 나왔다. 특히 응답자들은 '들어본 적은 있고 의미를 아는 단어'에 대해서도 응답자의 56.3%가 보통 정도로 어려움을 느낀다고 답했다. 오히려 전문용어가 아니라서 마치 일상적으로 쓰이는 말처럼 보이지만 흔하게 사용되지 않아 언뜻 와닿지는 않는 말들도 어렵게 느껴진 것이다.

위 설문에 참가했던 한 사람은, "코로나19로 전에 흔히 쓰지 않던 단어를 갑자기 당연한 상식처럼 사용하게 됐다"고 말하기도 했다.[27] 흔히 사용되지 않을 뿐이지 상식처럼 사용될 수 있다고 여긴 단어들도 처음에는 쉽게 입에 오를 내릴 정도는 아니었다. 쉬운 예로, '언택트', '비대면', '비말', 'n차 감염', '부스터 샷', '돌파 감염' 등이 고도의 질병 관련 전문용어는 아니지만 그렇다고 일상적으로 많이 사용했던 용어도 아니었다. 앞의 설문 참가자의 이어지는 말처럼 "상황이 급박해지는 상황에서 잠시라도 발표를 놓치면 단어의 맥락과 의미를 파악하기 점점 어려워지고…" 있었던 것이다. 맥락과 의미 파악은 가능하지만 처음에는 생소했던

---

26) 동아사이언스(2021). [감염병 시대 우리말](상) 정보 얻기 어려운 코로나19 브리핑, 8월 23일자 기사.

27) 동아사이언스(2021). [감염병 시대 우리말](상) 정보 얻기 어려운 코로나19 브리핑, 8월 23일자 기사.

것이다. 그래도 점점 우리는 관료가 제공하는 그 언어에 익숙해
져 갔다. 그 익숙함에는 언어에 따른 이미지가 기여했다.

언어와 이미지

인간은 어떤 대상에 대해 언어로 표현하기도 하고 동시에 이미지로 인식하기도 한다. 그래서 그 대상을 이해할 때, 개념으로 정의된 언어와 인식에 기초한 이미지를 함께 고려하면 조금 더 쉽고 다채롭게 접근할 수 있다. 즉, 보충적 이해와 충분한 이해가 되도록 한다. 예를 들어, 정부에 대해 개념적 정의와 함께 정부에 대한 이미지도 살펴보는 것이다. 정부뿐 아니라 시민에 대해서도 두 방식을 모두 적용해서 보면 다차원적 이해를 할 수 있다. 도시에 대한 이미지도 그렇고, 관료나 고객에 대한 이미지 등도 그렇다.[28] 많은 사람들의 관심이 되는 그 외 여러 대상들이 해당될 수 있다. 무엇보다도, 문자보다 덜 형식적 인식체계 방식으로 알고 있는 이미지를 통한 대상 이해는 해당 대상에 대한 단순한 개념적 정의에서는 포착하기 힘든 것을 알아차리게 해준다. 그래서 인지언어학에서는 사람들이 대상에 대해 그리는 심리적 지도

---

28) 김민주(2020). 민속문화에 나타난 관료 이미지 분석, 「한국행정연구」, 29(3): 155–189; 김민주(2019). 지방자치단체의 장소자산과 도시이미지, 「인문사회과학연구」, 20(3): 371–412; 김민주(2016). 시민과 정부는 어떤 이미지로 존재하고 있는가?, 「한국행정연구」, 25(3): 1–32; 김민주·정동연(2022). 도시철도 운영기관 직원의 고령층 고객에 대한 이미지 분석, 「교통연구」, 29(3): 45–60.

(mental map)이자 정신적 표상(mental representation)으로 이미지를 규정하면서 대상을 이해하는 방법으로 이미 널리 활용하고 있다. 특히 사람들의 인식과 이해에 도움이 된다는 점에서 이미지를 인간의 경험 등을 통해 형성된 종합적인 결과물로 여기기도 한다.[29)]

　사실, 언어에 의한 개념적 이해와 이미지를 통한 이해가 서로 함께 가능하고 서로 간 의미 파악에 보충적인 역할을 하는 것은, 바로 언어와 이미지가 함께하기 때문이다. 단적으로 보면, 인간은 언어에 의한 설명을 이미지의 한 종류인 그림으로 표현하고, 반대로 그림으로 된 이미지를 언어로 표현한다. 우리가 "이 상황을 뭐라 말로 표현하기 힘드네", "이 느낌을 뭐라고 표현해야 할지 모르지만", "그 설명을 조금 더 쉽게 그림으로 그릴 수 있으면 좋은데" 등으로 전전긍긍하는 것은 비록 언어와 이미지 간 상호교류가 성공하지는 못했지만 이런 모습이 바로 언어와 이미지의 관계를 보여준다. 글을 쓸 때도 뭔가를 글로 표현해야 하는데 그 뭔가는 내 머릿속에는 확실히 있지만 적합한 표현(언어)을 찾기가 힘들 때가 있다. 이 역시 언어와 이미지의 밀접성을 보여준다. 누구나 사물에 대한 관념을 가지고 있는 것도 마찬가지다. 예

---

29) Boulding, K. E.(1961). *The Image: Knowledge in Life and Society*, University of Michigan Press.

를 들어, 돈에 대해서도 누구나 돈의 단위별 관념(1,000원대의 이미지, 100,000원대의 이미지, 1,000,000원대 이미지 등)을 가지고 있다.

사물뿐 아니라 행위에 대해서도 마찬가지다. 그 행위를 나타내는 언어와 이미지가 함께 존재할 경우가 많다. 그래서 역시 행위를 이해할 때 둘이 함께 활용되기도 한다. 예컨대, 우리 인간은 죽음이라는 행위 자체가 두렵기 때문에, 그래서 바로 그 두렵게 느껴지는 죽음을 언어적 표현이나 이미지로 길들이기도 한다. 죽음을 신비롭고 장엄한 사건, 영원한 안식, 달콤한 잠, 천사의 모습 등과 같은 언어로 표현하여 아름다운 죽음으로 이미지화한다.[30] 그로 인해 두려운 죽음의 행위는 친숙하고 때로는 아름답게 여겨진다.

또 이런 사례도 있다. 미국의 로스앤젤레스 거리에서 행인들에게 '오바마케어'와 '저렴한 건강보험법' 중 어느 쪽을 더 선호하는지 물었다. 사실 이 두 개는 동일한 법안이다. 그러나 응답자들은 그 사실을 몰랐고 법안명으로 표현된 언어와 그로부터 지니고 있는 이미지로 응답했다. 응답결과는 큰 차이로 다수가 오바마케어는 싫지만 저렴한 건강보험법은 좋은 아이디어로 생각한다고 답했다. 오바마케어를 싫어한 이유는 반대편에서 건강보험법안에 오바마케어라는 별칭을 붙이고 그 법으로 인해 정부가 보험 산업

---

30) 김진영(2021). 어떤 죽음을 원하십니까?, 조선일보, 11월 9일자 칼럼.

을 장악하고 노인들의 연명 치료 중단 여부를 마음대로 결정하는 사망선고위원회를 만든다는 부정적인 프레임을 대중에게 주입했기 때문이다.[31] 이는 언어 사용과 그에 따른 이미지의 연관성을 보여준다. 물론 그 가운데 프레임이 작용하지만 이 역시 언어적 표현에 따른 것이고 그 프레임도 역시 이미지를 낳는 데 기여한다.

　　이처럼 언어와 이미지는 그 관계의 밀접성이 높다. 그 관계의 방향이 어느 방향으로의 고정은 아니지만 대체로 언어적 표현을 통해 이미지가 만들어진다. 그래서 언어가 사회적으로 상황 지어진 문화 형태라면, 그로부터 함께 그려지는 이미지도 그렇다.[32] 언어도 그렇고 이미지도 그렇고 사회적 맥락에 따라 다양하게 발현되고 그려진다. 특히 언어는 유연성을 지니고 있어서 더욱 그렇고, 이미지 역시 콘텍스트(context)에 의해 영향을 받기 때문에 그렇다. 그래서 코로나19가 사회적 상황이자 사회적 맥락이고 또 콘텍스트라는 점에서 코로나19에 따른 언어와 이미지는 그 전에 없던 개념과 모습으로도 생겨나고 그려지기도 했다.

---

31) 조지 레이코프(2018). 유나영 옮김, 「코끼리는 생각하지 마」, 와이즈베리.

32) Hymes, Dell(1962). The ethnography of speaking, In T. Gladwin and W. Sturtevant(eds), *Anthropology and Human Behavior*, Washington, DC: Anthropological Society of Washington.

책의 구성

이 책은 관료의 언어로부터 만들어지는 이미지를 분석한다. 관료의 언어가 미치는 영향력이 결코 적지 않다는 점에서, 특히 전례 없던 사회적 혼란이 야기되고 정부 관료에 의해 각종 통제가 이루어졌던 코로나19 상황에서 발화된 관료의 언어와 그에 따른 이미지 생산에 초점을 둔다. 이를 위해 기존 언어가 블렌딩되어 새로운 언어를 만들어 내는 개념적 블렌딩(Conceptual Blending)의 방법을 적용해서 분석한다. 블렌딩으로 새롭게 만들어지는 언어는 그 과정과 이후에 이미지를 생산하며 사람들에게 기존의 친숙한 언어만큼 각인된다. 이에 대한 내용을 담고 있는 이 책은 아래와 같이 구성되어 있다.

본 서장('코로나19가 낳은 새로운 현실과 언어') 이후 제1장에서는 '관료의 언어와 시민의 생활'에 대해 살펴본다. 세상은 언어로 만들어질 수 있다. 여러 언어로 만들어지는 세상에서 특히 관료의 언어가 시민들의 생활에 미치는 영향이 적지 않음에 대해 설명한다. 코로나19 발생은 언어로 만들어지는 세상에 언어의 추가를 낳았는데 그것은 곧 관료의 언어가 추가된 것과 같기도 하다. 이처럼 제1장에서는 언어와 관료의 언어 그리고 그것의 영향에 대해 초점을 둔다. 제2장에서는 코로나19 발생에 따라 새롭게 만들어지는 관료의 언어를 분석하기 위해 사용하는 이론적 도구인 개념적 블렌딩에 대해 설명한다. 기존의 언어가 블렌딩되어 새로운 언어가 되는 과정 또는 새로운 언어가 되어 이미지가 생산되는 과정을 설명한다.

　제3장부터 제6장까지는 코로나19 발생에 대응하는 정부 관료가 사용하는 개념적 블렌딩의 언어를 여러 사례를 중심으로 살펴본다. 개념적 블렌딩으로 만들어진 언어에 해당하는 것으로는 어떤 것들이 있고, 또 그 언어들에 의해 생산된 이미지가 현실에서는 어떻게 구현되고 있는지에 대해 분석한다.

　그 첫 번째로 제3장에서는 개념적 블렌딩에 의해 만들어진 '싸울 수 없지만 싸우는 이미지'의 사례를 살펴본다. 관료들은 이 이미지를 통해 코로나19인 바이러스를 싸움의 대상으로 삼고 대응하고 있다. 실제 바이러스와는 싸울 수 없지만 우리는 바이러스와 싸운다는 이미지로 대응하고 있다. 개념적 블렌딩에 의해 싸운다는 뜻의 다양한 용어들이 사용된 사례들을 살펴본다.

　제4장에서는 개념적 블렌딩에 의해 만들어진 '보이지 않지만 보이는 이미지'의 사례를 살펴본다. 바이러스는 보통의 우리 눈에는 보이지 않는다. 하지만 우리 인간은 보이지 않으면 불안감과 두려움이 더 높아진다. 그래서 관료는 코로나19 대응 과정에서 개념적 블렌딩을 통해 보이지 않는 바이러스를 보이게 한다. 여

기서는 그에 대한 다양한 사례를 살펴본다.

　　제5장은 '함께 할 수 없지만 함께 하는 이미지'에 대해 논의한다. 코로나19는 강한 전염성을 지니고 있기 때문에 정부 관료의 강력한 조치로 사람들 간 교류 및 접촉 차단을 시행하여 그 결과 대면 교류를 급격히 감소시켰다. 하지만 그럼에도 불구하고 물리적 거리로는 함께할 수 없지만 개념적 블렌딩에 의해서는 함께할 수 있는 비대면 장치들이 등장하여 적극적으로 활용되었다. 또 한편으로는 생물체가 아닌 바이러스가 인간과 함께 실제 살아가는 것은 불가능하지만, 개념적 블렌딩에 의해서는 또 다른 측면에서의 함께 하는 이미지로 구현되었다. 제5장에서는 이러한 내용을 다룬다.

　　제6장은 '구분할 수 없지만 구분하는 이미지'에 관한 내용과 사례를 살펴본다. 코로나19에 대응하는 조치는 매우 다양한데, 그 중에서도 거리, 계층, 공간, 증상 등의 구분은 효과적인 코로나19 예방과 방역을 위해 정부 관료에 의해 지속적으로 시도되고 알려진다. 코로나19가 아니었다면 구분되지 않았을 것이고, 또 설사 구분을 시도한다고 해도 실제로는 구분이 되지 않는 것들이다. 하지만 구분할 수 없지만 코로나19에 의해 구분의 필요성이 대두되어 실제로는 구분할 수 없는 것의 구분을 시도한다. 그리고 개념적 블렌딩에 의해 구분된다. 여기서는 그에 대한 사례들

을 살펴본다.

마지막 제7장은 개념적 블렌딩에 의해 만들어진 '이미지 생산을 넘어'를 다룬다. 개념적 블렌딩에 의해 만들어진 언어와 그에 따라 생산된 이미지는 그에만 한정되지 않는다. 이미지 생산을 넘어선다. 예를 들어, 권력이나 리듬이나 단절 경험이나 또 언어로 계속 포착되면서 나아가는 모습을 보인다. 이는 비록 코로나19 발생이라는 특수 상황에 따라 만들어진 관료의 개념적 블렌딩의 언어이지만 계속 확장되고 후속과정도 지속된다는 점을 보여준다.

한편, 이 책이 코로나19 발생을 주요 사회적 맥락으로 삼고 있기 때문에 '바이러스'는 책 전반에서 많이 등장한다. 이미 코로나19 발생 상황에 놓였던 대부분의 사람들은 코로나19 자체에 대한 이미지는 별로 좋지 않을 것이다. 물론 코로나19 발생에 따른 부수적 변화들이 결과적으로 좋거나 괜찮은 혹은 혁신의 결정적 터닝 포인트가 되기도 했지만, 코로나19 즉 코로나19 바이러스 자체에 대해서는 부정적으로 생각하는 경향이 더 강할 것이다. 어쨌든 코로나19 발생 전과 비교할 때 불편을 안겨주었고, 예측 불가능한 상황의 연속인 때도 있었고, 그리고 과도한 국가적 통제를 정당화시킨 것은 아닌지 의심을 낳기도 했기 때문이다. 하지만, 그렇다고 해서 오해해서는 안 될 사항이 있다. 바이러스 자체에 대한 오해이다. 다음 질문으로 그 오해를 덜 필요가 있다. 바이러스는 나쁜 것일까?

숙주와 하나의 연속체로 움직이는 바이러스는 숙주에게 해를 입히기도 하고, 아무런 해를 가하지 않기도 하고, 또 숙주에게 이롭게 하기도 한다. 우리가 가장 잘 아는 천연두의 박멸이 백신에 의한 것이지만, 이 백신은 실제로 순수한 바이러스였다. 그 바이러스를 제대로 이용하고 활용했을 뿐이다. 현재 사용되는 대다수의 백신이 바이러스이거나 바이러스의 일부이며, 일부 백신은 천연두 백신처럼 살아있는 생(生) 바이러스를 이용한다. 그래서 네이선 울프(Nathan Wolfe)의 말처럼 그와 같은 백신은 한층 치명적인 바이러스로부터 우리를 보호해줄 면역반응을 형성하기 위해서 우리(혹은 동물)에게 접종되는 바이러스에 불과하다. 백신을 개발하고 생산하는 현대 백신학도 바이러스 자체를 이용해서 다른 바이러스로부터 보호하는 학문이다. 뿐만 아니라 암세포만 골라 죽이는 바이러스도 있고, 박테리아와 같은 다른 종류의 병원균을 물리치는 바이러스도 있다. 네이선 울프가 안전한 바이러스는 우리와 힘을 합해 치명적인 바이러스와 싸우는 '좋은 친구' 또는 '착한 바이러스'라고 표현한 이유도 그 때문이다.33) 따라서 이 책에

---

33) 네이선 울프(2015). 강주헌 옮김, 「바이러스 폭풍의 시대」, 김영사, pp.279-299.

서는 바이러스의 좋고 나쁨을 논하는 것이 아니다. 물론 코로나 19는 분명 해를 끼치는 바이러스이긴 하다. 하지만 그렇다고 해서 이 책만으로 일반적 의미의 바이러스를 좋지 않은 것으로만 여길 필요는 없다. 이 책은 바이러스 때문에 우리의 언어가 만들어지고 그것으로 이미지 생산이 나타난 현상을 분석한 것이다. 다시 말해, 바이러스에 대한 책이 아니라 바이러스에 의한 사회 현상에 대한 책이다.

차 례

관료의 언어와 이미지 생산

제1장

관료의 언어와 시민의 생활

1. 언어가 만드는 세상
   언어와 현실
   상호주관적 현실과 프레임
   개념과 언어
   시민생활 곳곳에 미치는 언어
2. 관료의 언어가 만드는 세상
   관료의 영향력
   관료 언어의 파급력과 시민생활

제1장

관료의 언어와 시민의 생활

1. 언어가 만드는 세상

언어와 현실

이 세상은 어떻게 만들어져 존재하고 있는 것일까? 세상을 구성하는 물질적 측면에 대한 물음이 아니다. 그보다는, 다른 사람과 관계를 맺고 살아가는 우리가 세상을 바라보는 인식에 관한 물음이다. 적응의 동물인 인간은 언어 중심의 의사소통을 하며 이를 통해 세상을 이해하고 타인도 이해한다는 루드비히 비트겐 슈타인의 말을 빌려 보면,[1] 비록 정답이라고 확신할 수는 없지만 그에 대한 가능한 답으로써 '언어'와 관련지어 설명할 수 있다. 미셸 푸코(Michel Paul Foucault)도 한 인터뷰에서 "인간을 가능케 하는 것은 구조들의 집합"이라고 했다.[2] 여기서 말하는 구조를 이루는 것 중 하나가 바로 언어이다. 언어라는 구조가 인간을 다방면으로 가능하게 한다는 것은 이 세상을 살아가는 인간에게 미치는 언어의 영향을 짐작하게 해준다. 깨어 있는 매 순간 언어가 우리 주변에 있고 꿈에서조차 등장하여 꿈의 내용을 만드는 역할을 하는 것이 언어라고 말하는 수잔 티체(Susanne Tietze) · 로리 코헨(Laurie Cohen) · 질 머슨(Gill Musson)도 누군가의 정체성을 표현할 정도의 힘으로써 언어에 대해 말하고 있다.[3] 외국어를 배울 때 자신을 제대로 표현하기 어려웠던 경험이 바로 그에 해당할 수 있으며, 이때 그 경험은 세상 속 나를 존재하게 함으로써 비로소 세상을 인식하게 만드는 것이 곧 언어가 된다는 실감이다. 이처럼 이 세상이 우리가 사용하는 언어로 만들어져 있다는 말이 지나치진 않다.

---

1) 루드비히 비트겐슈타인(2008). 김양순 옮김, 「논리철학논고/철학탐구/반철학적 단장」, 동서문화사.
2) 조르조 아감벤 · 양창렬(2010). 양창렬 옮김, 「장치란 무엇인가? 장치학을 위한 서론」, 난장, p.106.
3) 수잔 티체 · 로리 코헨 · 질 머슨(2013). 신병현 옮김, 「언어와 조직 이해」, 커뮤니케이션북스, p.9.

간단한 예를 들면 이렇다. 누군가가 내 방은 어떻게 생겼냐고 물었다고 하자. 방의 생김새에 대한 물음은 이 세상의 아주 작은 부분인 내 방의 존재 모습을 묻는 것으로, 그 존재 모습은 내 방을 구성하고 있는 여러 것들로 대답할 수 있다. 집 현관의 가장 가까운 쪽에 위치하고 있는 직사각형 모양의 방에 두 벽면이 책장으로 둘러싸여 있고 한 가운데 책상과 컴퓨터, 그리고 의자가 놓여 있는 위치 등의 말로 답할 수 있다. 이로써 이 말을 하는 나와 듣는 상대방은 내 방이라는 존재를 인지하게 된다. 이 말에서 중요한 점은 직사각형 모양, 책장, 책상, 컴퓨터, 의자 각각의 실체가 아니다. 그것들은 물리적 측면에 대한 물음의 대답으로는 중요할 수 있다. 하지만 여기서 중요한 점은 바로 '언어'로 표현되고 있는 말 그 자체이다. 직사각형 모양, 책장, 책상, 컴퓨터, 의자는 내가 하는 말로써 언어로 등장하고 있다는 사실이다. 나와 상대방은 내가 하는 언어로 내 방에 대해 서로 인지하며 이 세상에 존재하는 것으로 여기게 된다. 언어로 표현됨으로써 나와 상대방에게 내 방은 비로소 존재하게 되는 것이다. 김춘수의 시 '꽃'에서처럼 이름을 불러주기 전에는 하나의 몸짓에 지나지 않지만 이름을 불러줌으로써 비로소 꽃이 되듯이 내 방도 내가 언어로 말을 함으로써 내 방이 존재하게 된다. 설사 물리적 측면의 물음을 하고 그에 대한 답을 했다고 해도 사실, 물리적 요소들인 컴퓨터나 책장이나 책상은 역시 언어로 전달된다. 언어라는 그릇 속에 물리적 요소들이 담겨 있는 형태라서, 물리적 측면에 대한 물음과 대답 사이에도 언어라는 매개물이 작동되어 이해를 이끌어낸다. 이 책의 핵심 소재인 '바이러스'도 마찬가지다. 바이러스 자체는 오랜 역사를 인간과 함께 지내왔지만 19세기에 네덜란드의 식물학자 마르티누스 베이에링크(Martinus Beijerinck)에 의해 비로소 '바이러스'가 규명되고 이름이 붙여지면서 존재하게 되었다.[4]

또 이렇게 생각해보자. 만일 내가 거짓말을 한다고 하면 어떻게 될까? 내 방은 출입구와 가장 먼 쪽에 자리잡고 있는 둥근 모양의 방에 헬스 기구가 잔뜩 놓여 있다고 말했다고 하자. 이 세상에 존재하는 내 방 모습은 비록 거짓말이라고 해도 상대방은 내가 하는 말대로 인지하게 된다. 물론 거짓말을 하는 나는 내 방을 올바르게 인지하고 있을 것이다. 하지만 적어도 나와 상대방 간 의사소통 과정 혹은 그 순간에는 이 세상에 존재하는 내 방은 헬스 기구가 가득 놓인 둥근 방이다. 이처럼 같은 상황을 어떤 언어로 말하는지에 따라 사람들의 인식은 달라진다. 참말과 거짓말도 그렇지만, 실제로 표현하는 언어가 어떤가에 따라서도 달라진다. 한 실험에 따르면 자동차들이 서로 충돌하는 상황에 대해 '충돌할 때', '들이받을 때', '부딪힐 때', '맞닿을 때'라는 표현에 따라 추정하는 속도가 다르게 나타났다고 한다(약 25% 가까이 차이 발

---

4) 대한민국역사박물관(2020). 인류와 함께 살아온 바이러스, 「역사공감」, 제 20-2호, Vol.28.

생). 이는 표현을 할 때 어떤 언어를 사용하는가에 따라 인식을 다르게 한다는 점을 보여준다.5) 이와 같이 진실의 문제는 차치해 두더라도 인간들 간의 의사소통의 언어는 이 세상을 만드는 힘을 지니고 있다.

그래서 어떤 사람이 사용하는 언어를 알면 그 사람이 어떤 사람인지 알 수 있고, 그 사람이 이 세상을 어떻게 이해하고 있는지도 알 수 있다. 또 그 사람과 소통하는 주변 사람들의 언어를 보면 그들이 함께 인지하며 살아가는 세상을 알 수 있다. 말이 통하지 않으면 함께하기 힘들다는 말도 틀린 말이 아니다. 같은 언어로 말을 하지 않으니 같은 세상을 살아가는 사람이 아니고, 그래서 함께 살기 어려운 것이다.

이는 언어의 가장 기본 속성을 고려해 볼 때 어쩌면 우리가 당연하게 받아들이고 있는 것일지도 모른다. 언어는 의사소통의 기초이자 강력한 수단이기 때문에 그 의사소통으로 관계 맺으며 서로가 함께 인식하고 그리는 세상은 언어라는 매개로 어느 정도는 구성될 수밖에 없다. 세상을 표현해 내는 수단이 언어라서 그렇다. 물론 언어 이외의 것으로도 의사소통을 할 수 있다. 그림, 음악, 몸짓, 행위, 소리 등이 그렇다. 이런 것들을 통한 의사소통 및 세상을 만드는 영향을 부정하지는 않는다. 그보다는, 여기서는

---

5) 피터 홀린스(2019). 서종민 옮김, 「뻘짓은 나만 하는 줄 알았어」, 명진서가, pp.29-30.

언어가 차지하는 비중과 그 정도를 두고 하는 말이며, 그럼에도 불구하고 분명한 점은 언어가 이 세상을 만드는 데 미치는 영향이 결코 작지 않다는 사실 그 자체이다.

상호주관적 현실과 프레임

흔히 말하는 상호주관적 현실(intersubjective realities)도 언어에 의한 의사소통의 공유로 가능하다. 상호주관적 현실은 많은 개인들의 주관적 의식을 연결하는 의사소통 망 내에 존재한다. 서로가 함께 공유하고 있는 현실을 말하는 것으로, 주관적 의식과 공유는 언어로 이루어진다. 물론 객관적 현실과는 일치하지 않을 수도 있고, 상상의 질서라 할 수도 있다. 그래도 서로가 언어로 공유하며 또 반복해서 사용함으로써 그 현실은 강화되며 유지된다. 실제 현실에 존재하는 것 중에는 만들어진 상상의 질서가 적지 않고, 많은 경우 상호주관적 현실의 구현 모습으로 평가되고 있다. 인간 언어의 진정한 특이성은 전혀 존재하지 않는 것에 대한 정보를 전달하는 능력에 있고, 나아가 허구를 말할 수 있는 능력이야 말로 인간인 사피엔스(sapiens)가 사용하는 언어의 가장 독특한 측면이다. 객관적 현실도 상호주관적 현실로 설명할 수도 있다는 주장에 따르면 언어로 소통하며 공유하는 상호주관적 현실은 이 세상이 언어로 만들어지고 있음을 말해준다.[6] 그리

고 언어 이외의 비언어적 의사소통의 매개로 불리는 몸짓이나 말
투나 표정도 상호주관적 현실을 만들 때 일정부분 기여하는데,
엄밀히 보자면 그것들 또한 많은 경우 언어가 동반될 때 함께 움
직이고 기능한다. 언어가 세상 구성의 충분요건은 아니지만 필요
요건에 해당하는 점은 분명하다.

　세상을 바라볼 때 사용되는 프레임(fame)도 마찬가지다. 프레
임은 조지 레이코프(George Lakoff)와 로크리지연구소(The Rockridge
Institute)의 공동 연구에서 설명하고 있듯이 우리가 세상을 바라
보는 데 영향을 주는 구조화된 심적 체계이다. 그런데 이 프레임
의 핵심에도 언어가 있다. 애초에 프레임이라는 용어 자체가 언
어학자인 찰스 필모어(Charles Fillmore)에 의해 언어 표현의 의미
를 설명하고 기술하기 위해 언어학에 도입한 것이라고 한다.[7] 프
레임이라는 심적 체계는 인간이 실재를 이해하도록 해주고 때로
는 실재라고 여기는 것을 창조하도록 해주기도 한다. 프레임은
우리의 생각과 아이디어의 구조화는 물론이고 사유방식을 형성하
고 지각방식과 행동방식에도 영향을 주는데, 그 기저에 언어가
있다.[8] 심지어 프레임은 무의식적이고 자동적으로 사용되어 우리

---

6) 유발 하라리(2015). 조현욱 옮김, 「사피엔스」, 김영사, pp.175－176; 마커
　　스 버킹엄·애슐리 구달(2019). 이영래 옮김, 「일에 관한 9가지 거짓말」,
　　쌤앤파커스, pp.47－48.
7) 조지 레이코프·로크리지연구소(2007). 나익주 옮김, 「프레임 전쟁」, 창비,
　　p.22.
8) 조지 레이코프·로크리지연구소(2007). 나익주 옮김, 「프레임 전쟁」, 창비,

가 프레임을 제대로 파악하지 않은 채 사용되기도 하는데, 이는 언어 사용에 따른 자연스러운 사고 체계 작동이 이루어지는 것과 같다. 즉, 언어를 사용하고 있음을 의식하지 않고 언어를 사용하듯이 프레임에 의하지 않는 듯 하지만 프레임에 의해 세상을 인식하고 바라본다. 프레임의 기저에 언어가 있다고 했으므로 둘의 작동이 비슷한 것은 당연하다. 프레임이라는 창을 통해 세상을 보는 인간은 곧 프레임을 가능하게 하는 언어를 통해 세상을 보는 것이다. 그런데 조지 레이코프는 이런 프레임이 단지 세상을 바라보게 하는 방식으로만 그치는 것이 아니라 실천으로도 이어진다고 말한다. 그렇게 본다면 언어의 역할은 더 강력하다. 프레임의 기저에서 인식작용으로 세상을 만드는 데서 나아가 실천으로 구현되기 때문이다. 언어는 세상을 인식하고 만들며 구현하는 일종의 프레임의 씨앗인 것이다.

개념과 언어

그렇다면, 언어가 이처럼 세계에 대한 우리의 상호작용과 인식 및 구성 등을 가능하게 할 때 그것을 이끄는 가장 기본적인 동력은 무엇일까? 그것은 바로 언어 수용을 가능하게 하는 개념이 있기 때문이다. 다시 말해, 언어를 통해 이 세상이 어떠하다고

pp.45-56.

인식하고 또 규정하는 것은 우리에게 그 언어를 받아들이게 하는
일정한 개념이 동반되기 때문이다.

　뇌과학자 리사 펠드먼 배럿에 의하면 우리가 지각하는 모든
것은 뇌에 있는 개념을 통해 표상된다고 한다. 이때 개념은 우리
에게 내재화되어 있다. 물론 결과적으로 보면 내재화된 개념도
언어로 규정되어 있지만, 그 언어를 수용하는 것은 개념에 의해
서이기 때문에 개념이라는 동력이 우선 작동한다. 그것은 개념에
의한 의미 부여가 이루어지기 때문이다. 즉, 우리 뇌는 개념을 통
해 감각 신호에 의미를 부여하며 세계를 구성한다. 그래서 심지
어 우리가 세계를 경험한다고 믿지만 사실은 그 경험마저도 언어
로 표현될 개념으로 만든 것이라고도 한다. 개념에 의한 세계 인
지와 구성도 그렇고, 또 현실 속 현상 및 대상 등을 범주화하는
것도 그렇다. 그래서 범주의 심적 표상을 개념으로 정의하기도
하는데, 이는 그 관계를 고려하면 충분히 이해되는 정의 방식이
다. 나아가 심지어 우리의 감정까지도 개념으로 구성되어 언어로
표현되는 것이기 때문에, 감정 역시 만들어진 것으로 보기도 한
다.[9] 실로 언어와 그 언어로의 표현을 가능하게 하는 개념이 미
치는 영향이 적지 않다. 이렇게 보면 우리가 세상을 인지하고 만
들고 해석하는 모든 것이 어쩌면 개념으로 수용된 언어에 의한

---

9) 리사 펠드먼 배럿(2017). 「감정은 어떻게 만들어지는가?」, 생각연구소,
　　pp.171-188.

것이므로, 그 영향이 단순히 작지 않은 것이 아니라 상당하다고 할 수 있다.

이는 개념 자체가 주는 힘이 작지 않아서 언어와 함께 할 때 그 영향력이 더욱 커진 결과이다. 개념은 일종의 생명을 부여하는 형식이고, 이 형식은 현실을 관통하여 붙잡음으로써 현실을 구석구석까지 형성한다. 개념은 단순히 생명 부여가 아니라 현실의 부분들을 유기적인 전체성으로 통일시키기도 한다. 그렇게 함으로써 개념을 통해 형성된 전체성은 모든 것을 자기 안에서 파악한다. 개념이 현실을 움켜쥐면서 그 개념 속에서 다시 현실이 파악되도록 한다. 개념에는 모든 것이 총괄되어 있다고 말할 정도이다.10) 그래서 개념은 나름 조화롭게 구현된다. 그래야 사람들에게 받아들여지기 때문이다. 이런 개념이 의사소통의 강력한 수단인 언어와 함께하면 그 영향력이 더욱 커지게 된다. 개념은 언어가 미치는 영향의 동력이 되는 것이다.

시민생활 곳곳에 미치는 언어

세상을 만들 정도의 언어이기 때문에 언어는 사회 곳곳에 영향을 미친다. 수잔 티체·로리 코헨·질 머슨의 연구에서처럼 조

---

10) 한병철(2016). 이재영 옮김, 「아름다움의 구원」, 문학과지성사, p.79.

직을 언어로 이해할 수 있는 것도 조직 속 언어의 위상을 보여준다. 그들에 따르면 조직은 언어와 말 속에서, 또 언어와 말로 직조되는 활동과 실천을 통해 구성되고 재구성되는 역동적 과정을 거친다. 언어가 조직의 실재를 창조하기도 하고 조직을 반영하기도 하는데, 이 역시 언어가 지닌 개념이라는 동력 덕분이다.11) 그리고 지배를 위한 통치술 활용에도 언어가 그 영향력을 발휘한다. 마흐무드 맘다니(Mahmood Mamdani)의 연구에서는 식민지 통치에서 직접지배가 아닌 차이에 의한 강조와 규정에 의한 간접지배의 모습을 설명하고 있다. 간접지배를 위해서는 법이나 역사서술 등이 활용되는데 그것들은 결국 언어로 차이가 규정되면서 가능한 것들이다.12) 다시 말해, 직접지배가 아닌 간접지배의 형태를 보일 때 차이에 대한 강조와 차이를 규정하는 법이나 또는 역사의 다름에 대한 서술 등을 통한 통치의 수단으로 사용되는 것은 언어이다.

웬디 브라운(Wendy Brown)이 비판적으로 검토하며 논의하는 관용(tolerance)의 담론도 마찬가지다.13) 이 역시 차이를 통한 통치전략으로, 통치성(governmentality) 발휘의 장이 펼쳐지는 결

---

11) 수잔 티체·로리 코헨·질 머슨(2013). 신병현 옮김, 「언어와 조직 이해」, 커뮤니케이션북스, pp.15-16.
12) 마흐무드 맘다니(2017). 최대희 옮김, 「규정과 지배」, 창비.
13) 웬디 브라운(2010). 이승철 옮김, 「관용」, 갈무리.

과를 낳는다. 관용을 허용하는 것은 차이를 인정하고 상대의 열등감을 나의 우월감으로 감싸는 위상을 드러내는 것이다. 관용이 통치성 실천으로 기능할 때 오히려 실질적 평등과 자유 추구에 방해가 된다. 그래서 관용은 하나의 강력한 수사적 효과를 가진 권력 담론이 된다. 이때 관용의 담론 역시 언어로 만들어진다. 관용을 베푸는 언어는 그 자체가 통치행위가 될 수 있다는 말이기 때문에, 사회를 통치하는 것을 가능하게 하는 언어의 영향력을 보여준다.

일상 속 소소한 언어에서도 마찬가지다. 김진영은 한 매체의 칼럼에서 이렇게 말한다. "죽음은 일생일대의 실종 사건이다. '나'라는 알맹이 – 의식이 온데간데없고, 물증으로 남은 껍데기 – 육체는 알아볼 길 없는 변화를 일으킨다. 무척이나 낯설고 두려운 일이라서, 문명사회는 일찍부터 죽음을 평온하고, 신비롭고, 장엄한 사건으로 '길들여' 왔다. '영원한 안식' '달콤한 잠' '천사의 모습' 같은 은유적 표현은 모두 낭만주의 시대가 상투화한 '아름다운 죽음'의 잔재이며, 오늘날 부음 기사에 흔히 등장하는, '사랑하는 가족이 지켜보는 가운데 평온하게 눈을 감았다' 식의 표준 문장도 마찬가지다."[14] 앞서 서장에서도 잠깐 언급된 이 내용은 같은 상황이라고 해도 어떤 언어로 표현하는가에 따라 우리는 그와 같이 인식하거나 또는 적어도 그렇게 인식하려고 노력한다는 점에

14) 김진영(2021). 어떤 죽음을 원하십니까?, 조선일보, 11월 9일자 칼럼.

서 길들여져 있음을 보여준다.

수잔 티체·로리 코헨·질 머슨이 따로 강조하고 있는 다음의 문구는 앞의 내용들을 정리하는 듯한 의미를 담고 있다. "말을 할 때마다 우리는 특정한 사회적 실재를 구성하는 과정에 참여하는 것이다." 여기서 말은 세상을 만드는 언어를 지칭한다.[15]

하지만 여기서 한 가지 고려할 점은 있다. 그것은 지금까지의 논의와 사례 등을 통해 언어가 세상을 만든다는 표현이다. 언어가 만드는 세상이라는 표현은 자칫 언어결정론적 시각을 극단적으로 드러낸 것으로 보여 질 수 있다. 미리 말하자면, 언어결정론적 시각은 아니다. 언어가 사회에 미치는 영향을 강조하는 입장이 있는가 하면, 사회나 문화가 언어에 미치는 영향을 더 강조하는 입장도 있다. 언어에 의해 사회가 구성된다는 전자의 입장이나 사회나 문화가 언어에 반영된다는 후자의 입장은, 사실 취사선택의 문제로 둔 논쟁거리는 아니다. 전자나 후자나 모두 언어와 사회(혹은 생활, 문화) 간 상호작용을 인정하고 있다. 언어가 사회에 미치는 영향은 다시 그 영향을 받은 사회가 언어에 영향을 미친다. 사회가 언어에 반영되어 미치는 영향 역시 그 언어가 사회에 영향을 준다. 중요한 점은 어느 방향이 되었건 언어의 영향력이다. 전자가 되었건 후자가 되었건 언어가 사회에 영향을

---

15) 수잔 티체·로리 코헨·질 머슨(2013). 신병현 옮김, 「언어와 조직 이해」, 커뮤니케이션북스, p.16.

미친다는 것은 분명하다.

　그런 점에서 언어가 세상을 만든다는 표현은 언어가 사회에 미치는 영향을 강조한 것이지 언어결정론적 시각을 말하는 것은 아니다. 언어와 사회는 충분히 상호작용하는 것이 사실이다. 정도의 차이가 있을 뿐인데, 어느 지점에 강조점을 두는가에 따라 특정 정도의 차이가 더 드러난다. 실제로 사회에 전혀 존재하지 않았던 현상이나 이벤트에 대해 언어에 의한 개념이 만들어져 비로소 우리가 인식하게 되는 점은 분명히 존재한다. 이런 점을 강조하면 언어가 모든 세상을 만들 정도라는 표현이 언어결정론적 시각을 드러낸 것이라고는 할 수 없다. 비록 결과적으로는 언어로 표현되지만 현상에 맞춘 언어가 선택되고 때로는 다듬어져 현상에 맞춘다. 국면마다의 언어와 사회 간 영향력의 문제인 것이지 일방적인 결정론적 작용이 아닌 것이다.

　이 책은 바로 여기에 해당한다. 세상을 휩쓴 코로나19는 그동안 세상에 없었던 현상이었다. 이 현상은 어떻게든 언어에 의해 개념으로 포착되어 표현되면서 우리의 인식 한편에 자리 잡고 들어섰다. 특히 코로나19 상황은 국가재난으로 분류되었기 때문에 관료의 언어가 그 누구의 언어보다도 우선하며 큰 역할을 했다. 재난관리의 주 역할자가 정부와 그 속의 관료이기 때문이다. 그래서 코로나19 상황에서 관료는 현상의 존재와 언어의 존재 그리고 그 언어가 현상을 만드는 과정, 또 현상에 의해 언어가 다듬

어지는 등의 모습을 목격하며 그의 언어도 필요에 따라 적극 참
여했다.

2. 관료의 언어가 만드는 세상

관료의 영향력

'누가' 어떤 언어를 사용하는가에 따라 미치는 영향은 달라질 수 있다. 의도하지 않은 결과에 대해 여러 예를 들고 있는 클라이브 윌스(Clive Wills)가 인용한 사례에 따르면, 경찰이 사용하는 언어 중에는 정확히 기대와 반대되는 효과를 이끌어 내는 말들이 있다. 상대에게 "진정하세요!"라고 말하면 오히려 그들의 행동이 위험해 보인다는 의미를 담고 있기 때문에 기분을 더 상하게 만든다고 한다. 그리고 누군가에게 "이쪽으로 오시죠!"라고 명령하는 것도 오히려 곤란한 상황에 처했으니 가능한 재빠르게 도망가라는 경고의 신호로 느껴질 수 있다고 한다.16) 이처럼 경찰인 화자가 단순히 사용하거나 혹은 큰 의미 없이 사용하는 말이라고 해도 경찰의 말을 듣는 상대는 전혀 다르게 느껴질 수 있다. '경찰'이 일반적으로 그들에게 기대되는 업무와 관련된 언어를 사용할 때 상대방에게 미치는 영향력이 적지 않다. 화자가 누구인가에 따른 언어의 영향력이자 힘인 것이다.

이에 대한 논의를 조금 더 넓히면, 이는 곧 메신저(messenger)의 영향력으로 볼 수 있다. 스티브 마틴(Steve J. Martin)과 조지프

---

16) 클라이브 윌스(2021). 김수민 옮김, 「의도하지 않은 결과: 복잡한 문제를 보는 새로운 관점」, 프롬북스, p.9.

마크스(Joseph Marks)가 말하듯이 메신저가 누구인가에 따라 메시지(message)가 갖는 파급 효과는 극과 극이 될 수 있다.[17] 단적인 예로, 누구나 접근하기 쉽고 민주적이라고 보이는 트위터에서 동일한 내용을 담은 메시지라고 해도 누가 말하는가에 따라 확산(리트윗 횟수)되는 정보는 천차만별이다. 이 모습은 메신저가 지니는 지위의 영향이 크게 작용한 결과이다. 스티브 마틴과 조지프 마크스는 어떤 메신저에게 귀를 기울일 것인지를 결정할 때 영향을 미치는 여덟 가지를 제시하고 있는데, 그 중 하나가 바로 지위이다. 소위 말하는 유명인이 간단히 적은 메시지도 곧바로 이슈가 되는 사례는 쉽게 목격할 수 있다.

그렇다면, 메신저로서 관료는 어떨까? 즉, 관료는 바로 앞의 예에서도 언급된 경찰을 포함하여 정부영역에 소속되어 공적 업무를 수행하기 위한 공식적 권한을 부여받은 이들인데, 이들이 메신저라면 어떨까? 관료가 지니는 지위를 고려한다면 그들의 영향력은 메신저 역할을 할 때도 그대로 발휘될 것이다. 다시 말해, 이는 곧 메신저로서 관료의 영향력이 전제된다면, 그들이 전하는 메시지도 적지 않은 영향을 미친다는 의미이다. 따라서 그 전제를 먼저 살펴보는 것이 필요하다. 관료는 어느 정도 영향력을 지닌 존재일까?

---

17) 티브 마틴·조지프 마크스(2021). 김윤재 옮김, 「메신저」, 21세기북스, pp.33-36.

사실, 우리는 이미 관료들이 지닌 영향력을 다양한 측면에서 확인하고 있다. 우선, 그 첫 번째 측면은 관료가 속해 있는 관료제(Bureaucracy)가 지닌 권한에서 그 모습을 뚜렷이 볼 수 있다. 이에 대해서는 막스 베버(Max Weber)의 저서를 통해 이미 널리 알려져 있다.[18] 이념형(ideal type)으로 제시된 관료제이지만, 실제 현실이 그에 따라가는 모습을 보면 그 영향력의 정도는 더 실감난다. 정도와 수준의 차이는 있어도, 합법적 권위에 기초한 대규모 조직 내 계층화, 권한과 관할 범위의 법규화, 문서화, 전문화, 전임화, 분업화, 비개인화(impersonality) 등의 모습은 쉽게 관찰할 수 있다.[19] 이념형의 관료제가 현실에서 실제로 구현된 것은 그 자체가 하나의 영향력의 표시이다. 특히 관료제의 중요 기준이자 속성인 '대규모 조직'에서 그러한 모습이 나타나기 때문에 규모로부터 비롯되는 영향력도 한 몫을 한다. 단적으로 정부가 추진하는 사업에서도 대규모 사업일수록 그 영향력이 더욱 크다.[20] 이와 함께 보다 더 직접적인 행위로 보자면, 관료제 속 관료들은 스스로도 정책과정에서 자신들만이 주요 역할을 수행 할 수 있다는 신념과 내면적 자부심이 마음 깊이 자리 잡고 있어서

---

18) 막스 베버(2018). 이상률 옮김, 「관료제」, 문예출판사.

19) 김민주(2019). 「공공관리학」, 박영사, pp.103-104.

20) 김민주(2019). 대규모 정부사업의 반복된 철회가 마을주민에게 미친 심적 영향 분석, 「지방행정연구」, 33(4): 249-282.

관료제라는 기구를 통해 그것을 실제 실현하기도 하고,[21] 또 관료의 엘리트화 현상과 그에 따른 현실 구성의 모습과 그 결과로서 나타난 현재의 관료제도 같은 맥락으로 이해될 수 있다.[22] 관료제라는 커다란 우산(관료제가 지닌 권한)은 그 속의 관료 역시 커다란 우산만큼 큰 힘을 지니게 한다.

관료의 영향력은 여기에 한정되지 않는다. 근대에서 현대로 이행하면서 관료제에 대한 비판이 수없이 많았지만, 역설적으로 관료제에 대한 비판 등이 오히려 관료제와 그 속의 관료의 영향을 더 확인시켜 주기도 했다. 다시 말해, 관료제에 대한 비판 증가 현상이 역설적으로 관료제나 관료의 영향을 보여준다는 점이다. 이는 두 번째 측면에 해당한다. 예를 들면 루트비히 폰 미제스(Ludwig von Mises)에 따르면 관료제와 관료에 대해 비판을 할 때, 사실 그 비판의 요점은 관료제와 관료 그 자체에 대한 문제 때문이라기보다는 정치 및 경제 체제가 지닌 문제 때문이라는 것이다. 오히려 관료제는 치안과 사법 등과 같은 인간 활동 영역을 관리하는 적합한 방법이기 때문에 그 문제의 원인 진단을 제대로 해야 한다는 것이다.[23] 관료제나 관료에 문제가 있었던 것이 아

---

21) 박천오(1996). 다원주의적 민주주의에 대한 한국관료의 태도, 「한국행정논집」, 8(2): 243-257.
22) 이병량(2018). 한국 관료의 엘리트화 현상에 대한 연구: 관료 나르시시즘의 조건으로서, 「정부학연구」. 24(1): 129-155.
23) 루트비히 폰 미제스(2012). 황수연 옮김, 「관료제」, 지식을만드는지식.

니라 환경과 상황에서 비롯된 문제가 관료제가 작동될 때나 관료
를 통해 드러나게 되거나 보여지게 된 것일 수 있다는 의미다. 그
래서 메시지의 문제점을 비판할 때 곧바로 무리하게 메신저를 비
판해서는 안 된다는 말과 같은 맥락이다. 메시지를 전달하는 메
신저가 메시지를 전달하는 역할을 하다 보니 메시지와 메신저 간
동일화된 인식으로 자리잡게 되면서 생기는 오류일 수 있다는 것
이다. 물론 관료제와 관료 자체에서 비롯되는 문제도 존재한다.
그러나 여기서 중요한 점은, 관료제나 관료에 대한 비판은 많은
경우 관료제나 관료 본연의 문제가 아니라는 점을 인식하게 하여
오히려 관료의 영향력을 확인시켜 준다는 점이다. 관료의 무결성
까지는 아니더라도 '관료와 관료제는 잘못 없음'의 메시지를 보내
는 것이다.

　이는 곧 관료제에 대한 비판이 관료제의 영향력을 떨어뜨리
는 것이 아니라 역설적으로 영향력을 더 확인시켜 주는 것이 된
다. 그동안 우리가 흔히 정부 관료제의 비효율성을 논하며 비판
하는 여러 현상이나 관련 이론들에서도 이를 확인할 수 있다. 관
료의 예산극대화(budget maximization) 이론과 관청형성(bureau-
shaping) 이론,24) 경제적 규제 측면에서 설명되는 포획 이론(capture

---

24) Niskanen, William A.(1971). *Bureaucracy and Representative
　　Government*, Chicago: Aldine-Atherton; Dunleavy, Patrick(1991).
　　*Democracy, Bureaucracy and Public Choice: Economic Explanation
　　in Political Science*, London: Prentice Hall; Dunleavy, Patrick

theory)이나 철의 삼각(iron triangle) 현상,[25] 지대추구 행위(rent seeking),[26] 부정부패,[27] 경로의존(path dependence)[28] 등의 현상 이 그렇다. 관료제의 비효율성을 진단하고 개선하기 위한 공공관 리(public management) 영역의 노력들이 어쩌면 기존 관료제 및 관료의 영향력을 확인시켜주고 있는 것이다. 특히 관료제나 관료 와 관련된 문제가 있다고 해서 관료제나 관료를 없애 버리자는 주장을 하지는 않기 때문에 더욱 그렇다. 오히려 문제를 개선할 수 있는 방안을 통해 관료제나 관료가 제대로 제 역할을 할 수 있도록 하는 것을 강조한다. 그 일환으로 효율성과 성과 향상을 위해 시장메커니즘 기반의 관리방식 및 기법을 적극적으로 도입

(1985). Bureaucrats, Budgets and the Growth of the State: Reconstructing an Instrumental Model, *British Journal of Political Science*, 15: 299−328.

25) Stigler, Gorge(1971). The Theory of Economic Regulation, *Bell Journal of Economics and and Management Science*, 2(1): 3−21; Peltzman, S.(1976). Toward a More General Theory of Regulation, *Journal of Law and Economics*, 19: 21−240.

26) Tullock, Gordon(1967). The Welfare Cost of Tariffs, Monopoly, and Theft, *Western Economic Journal*, 5(3): 224−232.

27) Rose−Ackerman, Susan.(1999). *Corruption and Government: Causes, Consequences, and Reform*, Cambridge: Cambridge University Press.

28) Pierson, Paul(2000). Increasing Returns, Path Dependence, and the study of Politics, *American Political Science Review*, 94(2): 251−267.

하려는 공공관리가 강조되는 것이다.[29] 이와 같이, 관료제나 관료의 영향력은 그와 관련된 부정적 평가 및 진단으로부터 꾸준히 제시되어 왔기 때문에 역설적 의미의 관료 영향력이건 그렇지 않건 비교적 분명하게 많은 사람들이 그들의 영향력을 인지하고 있는 상황이다.

　　이러한 인식과 함께 이미지를 통해서도 관료의 영향력을 알 수 있다. 이는 세 번째 측면에 해당한다. 특히 오늘날 관료에 대해 대중들이 지니고 있는 이미지의 심연(深淵)은 과거 기층문화에서부터 비롯되었다는 점에서 볼 때, 바로 그 기층문화인 민속 문화에서 그려진 관료 이미지를 통해 관료가 지닌 영향력을 엿볼 수도 있다. 이에 대한 연구에 따르면 오늘날 대중의 내재적 선행 인식에 해당하는 민속문화 속 민중들에 의한 관료 이미지는 총 5가지이다. 문제해결자의 이미지, 출세·귀인의 이미지, 강제적 권력자의 이미지, 부패·무능의 이미지, 권위 상징의 이미지이다.[30] 이 5가지 모두에서 관료의 영향력을 찾을 수 있다.

　　문제해결자 이미지의 경우, 관료가 사회문제를 해결하는 역할이 부각되는 이미지로써 사회의 공적 문제를 다룰 수 있는 위치이며 또 그들에 의해 사회문제가 해결될 수 있다는 것을 의미

---

29) 김민주(2019). 「공공관리학」, 박영사, p.5.

30) 김민주(2020). 민속문화에 나타난 관료 이미지 분석, 「한국행정연구」, 29(3): 155－189.

한다. 누구에게나 영향을 주는 사회문제를 해결해주는 역할을 한다는 점에서 결코 적지 않은 영향력인 것이다. 출세·귀인 이미지도 마찬가지다. 관료가 출세나 귀인의 상징처럼 인식되는 것 역시 관료의 영향력을 보여준다. 통상적으로 출세나 귀인은 대중의 시선과 관심의 대상이 되고 영향력을 지니는 자리에 위치하기 때문에 더욱 그렇다. 그리고 강제적 권력자 이미지 역시 공식적으로 강제력을 행사할 수 있는 위치라는 인식에서 비롯된 것이므로 그 자체의 영향력을 알 수 있다. 특히 우리나라의 경우 과거 식민지배를 받은 경험 때문에 이런 이미지가 특히 더 강하다. 일제 강점기 하의 정부 관료는 국민들에게 강제력을 행사하는 강압적 권력자의 상징이자 대리 역할로 비춰졌다. 해방 후에도 순사로 대표되는 정부관료에 대한 강압적 행사자로서의 인식이 쉽게 지워지지 않았다. 그 인식은 모순적이게도 자신의 자식이 관료가 되는 것을 바라는 마음으로까지 이어지기도 했고, 지금도 그렇다.[31] 자식이 영향력을 발휘하는 사람이 되었으면 하는 생각이다. 그러한 인식 또는 생각이 곧 관료의 영향력을 말하는 것이다. 그리고 부패·무능의 이미지를 통해서는 부패를 저지를 수 있는 위치라는 점과 그 결과로 사회에 막대한 피해를 가져온다는 점을 생각할 때 역시 관료가 지니는 영향력을 알 수 있다. 공적 권력의 사적 남용의 결과가 부패의 의미라는 것은 곧 공적 권력을 지니

---

31) 김민주(2018). 「시민의 얼굴 정부의 얼굴」, 박영사, pp.77-78.

고 있다는 말이기 때문에, 부패 가능성의 위치에 있다는 것으로부터도 관료의 영향력을 알 수 있다.

관료 언어의 파급력과 시민생활

이처럼 관료의 영향력은 결코 작지 않기 때문에 그들이 사용하는 말을 비롯한 언어의 영향력도 작지 않다. 관료가 지닌 영향력이 전제된다면 그 관료가 사용하는 언어 역시 영향력을 발휘하는 것이다. 인간은 언어를 통해 의사소통을 하기 때문에 영향력을 지닌 관료 역시 자연스럽게 언어를 사용하게 되고 그에 따라 관료의 영향력은 언어로 구현되거나, 또는 그 영향력과 언어가 시너지 작용을 하여 더욱 큰 영향력을 발휘한다. 그 영향력은 곧 시민생활에 미치는 영향이다. 관료의 언어로 시작되어 정책, 프로그램, 제도, 사업 등으로 이어지며 영향을 준다. 이런 모습은 우리 주변에서 어렵지 않게 목격된다.

단적으로 관료가 속한 행정부 수반인 대통령의 말이 그렇다. 대통령 자체로부터 비롯되는 영향력은 말할 것도 없고, 그가 사용하는 말도 큰 영향력을 행사한다. 예를 들면, 역사 바로 세우기를 대대적으로 추진했던 과거 김영삼 대통령은 장쩌민 주석과의 한·중 정상회담 후 기자회견에서 에토 다카미 당시 일본 총무상의 "식민지 시절 좋은 일도 있었다"라는 망언에 대해 "역사 인식을 바로 해라. 그런데 이 망언이 계속되는 거다. 그래서 일본의 버르장머리를 기어이 고쳐야겠다"고 말했다.[32] 여기서 이슈(또는 논란)가 된 말이 바로 "일본의 버르장머리를 기어이 고쳐야겠다" 였는데, 대통령이나 일반 관료가 아닌 사람이 이런 말을 한다고 해서 과연 이슈가 될까? 당시 김영삼 대통령의 말이 지닌 영향력 은 논란의 정도에서도 드러났듯이, 국민의 자부심과 자신감을 높 여 역사 바로 세우기 작업의 동력을 더욱 높이는 계기가 된 반면, 일각(예, 김영삼 대통령 후임인 김대중 대통령의 비서실장)에서는 당시 그 말이 임기말 국제통화기금(IMF)을 통한 외환위기 발생의 동기 가 되었다고 주장하기도 했다.[33] 이런 주장에 대한 진위 여부를 떠나, 중요한 것은 대통령의 말 한 마디가 지니는 파급력과 영향 력이다.

노무현 대통령의 "이쯤 가면 막 하자는 거지요?"라는 말도 여러 해석과 의미를 낳으며 지금도 언급될 정도이다. 2003년 전 국 검사들과의 대화에서 한 평검사의 질문("대통령 취임하시기 전 부산 동부지청장에게 청탁 전화를 한 적이 있다. 뇌물사건과 관련해 잘 좀 처리해달라는 얘기였다. 그때 왜 검찰에 전화를 하셨나?")에 대한 대답으

---

32) 국가기록원 기록정보서비스(www.archives.go.kr) 내 '김영삼-장쩌민 한중 정상회담' 검색; 중앙일보(2019). 日 버르장머리 고쳐놓겠다···더 센 말로 일본 때렸던 YS, 8월 3일자 기사.

33) 중앙일보(2019). 日 버르장머리 고쳐놓겠다···더 센 말로 일본 때렸던 YS, 8월 3일자 기사.

로 나온 이 말은 그 이후 대통령의 행동과 말에 다양하게 결부되어 국정방향과 사회 구성의 주요 요소인 시민들의 여론과 판단에 영향을 주었다.

박근혜 대통령은 신년 기자회견에서 "통일은 대박이다"라는 말로 통일의 필요성을 강조하면서 큰 화제가 되었다.[34] 이때 역시 그 이후 통일관련 정책 및 사업에 대한 관심과 분위기 조성에 많은 영향을 미쳤고, 또 한편으로는 대박이라는 용어가 대통령이 공식적인 자리에서 사용하기에 적절한가에 대한 문제 제기도 있었다. 이 역시 옳고 그름을 떠나 대통령의 말을 통해 일반 시민들에게 통일을 바라보는 강력한 시각이 생겼다.

문재인 대통령도 취임사에서 언급했던 "지금 제 가슴은 한 번도 경험하지 못한 나라를 만들겠다는 열정으로 뜨겁습니다." 중 '한 번도 경험하지 못한 나라'라는 말이 다양한 상징과 해석으로 이어졌다.[35] 즉, 전임 대통령에 대한 탄핵 이후의 국민들의 기대가 그리는 사회 모습과 실제 국정운영 이후의 사회 모습에 대한 시민들의 평가 및 판단 형성에 영향을 주었다.

지금까지 언급한 몇몇 대통령의 말은 비교적 큰 이슈가 된

---

34) 서울신문(2014). 박근혜 대통령 신년 기자회견 "통일은 대박이다" 왜?, 1월 6일자 기사.
35) 대통령기록관(2017). 제19대 대통령 취임식, 「문대통령연설문집본문(상권)」, 2017년 5월 10일.

것만을 간단히 나열한 것에 불과하다. 그 이외 여러 대통령의 수많은 말들이 크고 작은 영향을 주었고, 현재도 그렇다. 대통령의 언어를 기록으로 보관하고 관리하는 대통령기록관이 존재하는 이유도 마찬가지다. 대통령의 언어가 미치는 영향력과 중요성을 고려하여 대통령이 사용한 언어는 공식성 정도와는 별개로 거의 대부분 보관되어 있다. 실제로 대통령기록관에서는 비전자기록물 종류 중 하나로 대통령 개인기록을 보관하고 있고 친필 메모도 등록되어 있다.

대통령 이외에 고위직 관료들의 말 역시 큰 영향력을 지닌다. 어쩌면 대통령보다 더 정책 실무에 가까이 위치하고 있기 때문에 실무 차원에서는 영향력이 더 클 수도 있다. 관료들이 재량권 내에서 설계하고 집행하는 정책은 곧 그들의 인식으로부터 자유로울 수 없고,[36] 동시에 그 인식은 그들이 사용하는 말을 통해 확인 가능하다는 점에서 말 한마디가 갖는 영향력이 결코 작지 않다. 그들이 어떤 말을 사용하는가에 따라 일반 시민들은 정책 방향을 미리 가늠할 수도 있다. 각종 공청회나 공식 회견 등에서 고위 관료들이 하는 말 한마디 한마디가 여러 해석을 낳으며 이슈가 되는 것도 바로 그 때문이다.

이처럼 관료의 말이 지니는 영향력은 여러 방식으로 확인해 볼 수 있는데, 관료가 적절치 못한 말을 했을 때 그에 대한 국민

---

36) 정정길 외(2012). 「정책학원론」, 대명출판사, pp.96-97.

들의 비판이나 비난 정도를 보는 것도 한 방법이다. 적절치 못한 말을 한 관료에 대해 높은 강도의 비판과 비난이 있다는 것은 곧 관료가 사용하는 말 한마디가 시민들에게 얼마나 중요하게 다가가는 것인지를 보여준다. 앞서도 언급했듯이 그들이 사용하는 말은 그들 인식의 산물이거나 발현의 결과이고 그것은 그들이 설계하고 집행하는 정책에 고스란히 영향을 줄 수 있기 때문에 정책으로부터 여러 영향을 받는 시민들에게 관료의 말은 늘 관심의 대상이 된다. 그런 점에서 본다면 적절치 못한 발언은 적절치 못한 정책 설계와 집행의 가능성을 나타내는 것이기 때문에 그들의 말 한마디가 낳는 영향력이 큰 것이다.

2016년에 고위공무원단에 속하는 교육부의 한 고위직 관료는 기자들과의 식사자리에서 "어차피 위에 군림하고 있는 사람들이 개돼지들을 먹여 살리지 않느냐. 사회가 합리적으로 굴러가기 위해 어느 정도의 신분 차는 있어야 … 사회적 신분제가 필요하다. 세상은 처음부터 불공평하므로 현실을 받아들이는 게 마땅하다. 민중은 그저 먹고살게 해 주면 그만"[37]이라고 하였다. '군림', '사회적 신분제'의 필요성 등의 말과 함께 일반 시민에 해당하는 민중을 '개돼지'라는 용어로 비유한 그의 말은 당시 그가 맡은 직책이 정책기획관이었다는 점에서 특히 더 많은 비난을 받았다.

---

37) 부산일보(2016). "민중은 개돼지…" '나향욱(교육부 정책기획관) 망언' 분노 확산, 7월 10일자 기사.

이 역시 의도의 진실성 등을 떠나, 인간의 인식과 사고에 영향을 주는 언어의 속성상 일반 시민에 대한 인식을 유추하게 해주는 그의 언어는 그가 기획할 정책에 반영될 수 있다는 우려에서 비난이 거셌다. 당시 해당 관료는 사과도 하였지만 징계를 받았고 이후 소송을 통해 다시 복직했다.

관료가 되기 전에 했던 말이 관료가 되면서 회자되어 논란이 되기도 한다. 관료가 되었기에 논란이 되는 것이므로 이야말로 극명한 비교를 통해 관료로서 하는 말이 지니는 영향력을 보여준다. 진실·화해를위한과거사정리위원회(진실화해위) 위원장이 과거에 했던 말 중 과거사의 실체를 조사·규명하는 정부기구의 수장으로서는 적절하지 않은 말(칼럼)을 한 적이 있다. 위원장이 되기 약 13년 전에 제주 4·3 사건과 5·18 광주민주화운동에 대한 폄훼 발언을 한 것이다. 이는 자격논란으로 이어졌다.[38] 이 사례는 관료의 언어가 미치는 소급적 영향을 보여준다. 비록 관료가 되기 전에 했던 말이라고 해도 그 발언이 문제가 되는 이유는, 그러한 언어를 사용하는 사람은 설사 현재 그러한 언어를 사용하지 않더라도 이미 그러한 언어를 사용하면서 지니게 된 인식이 여전할 것이라는 예상 때문이다. 관료가 되기 전에는 문제가 없을 수 있지만 관료가 되었을 때는 그 언어가 문제가 된다는 것 자체가

---

38) 연합뉴스(2022). 김광동 "과거사 정리, 오히려 반민주적"…위원장 자격 논란, 12월 16일자 기사.

곧 관료의 언어가 지니는 영향력을 보여주는 것이다. 사실, 이러한 광경은 고위공직자를 임명하기 위한 청문회에서 자주 볼 수 있는 사례이다. 과거에 했던 말이라도 관료가 되었을 때는 그때 그 말이 이제는 단순한 말로 여겨지지 않기 때문에 그 말을 또 할 수 있다거나, 아니면 비록 이제는 그 말을 하지 않더라도 이미 그 말을 했을 때 그 말에서 비롯되는 인식을 지니고 있는 것에 대한 문제를 지적하는 것이다.

이처럼 관료의 말이 이슈가 되고 논란이 되는 것은 그들이 사용하는 말이 미치는 영향이 크다는 점을 보여준다. 관료의 말 한마디가 갖는 위력이 큰 것이다. 조지 레이코프의 말처럼 이름을 붙이고 용어를 바꾸는 일은 이야기를 가능하게 하고 인식하게 하고 중요한 진리가 드러나게 하기도 하는데,[39] 관료가 그런 역할을 할 수 있는 위치에 있다. 특히 특정 문제에 대한 최종결정 권한을 지닌 관료라면 더욱 그렇고, 행정의 최접점에서 그 결정을 직접 대면으로 전달하는 실무급 관료 역시 마찬가지다. 그들이 하는 실무는 곧 시민들의 생활에 밀접한 것들이다. 결국 관료는 관료 스스로나 관료제 등으로부터 발현되는 권위 기반의 영향력 하에서 그들의 언어 역시 적지 않은 영향력을 발휘하는 주체들이다.

---

39) 조지 레이코프(2012). 나익주 옮김, 「폴리티컬 마인드」, 한울, pp.192-193.

여기에 상황 요소가 더해지면 관료의 말의 영향은 더 커진다. 국가와 사회가 어떤 상황에 처해 있는가에 따라 관료가 하는 말의 영향력은 다를 수 있다. 위기 상황에서 대통령을 비롯하여 관료의 말 한마디는 그 어느 때보다도 더 강력하다. 혼란스러운 상황을 수습하는 정부의 역할에서 관료의 행동도 중요하지만 그 전에 상황판단이나 상황 수습을 위한 관료의 말(예, 상황 브리핑, 대책 발표 등)도 상당히 중요하다. 비록 어떤 조치가 시행되기 전이지만 관료가 적절한 언어로 설명하면 일단 더욱 혼란해질 수 있는 가능성은 줄인다. 관료의 말이 불안을 잠재우고 혼란 극복을 위한 구심체 역할을 한다.

그런데 한편으로는 코로나19에 의한 팬데믹 상황을 두고 조르조 아감벤의 주장처럼 관료가 혼란스러운 상황 극복을 위해 국민들에게 각종 조치 등이 담긴 말을 하면서 그 말을 준수하기를 강요하기도 하는데,[40] 문제는 혼란스러운 상황이 어느 정도 진정되고 끝난 이후에도 그 강요는 계속된다는 사실이다. 이때 관료는 그 강요를 '완곡한 어법'으로 사회 지침에 이름을 붙이는 모습으로 나타낸다. 완곡한 어법의 사회지침은 새로운 원칙으로 자리

---

40) 조르조 아감벤은 코로나19 상황에서 이를 두고 "마치 나치 총통이 그랬던 것처럼 총리와 당국의 발표는 즉각적이 법의 효력을 가지고 있다는 인상을 주기도 한다."고 하였다. 조르조 아감벤(2021). 박문정 옮김, 「얼굴 없는 인간: 팬데믹에 대한 인문적 사유」, 효형출판, p.67.

잡기도 한다.[41] 관료 입장에서 볼 때, 완곡한 어법은 급박한 상황
을 드러내지 않되 급박한 상황에서 지녔던 영향력을 더 지속시키
려는 관료의 의도에 부합하는 적절하고 합리적인 언어 사용의 결
과이다. 관료의 그 의도는 완곡한 어법으로 표현되기에 겉만으로
는 알 수 없다. 조르조 아감벤은 그 예로 '감금'이라는 날것의 용
어를 완곡하게 표현하고자 만든 것이 '사회적 거리두기'라고 주장
하기도 한다.[42] 이 예에 대한 동의 여부나 옳고 그름을 떠나, 관
료의 언어는 상황을 고려하며 계속 영향을 미치려한다는 주장도
존재한다는 점이다. 그래서 데이비드 파머(David J. Farmer)의 말
처럼 공공서비스나 관료 등을 연구 대상으로 다루는 행정학 분야
에서도 언어의 외면적 형식 이외에 '해석'이 필요한 것이다.[43] 중
요한 것은, 상황의 급박함이나 그러한 상황의 종결 등에서도 관
료의 언어는 영향력을 미친다는 점이다.

　　이러한 관료의 언어가 미치는 영향력은 관료제나 관료 자체
의 권위나 이미지, 그리고 상황적 요인 등이 복합적으로 작용된

---

41) 조르조 아감벤(2021). 박문정 옮김, 「얼굴 없는 인간: 팬데믹에 대한 인
　　문적 사유」, 효형출판, p.65.
42) 조르조 아감벤(2021). 박문정 옮김, 「얼굴 없는 인간: 팬데믹에 대한 인
　　문적 사유」, 효형출판, p.57.
43) Farmer, David J.(1995). *Language of Public Administration*, The
　　University of Alabama Press.

결과이다. 마지막으로 여기에 더할 수 있는 것은 반복행위이다. 더 쉽게 말하면, 관료가 반복적으로 특정 언어를 말함으로써 각인시키는 것이다. 연구에 따르면, 실제 결과 발생의 유무(有無) 이전이라고 해도 행위나 사건의 반복은 심리적 영향을 야기한다. 이에 대한 대표적인 실증연구인 Zajonc의 연구에 의하면, 비록 단순한 노출에 따른 반복이라고 할지라도 그 반복으로 인해 친숙함은 높아진다.[44] 여기서 친숙함이란 반복이 주는 자극발생에 따른 심리적 영향 발생의 가능성을 말한다. 특히 Brewin, Dalgleish, and Joseph이나 Ehlers and Clark 등의 연구결과에 따르면, 실제 행위 발생 이전에 반복적인 언어적(verbal) 혹은 지각적(perceptual) 형태의 인지적 처리는 이후 정서나 감정 등의 심리에 영향을 미친다.[45] 일정한 계기(스트레스 유발 정도의 계기)가 있다면 그 영향의 정도는 더욱 강해진다고 한다. 따라서 관료의 언어가 반복될 때 그것을 접하는 이들(시민들)에게 미치는 영향력도 더 높아진

---

44) Zajonc, R. B.(1968). Attitudinal Effects of Mere Exposure, *Journal of Personality and Social Psychology Monograph Supplement*, 9(2): 1−27; Zajonc, R. B.(1980). Feeling and Thinking: Preferences Need no Inferences, *American Psychologist*, 35(2): 151−175.

45) Brewin, C. R., T. Dalgleish, & S. Joseph(1996). A dual representation theory of posttraumatic stress disorder, *Psychological Review*, 103: 670−686; Ehlers, A., & D. M. Clark(2000). A cognitive model of posttraumatic stress disorder, *Behaviour Research and Therapy*, 38: 319−345.

다. 장기간 이어지는 코로나19는 관료의 언어가 반복해서 계속
이어지게 하였다.

제2장

언어의 개념적 블렌딩과 이미지 생산

1. 이론적 도구의 필요성

2. 언어의 개념적 블렌딩

   컴퓨터 바이러스와 뇌 업그레이드
   개념적 블렌딩의 원리
   결합

3. 이미지 생산

   개념적 블렌딩의 이미지 동반
   이미지로서 기본 속성

제2장

언어의 개념적 블렌딩과 이미지 생산

1. 이론적 도구의 필요성

　　관료의 언어가 우리에게 미치는 영향이 분명하고 그 정도도 적지 않다는 점을 알게 되면, 이제 그에 대한 조금 더 깊은 고민이 필요해진다. 깊은 고민이란, 관료의 언어가 어떤 방식으로 우리에게 영향을 주고 있는가에 대한 것이다. 내 생활에 적지 않은 영향을 주고 있는 그 무엇이 있다면 영향을 준다는 그 자체를 한 번 더 실감하는 데서 멈출 수도 있지만, 알고 싶은 점이 생긴다. 어떻게 영향을 주는가와 같은 영향을 주는 방식에 대한 궁금증이 바로 그것이다.

영향을 주는 방식을 이해하면, 당사자인 우리는 수동적으로 영향을 준다고 해서 그 영향을 받고만 있는 존재에서 벗어날 뿐 아니라 나름의 대응 방식을 찾는 데 도움이 되기도 한다. 영향의 좋고 나쁨과는 크게 상관없다. 그 어떤 영향이건 그것은 내 행동에 제약이 되는 경우가 많기 때문에 자율적 인간으로서 대응이 필요하고 나아가, 이는 적응 방식으로까지 이어질 수 있다. 대응 자체가 무력해질 수 있는 영향도 있지만, 그것 또한 대응을 시도해본 다음에 알 수 있다. 그리고 굳이 꼭 대응을 위한 것도 아닌, 보다 심층적인 이해 자체를 위한 궁금증이 생기기도 한다. 나와 관련된 것을 심층적으로 알게 되는 데서 오는 성취감도 있기 마련이다. 따라서 관료의 언어가 적지 않은 영향을 준다면 바로 그 관료의 언어가 주는 영향이 어떻게 나타나는지에 대해서도 알아볼 필요가 있다.

그렇다면, 관료의 언어가 우리에게 미치는 영향의 방식을 어떻게 알 수 있을까? 어떤 대상을 이해하기 위해서는 도구가 필요하다. 먼 곳을 관찰하기 위해 망원경을 사용하고 미세한 것을 보기 위해 현미경을 활용하듯이 관료의 언어가 영향을 미치는 방식을 알기 위해서도 적절한 도구가 필요하다. 무턱대고 바라본다고 해서 보이지 않던 것이 갑자기 보이는 것이 아니다. 하지만 도구를 사용하면 정확하다고 확신할 수는 없어도 그동안 보이지 않던 것이 보이기 시작한다. 관료의 언어를 그냥 접하고만 있다고 해서, 또는 관료의 언어가 영향을 준다는 점을 알게 되었다고 해서 그것이 곧 관료의 언어가 어떻게 영향을 주는지에 대해 이해한다는 것을 의미하지는 않는다. 적절한 도구가 있다면 그것을 활용해서 이해할 필요가 있다.

현상을 이해하기 위한 도구로 많이 쓰이는 것이 바로 이론 (theory)이다. 이론은 현상이나 대상에 대한 논리적이고 설득력 있는 설명을 의미한다.[1] 그렇다고 온전한 이해는 아니다. 현상이나 대상의 핵심에 집중하는 설명이거나 주요 특징을 중심으로 하는 설명이다. 하나도 빠짐없이 모든 것을 설명해주지는 못해도 핵심을 이해하는 데 유용하다. 어쩌면 모든 것을 안다는 것은 아무것도 모르는 것과 같다. 사회는 충분히 모순적이기 때문이다. 모든 것을 설명한다는 것은 모순을 이루는 각각에 대한 설명과 그것끼리의 모순마저도 설명된다는 것인데, 역설적이게도 그 점이 바로 모순이라서 결국 아무것도 설명할 수 없다는 사실을 보여준다. 모순을 모두 포함한 완벽한 설명은 이 세상에는 없다. 그래서 이론이라는 도구는 애초에 모든 것을 설명하기 위해 존재하는 것이 아니다. 받아들여질 정도의 설명력을 지니고 설명할 수 있는 것을 설명하는 것이 이론이며, 그에 대한 반론으로 발전해

---

1) 김민주(2019). 「재무행정학」, 박영사, p.153.

나가는 것이 이론의 속성이다.[2] 이론이라는 도구가 매력적인 이유가 바로 여기에 있다. 설득력 있는 설명을 제공하지만 점점 드러나는 한계가 비판에 의해 다듬어지며(때로는 완전 파괴되며) 발전하기 때문이다. 그럴수록 설명력은 더 높아진다.

관료의 언어 역시 그것을 설명할 수 있는 이론적 도구가 있다면 매력적인 분석이 가능하다. 사실 관료의 언어만을 이해하기 위해 별도로 존재하는 특정 이론은 없다. 다만, 차용 가능한 이론을 활용할 수는 있다. 이론의 매력은 반론과 그에 따른 보완으로 발전해 나가는 데만 있는 것이 아니라, 차용을 통한 적용의 확장성에서도 찾을 수 있다. 진화론이 생물학 영역에서만 설명력을 발휘하는 데서 머물지 않고 사회의 다양한 현상을 설명하는 데 유용하게 활용된 사례가 대표적이다. 때로는 진화론을 비판하며 수정 및 보완하는 형태의 이론이 등장하고, 이어서 그것 역시 사회현상을 설명할 때 활용되었다. 이런 모습은 이론적 도구가 한정적 경계(대상) 내에서만 작동하는 것이 아니라 차용을 거치며 유용성을 증명해나가는 모습이다. 이는 이론의 매력을 보여주는 것이기도 하고 또 이론이 지니는 생명력을 보여주는 것으로, 관료의 언어를 이해하는 데도 마찬가지다. 관료의 언어에 한정된 이론적 도구가 아닌 차용된 이론으로 설득력 있는 설명이 가능하

---

2) Chalmers, Alan Francis(1999). *What is this Thing Called Science?*, third edtion, Indianapolis: Hackett Pub., pp.59−65.

다. 관료의 언어를 이해하기 위해 이론이 지니는 또 다른 매력 포인트를 활용하는 것이다.

그렇다면, 그 이론은 어떤 것일까? 다시 말해, 관료의 언어를 이해하기 위해서는 여느 현상이나 대상과 마찬가지로 도구가 필요하고 그 도구는 이론적 도구가 되며, 차용해서 적용할 수 있다면 과연 그 이론은 어떤 것일까라는 점이다.

차용의 범위가 모든 학문에 해당될 수 있다면 여기서 말하는 이론도 다양할 것이다. 세상의 복잡성만큼 그것을 설명하기 위한 여러 이론들이 존재하기 때문이다. 하지만 관료의 '언어'를 이해하는 데 초점을 두고 있다는 점에서, 언어라는 핵심적인 대상으로 그 범위를 좀 더 좁히고 또 언어가 그 속성상 인간의 인지 작용을 불러일으킨다는 점을 고려한다면 인지언어학(cognitive linguistic)이 관료의 언어를 이해하는 데 차용될 수 있는 하나의 이론적 도구가 될 수 있다. 인지언어학은 인간의 체험을 모형화(인지모형, cognitive model)해서 언어를 분석하는 접근법으로, 인간은 체험을 구조화하여 만든 세상사 지식(world knowledge, 이는 곧 인지모형에 해당)에 기초해서 인지 과정을 거치게 되므로 그 결과로 언어 분석이 자연스럽게 이루어진다.[3] 언어는 인지 작용이 전제된 의사소통의 매개 역할을 하기 때문에 언어에 대한 분석에서 이 역할을 고려하는 것이 중요하다. 비단, 관료의 언어가 아니라 그 누구

---

[3] 김동환(2013). 「인지언어학과 개념적 혼성이론」, 도서출판 박이정, p.49.

의 언어라고 할지라도 이 점을 고려할 필요가 있다. 하지만 기본
적으로 인간에 의해 구성되는 세계를 반영하는 의사소통의 체계
가 언어라고 할 때,4) 특히 관료의 언어가 정부권력에 기초하고
있는 까닭에 세계 구성에 미치는 영향이 적지 않다는 점에서 그 누
구보다도 그들의 언어에 대한 분석에 이러한 접근법이 유용하다.

따라서 인지언어학적 접근법이 관료의 언어를 이해하는 데
분명 도움이 된다. 그런데 인지언어학적 접근법에는 다시 세분화
된 여러 이론들이 존재한다. 그래서 인지언어학에 기대어 관료의
언어를 살펴본다는 말이 곧 인지언어학 그 자체를 적용한다는 의
미는 아니다. 인지언어학이 포괄하는 범위가 상당히 넓기 때문에
보다 세분화된 인지언어학적 접근법이 적용되어야 분석의 구체성
과 용이성이 높아진다. 그에 해당하는 것이 개념적 블렌딩
(conceptual blending)이다. 이는 언어가 지니는 의미에 대한 표상
(representation)의 문제를 넘어, 언어 표현이 매체가 되어 의미가
구성되는 방식을 설명하기 때문에 인지언어학의 여타 이론이나
방법론보다도 더 다양한 언어 현상을 설명할 수 있다. '언어 표현
의 의미 표상'에서 '언어 표현의 의미 구성'에 대한 설명을 가능하
게 해주는 것이다. 단순한 혼성어가 아닌 개념 차원의 혼성어까
지 설명할 수 있게 하여, 언어가 인간의 인지 작용을 통해 작동
(의미 구성)되어 의사소통이 이루어지는 모습까지 자세히 포착하

---

4) 김동환(2013). 「인지언어학과 개념적 혼성이론」, 도서출판 박이정, p.49.

게 해준다.5) 관료의 언어가 우리에게 미치는 영향이란 바로 그들이 사용하는 언어 표현의 의미 구성에 의한 것이므로 이에 대한 이론적 도구는 인지언어학의 세부적인 이론이자 방법론인 개념적 블렌딩이 유용할 수 있다.

---

5) 김동환(2013). 「인지언어학과 개념적 혼성이론」, 도서출판 박이정, pp.467 −468, pp.738−740.

2. 언어의 개념적 블렌딩

컴퓨터 바이러스와 뇌 업그레이드

개념적 블렌딩 이론(Conceptual Blending Theory)이란 Fauconnier & Turner가 인지언어학적 관점에서 사람들이 개념화하는 방법에 대해 설명하는 이론으로, 서로 다른 지식과 경험에서 도출된 정보를 통합해서 특정한 것으로 개념화하는 방식을 말한다.[6] 때로는 개념이 통합된다는 점을 강조해서 이를 개념적 통합(conceptual integration)이라고 지칭하기도 한다. 용어 상 블렌딩과 통합 간 미묘한 차이가 없는 것은 아니지만 개념적 표상(conceptual representation)을 비교 대상으로 삼으면 맥락상 둘의 차이는 거의 없다. 이 책에서는 주로 개념적 블렌딩이라는 용어로 지칭하기로 한다.

개념적 블렌딩은 두 가지 전통으로부터 도출되었지만 별개의 이론으로 발전했다. 즉, 개념적 은유 이론(Conceptual Metaphor Theory)과 정신공간 이론(Mental Space Theory)의 영향을 받았지만, 그 두 이론이 타당하게 설명하지 못하는 현상을 설명하며 발

---

6) Fauconnier, G. and M. Turner(1994). Conceptual projection and middle spaces, *Technical Report 9401*, University of California, San Diego, Department of Cognitive Science; Fauconnier, G. and M. Turner(1998). Conceptual integration networks, *Cognitive Science*, 22: 133–187.

전했다. 여기에 가장 결정적이었던 것은, 개념적 블렌딩은 의미구성(meaning construction)이 전형적인 부분의 합 이상의 것을 발생시키는 구조의 통합을 수반한다는 점이다.7) 따라서 개념적 블렌딩은 기존의 두 가지 전통과는 다른 별도의 이론으로서 설명력을 지니고 있다.

개념적 블렌딩을 직관적으로 쉽게 이해할 수 있는 예는 '컴퓨터 바이러스'이다. 컴퓨터 바이러스라는 말은 서로 전혀 다른 성질을 지닌 사물체로서 컴퓨터와 생물학적 영역의 바이러스가 블렌딩(blending)되어 마치 인조 생명인 것으로 여겨지는 하나의 개념이다. 컴퓨터와 바이러스 각각의 개념이 블렌딩 된 공간(blended space)으로 들어와서 이미지가 발현되고, 다시 이 개념이 활용되면서 또 다른 연관 이미지로 이어지기도 하고 상상력을 불러일으키기도 한다. 이 과정을 여러 번 거치게 되면서 컴퓨터 바이러스라는 말은 애초에 존재하지 않았던 언어였음에도 불구하고 개념적 블렌딩으로 인해 이제는 우리에게 이미지화된 일상의 용어가 되었다. 인간은 언어를 통해 인지능력을 조합할 수 있기 때문에 필요하다면 어떤 관계의 카테고리를 자유자재로 만들 수 있고, 또 실제 존재하지 않는 관계의 유사성에 대한 인식으로까지 발전시킬 수 있다.8) 개념적 블렌딩에 의한 컴퓨터 바이러스도 그래서

---

7) 비비안 에반스 · 멜라니에 그린(2008). 임지룡 · 김동환 옮김, 「인지언어학 기초」, 한국문화사, p.427.

가능하다.

'뇌 업그레이드'도 마찬가지다. 생물학적 뇌와 기계장치의 업그레이드가 전혀 다른 성질임에도 불구하고 개념적 블렌딩을 거쳐 기존에 몰랐던 지식을 새로 알게 되어 성장된 듯 한 느낌의 의미(용어)로 사용되고 있다. 이 역시 원래는 존재하지 않았던 언어의 탄생인 것이다. "어떤 대상의 의미는 그 대상이 아닌 것들에 의해 만들어 진다"는 말을 여기서도 적용할 수 있다.[9) 조던 피터슨(Jordan Bernt Peterson)의 말처럼 인간은 기존 지식과 욕구에 따라 현재 상태에 정서를 부여하면서 의미를 모형화하는데,[10) 이 또한 그 대상이 아닌 것들에 의해서 만들어지는 것이다. 그러다 그 이후에는 그렇게 의미를 지니며 만들어진 바로 그 언어의 틀(frame)이 더 우위에서 영향을 미친다.

그래서 앞서 서장에서도 언급했듯이 조르조 아감벤의 말처럼 언어는 가장 오래된 장치(dispositif)로서 인간을 비롯한 생명체들의 몸짓, 행동, 의견, 담론 등을 포획, 지도, 규정, 차단, 주조, 제어, 보장하는 능력을 지니고 있다.[11) 언어에 의한 이미지 생산

---

8) 이마이 무쓰미(2022). 김옥영 옮김, 「언어와 사고」, 소명출판, p.170.
9) 수잔 티체·로리 코헨·질 머슨(2013). 신병현 옮김, 「언어와 조직 이해」, 커뮤니케이션북스, p.2.
10) 조던 피터슨(2021). 김진주 옮김, 「의미의 지도」, 앵글북스.
11) 조르조 아감벤·양창렬(2010). 양창렬 옮김, 「장치란 무엇인가? 장치학을 위한 서론」, 난장, pp.15-48.

도 바로 그 일환이다. 컴퓨터 바이러스나 뇌 업그레이드라는 언어를 통해 인간이 만들거나 구현하고자 하는 의미가 포착되고 한정되는 모습을 띠게 된다. 언어가 일종의 인지의 준거틀이 되어 이미지 생산을 이끄는 것이다. 사실, 리사 펠드먼 배럿의 말대로 이미 우리 뇌에서는 우리가 지니고 있는 개념으로 이 세상을 바라보고 구성할 정도이므로 개념적 블렌딩이 그러한 역할을 하는 것은 당연하고,12) 그런 점에서 개념적 블렌딩은 개념 역할의 다차원성을 보여주는 것이다.

이처럼 개념적 블렌딩은 여느 혼성어와 마찬가지로 언어라는 형태로 가시적 모양은 띠고 있지만 그에 머물러 있는 것이 아니라, 그 형태의 이면에서 눈에는 보이지 않고 개념적 층위에서 작동하는 인지과정이 실행되는 것이다. 언어 형태의 이면에서 일어나는 일은 의미를 구성할 수 있는 데서 나아가 상상적 발산을 통해 의사전달 및 소통을 가능하게 한다. 이와 관련하여 질 포코니에(G. Fauconnier)와 마크 터너(M. Turner)가 언어 형태와 그 속의 의미에 대해 든 비유적 예시(아킬레우스의 갑옷, 연극 무대)를 보면 다음과 같다.13)

---

12) 리사 펠드먼 배럿(2017). 「감정은 어떻게 만들어지는가?」, 생각연구소.
13) 질 포코니에·마크 터너(2009). 김동환·최영호 옮김, 「우리는 어떻게 생각하는가」, 지호, pp.20-23.

　　과거 도시국가로 이루어진 그리스가 트로이와 전쟁을 하면서 전쟁의 영웅인 아킬레우스를 직접 전쟁에 내보내지 않고 그의 갑옷을 입힌 파트로클로스를 내보낸다. 아킬레우스의 갑옷을 본 트로이인들은 당연히 전쟁의 영웅인 아킬레우스라고 생각해서 싸울 의지조차 생기지 않았다. 하지만 이후 트로이인들은 아킬레우스의 갑옷을 입은 사람일 뿐 진짜 아킬레우스가 아니라는 점을 알게 된다. 그리고 그리스는 전쟁에서 이긴다.

　　여기서 갑옷은 언어라는 형태이고, 아킬레우스의 갑옷은 의미가 부여된 언어가 된다. 갑옷은 그 속에 아킬레우스에 의해 단순한 갑옷으로만 치부되기 힘든 막강한 힘을 가진 것이 된다. 갑옷 자체가 막강한 힘으로 존재하는 것이 아니라, 그 갑옷 속에 아킬레우스가 있거나 적어도 아킬레우스의 것(갑옷)이라는 예상으로 갑옷은 힘을 지닌 존재가 된다. 따라서 형태가 곧바로 의미를 제공해주는 것이 아니라 형태의 이면에 의미가 존재하며, 그 형태가 의미 전역에 퍼져있는 규칙성(아킬레우스 덩치의 갑옷 치수 등)을 식별해내는 등과 같은 역할을 통해 의미를 촉진하게 된다. 촉진된 의미는 상상을 이끌며 의사소통으로 구현된다. 여기서 그리스인들이나 트로이인들은 형태(갑옷) 이면에 있는 의미(아킬레우스의 위력 등)를 구성할 수 있는 인지능력을 보유하고 있는 점이 전제되어 있다.

이처럼 개념적 블렌딩은 전제되어 있기 때문에 눈에 보이지 않는다. 어쩌면 가장 매끄러운 의사소통은 화자 간 개념적 블렌딩이 드러나지 않은 상태에서 이루어질 때이다. 연극 무대가 그렇다. 연극 무대 앞의 상황과 연극 무대 뒤의 상황은 전혀 다르다. 연극 무대 뒤에서는 연극 무대 위에서 공연될 각종 준비로 분주하고 때로는 혼란스럽다. 그러나 연극 무대 앞의 관객은 잘 짜인 연극 무대만을 바라볼 뿐이다. 관객들에게 연극 무대 뒤의 상황이 보여서는 안 된다. 연극 무대 뒤의 상황이 관객에게 잘 보이지 않을수록 연극은 성공적으로 공연된다. 연극 무대 뒤의 상황을 몰라도 연극 무대를 바라보는 관객은 연극이 주는 메시지를 이해할 수 있다. 여기서 연극 무대 뒤는 개념적 블렌딩에 의한 인지과정이다. 이를 통해 연극이 가능해져 바로 그 연극으로 의사소통이 되듯이, 언어도 언어 형태가 무대 위에 제시되었을 때 화자들은 보이지 않는 개념적 블렌딩을 통해 서로의 공유점으로 소통하게 된다. 개념적 블렌딩을 뒷무대 인지(backstage cognition)로 일컫는 것도 그 때문이다.14)

---

14) 김동환(2013). 「인지언어학과 개념적 혼성이론」, 도서출판 박이정, p.470.

개념적 블렌딩의 원리

그렇다면, 개념적 블렌딩은 어떤 원리로 이루어지는 것일까? 개념적 블렌딩은 우리의 인지 속에 있는 정신공간(mental spaces) 들 간 관계로 나타난다. 여기서 말하는 정신공간이란 활성화된 신경 조합(neuronal assemblies)의 집합으로, 국부적인 이해와 행동을 목적으로 우리가 생각하고 이야기할 때 구성되는 작은 개념적 꾸러미를 의미한다.[15] 정신공간은 다시 입력공간(input spaces, 또는 contributing spaces, inputs, conceptual influences 등으로 사용), 총칭공간(generic space), 블렌딩 공간(blended space) 등으로 나눌 수 있다. 정신공간들 간 관계는 곧 정신공간 속의 요소들 간 연결이며, 이는 공활성화 결속(co−activation bindings)을 보이며 발현된다. 그래서 정신공간들은 개념적 블렌딩이 어떻게 이루어지는지 설명하는데 사용되는 핵심 요인들이기도 하다. 개념적 블렌딩을 다공간 모형으로 부르는 이유도 이러한 입력공간, 총칭공간, 블렌딩 공간으로 이루어져 있고 그것들로 설명되기 때문이다. [그림 2−1]는 이를 전체적으로 도식화한 것이다.

---

15) 질 포코니에·마크 터너(2009). 김동환·최영호 옮김, 「우리는 어떻게 생각하는가」, 지호, pp.71−73.

그림 2-1 개념적 블렌딩의 정신공간: 입력공간, 총칭공간, 블렌딩
공간16)

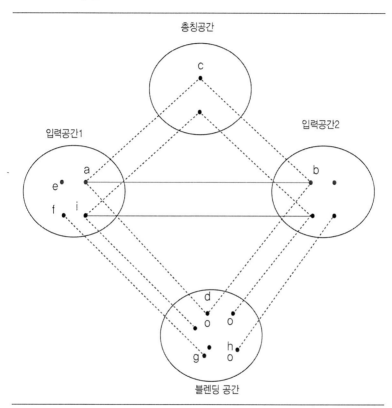

16) 질 포코니에·마크 터너(2009). 김동환·최영호 옮김, 「우리는 어떻게 생
각하는가」, 지호, p78에서 재구성.

입력공간은 주어진 말 등의 언어에서 개념적으로 영향을 주는 요인들로 구성되어 있는 공간이다. 하나의 문장이나 용어 등의 말 속에는 입력공간이 하나일 수도 있고 여러 개일 수도 있다. 개념적 영향 요인에 의해 각각 형성되는 개념에 따라 입력공간의 수도 하나 이상일 수 있다. 예컨대 '컴퓨터 바이러스'라고 하면 컴퓨터와 관련된 개념이 형성된 공간(입력공간)이 있고, 바이러스와 관련된 개념이 형성된 공간(입력공간)이 존재하게 된다. [그림 2−1]에서 말하는 입력공간1과 입력공간2가 각각에 해당한다. '뇌 업그레이드'도 생물학적 뇌에서 비롯되어 형성되는 개념적 공간(입력공간)이 있고, 기계장치의 업그레이드와 관련된 개념적 공간(입력공간)이 존재한다. 이처럼 주어진 말 등의 언어 속에는 개념적 영향 요인에 따라 형성되는 각각의 개념이나 의미로 나타나는 입력공간이 존재한다.

이러한 입력공간은 개념적 블렌딩의 출발이 된다. 입력공간 자체가 형성(구축)되어야 개념 구분과 그 개념들 간의 블렌딩이 가능해지기 때문이다. 입력공간들이 있어야 서로 관계를 맺으며 말 그대로 블렌딩이 가능해지는 것이다. 그리고 블렌딩의 결과로 새로운 개념까지 이어질 수 있다. 결국 개념적 블렌딩은 입력공간들이 존재하고 그들의 관계 속에서 나타나게 되는데, 이는 더 구체적으로 말하면 입력공간 속의 개념적 요소들에 의한 교차공간 맵핑(cross−space mapping)에서 시작되는 것이다.

교차공간 맵핑이란 입력공간들 간 체계적인 대응(correspondence)
으로, 입력공간 전체가 대응될 수도 있고 입력공간 속 요소들 간
대응이 될 수도 있다. 교차공간 맵핑은 [그림 2-1]에서 입력공
간 간 연결된 실선으로 나타나 있는 a와 b 사이의 선을 의미한
다. '컴퓨터 바이러스'의 경우도 컴퓨터라는 개념을 지닌 입력공
간 전체와 바이러스라는 개념으로 형성된 입력공간 전체가 상호
대응될 수도 있고, 아니면 각 입력공간 속 요소들끼리 대응될 수
도 있다. 컴퓨터라는 개념을 지닌 입력공간 속 요소에는 컴퓨터
개념 구성에 해당하는 '접속', '네트워크', '부품', '손상', '업데이트'
등의 요소가 있고, 바이러스라는 개념을 지닌 입력공간 요소에는
바이러스 개념 구성에 해당하는 '접촉', '전파', '숙주', '질병', '백
신' 등의 요소가 있는데 이들이 서로 대응하는 것이다.

그런데 이때 대응은 그냥 아무렇게나 일어나는 것이 아니다.
컴퓨터 개념 구성의 입력공간 속 '접속', '네트워크', '부품', '손상',
'업데이트'와 바이러스 개념 구성의 입력공간 속 '접촉', '전파',
'숙주', '질병', '백신'이 대응될만한 이유에 의해 대응된다. 이에
영향을 주는 것이 바로 총칭공간이다. 총칭공간은 입력공간들이
공유할 수 있는 프레임을 제시하는 공간으로, 인지작용을 한정해
주는 역할을 한다. 입력공간들이 전체끼리 대응될 때는 전체를
한정하는 것이 되고, 입력공간 속 요소끼리 대응될 때는 해당 요
소로 대응되도록 한정시킨다. 입력공간들 사이에서 나타나는 교

차공간 맵핑은 입력공간에 공통되어 있는 총칭공간에 의해 가능
한 것이다.

　예를 들면 총칭공간은 컴퓨터와 바이러스 개념의 입력공간
속 요소들 중 컴퓨터의 '접속'과 바이러스의 '접촉'이 대응되도록
하고, 또 '네트워크'와 '전파', 그리고 '손상'과 '질병'이 대응되도록
한정해주는 역할을 하는데, 그 역할은 두 입력공간을 공유하는
개념이 제시되는 형태이다. '접속 – 접촉'이 대응되는 것은 '연결',
'네트워크 – 전파'가 대응되는 것은 '확산', '손상 – 질병'이 대응되
는 것은 '피해'라는 공유된 개념에 의해서이다. 나머지 '부품'이나
'숙주'는 대응되는 개념이 형성되어 있지 않는 경우다. 물론 이 요
소들은 언제든 대응될 수 있는 기회는 생긴다. 입력공간 속 요소
의 구성에 따라, 그리고 한정되는 개념에 따라 달라질 수 있다.
부품과 숙주처럼 현재 대응되는 개념이 형성되어 있지 않는 경우
는 [그림 2 – 1]에서 e와 f에 해당한다. 이처럼 입력공간들이 존재
하면, 그들 전체 혹은 그 속의 요소들간 대응인 교차공간 맵핑을
가능하게 해주는 한정된 개념 구성이 이루어지는 곳이 총칭공간
이다. 이곳에서는 포테브냐의 말처럼 세계에 대한 이해를 할 때
언어를 통해 기존의 사고와 새로운 지각 사이의 매개 활동이 일
어나는 것과 유사하다.[17]

---

17) 알렉산드르 아파나시예비치 포테브냐(2016). 조준래 · 김민수 옮김, 「사고
　　와 언어」, 한국외국어대학교 지식출판콘텐츠원.

입력공간들과 총칭공간에 의해 개념들이 대응되면 개념들간 블렌딩이 가능해진다. 이는 블렌딩 공간에서 나타난다. 그래서 이 때의 개념적 공간은 입력공간들에서 비롯된 선택적 투사에 의해 형성되는 공간이다. 입력공간의 모든 요소가 그대로 블렌딩 공간으로 투사되는 것은 아니기 때문에 선택적 투사라고 한다. 구체적으로는 총칭공간에 의해 입력공간 속 모든 혹은 일부 요소들간 대응으로 투사된 개념이나, 입력공간에 의한 대응 관계가 아니더라도 단독의 입력공간 속 요소가 투사되기도 하면서 개념의 블렌딩이 나타난다. 전자는 [그림 2-1]에서 입력공간1의 a와 i에 해당하고, 후자는 f에 해당한다. 입력공간2도 마찬가지다. 그래서 전자와 같이 '접속(입력공간1)-접촉(입력공간2)', '네트워크(입력공간1)-전파(입력공간2)', '손상(입력공간1)-질병(입력공간2)'으로 개념이 블렌딩되는데, 이와 동시에 후자와 같이 컴퓨터 개념의 입력공간 속 '업데이트(입력공간1)'와 바이러스 개념의 입력공간 속 '백신(입력공간2)'이 블렌딩 공간으로 각각 투사되기도 한다. 블렌딩되는 개념의 완성도를 위해서는 교차공간 맵핑이 이루어지는 그 이외의 요소들도 추가되는 것이다. 그리고 입력공간에 존재하지 않았던 개념도 추가되기도 한다. 예를 들면 '보안', '범죄' 등이며, 이는 [그림 2-1]에서는 h에 해당한다. 그 외에도 쓰레기통 농구, 자식농사, 지구촌, 바이러스 폭풍, 세금폭탄 등 많은 개념적 블렌딩의 사례들이 존재한다.

개념적 블렌딩은 컴퓨터 바이러스와 같은 용어나 어구에서만 나타나는 것이 아니고 문장을 통해서도 가능하다. 예를 들어, "길동아, 너가 우리나라 국민이었다면 길가다 마주친 이웃에게 인사하지 않았기 때문에 벌금을 냈을 거야"라는 문장이 있다고 하자. 길동이가 이웃에 잠시 머물고 있는 외국인 친구 A를 길가다 만났는데 인사를 하지 않아서 이런 말을 들은 것으로 보인다. 이 말속에는 우선 두 개의 입력공간이 구축된다. 길동이가 사는 나라의 이웃 간 인사 문화와 관련된 개념 공간과 외국인 친구 A가 사는 나라의 이웃 간 인사 문화와 관련된 개념 공간이 그 각각에 해당한다. 이 두 공간은 두 나라, 두 사람, 각 나라의 인사 문화, 각 나라에서 인사하지 않았을 때 반응 및 조치 등으로 한정된 총칭공간이 존재하며, 이로부터 교차공간 맵핑이 나타난다. 그것에는 '길동이 나라—A가 사는 나라', '길동이—A', '이웃에게 인사 하지 않아도 상관 없음—이웃에게 인사하지 않으면 벌금'이 해당한다. 그리고 이들과 필요시 입력공간의 나머지 요소 등이 투사되어 개념적 블렌딩이 나타나면서 길동이가 A가 사는 나라의 국민이라고 생각하며 벌금을 내는 모습이 인지되는 것이다. 길동이는 현재 A가 사는 나라 국민이 아니라서 이런 상황은 발생될 수 없지만 우리의 인지 속에서는 지금 당장 이런 상황에 대한 인지가 가능해서 벌금을 내는 장면 등이 상상될 수 있다.

이처럼 용어나 어구가 되건 문장이 되건, 발현구조를 만들기
위한 인지과정인 개념적 블렌딩은 입력공간을 구축하고 입력공간
들 사이에 교차공간 맵핑이 이루어지는데 이는 입력공간들에 공
통된 총칭공간에 의해 한정된다. 그리고 교차공간 맵핑에 의해
연결되는 입력공간의 전부 또는 일부 특정 요소들이 블렌딩 공간
에 선택적으로 투사되어 발현구조가 형성된다. 이 발현구조는 의
미구성에 대한 내용을 담고 있는 구조이다.18) 이는 일종의 개념
적 통합 연결망의 기본 뼈대가 된다. 그리고 뇌과학에서 말하는
언어를 사용하는 인간의 압축(compression) 능력에 의한 의미인식
이 가능한 사회적 현실 만들기의 일환에 해당되기도 한다.19)

이런 과정은 꽤 복잡해보이지만 사실 우리의 인지과정 속에
서는 매우 짧은 시간에 이루어지고 많은 작용들이 눈에 보이지도
않는다. 물론 개념적으로 블렌딩된 용어 자체의 의미 파악에 별
도의 이해력이 요구될 때도 있으나, 설명을 통한 이해에 이르게
되면 총칭공간의 작용이나 교차공간 맵핑은 매우 빠른 속도로 이
루어지고 일상적 용어에 이를 정도가 되면 개념적 블렌딩이 된
용어로 이해하기보다는 별도의 독립된 용어로 인지해버리기도 한

18) 김동환(2013). 「인지언어학과 개념적 혼성이론」, 도서출판 박이정, pp.481
   −482.
19) 리사 펠드먼 배럿(2022). 변지영 옮김, 「이토록 뜻밖의 뇌과학」, 더퀘스
   트, pp.166−172.

다. 컴퓨터에 익숙한 이들에게 컴퓨터 바이러스는 매우 친숙해진 일상적 용어가 되었기에 별도의 에너지가 소모될 정도의 이해력이 요구되지 않는 것과 같다.

지금까지는 개념적 블렌딩을 용어나 어구 또는 문장으로 가능한 것으로 표현하였는데, 이러한 표현 방식은 설명과 이해의 수월성을 위한 것이었다. 그러한 표현 방식과 함께 개념적 블렌딩의 여러 모습은 또 다른 표현방식으로도 나타낼 수 있다. 그것은 시간이나 공간에 따른 개념적 블렌딩을 말한다. 시간과 공간이 다른 각각의 입력공간의 요소들에 의한 개념적 블렌딩을 의미한다. 사실, 바로 앞서 예로 든 길동이 사례도 공간이 다른 곳(길동이가 사는 나라와 A가 사는 나라)을 나타내는 언어를 블렌딩으로 상상하도록 한 것이다. 그리고 이때 시간의 차이(길동이가 자신의 나라에 있을 때와 길동이가 A가 사는 나라에 있다고 가정했을 때)도 역시 전제되어 있다. 입력공간 속 요소들이 위치하고 있는 공간과 시간의 차이는 총칭공간에서의 프레임을 통해 블렌딩 공간에서는 상상이 만들어진다. 앞서 다룬 이런 예는 공간이나 시간의 차이의 명확성이 높지는 않았다. 차이는 있되 거의 동시대의 멀지 않은 공간 차이 정도였다.

이와 함께, 어떤 입력공간이 존재할 때 그 입력공간 간에 공간과 시간 간 차이의 명확성이 높은 경우의 개념적 블렌딩 사례도 존재한다. 차이의 명확성이 높은 상태에는 공간과 시간이 함께 다른 경우가 있기도 하고 시간이나 공간 중 어느 하나만 다른 경우가 있기도 하는 등 현실에서는 많은 사례들이 존재한다. 사실, 기본적으로 개념적 블렌딩은 상상력의 작용이기 때문에 실재성은 중요하지 않다. 오히려 현실에서는 결코 일어날 수 없는 일도 개념적 블렌딩에서는 가능하기 때문에 시간이나 공간을 뛰어넘어 블렌딩이 나타나는 경우는 많다. 다음은 지금까지 예로 든 사례와는 조금 다르게 시간과 공간 간 차이를 명확히 두고 이루어지는 개념적 블렌딩의 사례이다.

한 예로 현대 시점의 한 철학자가 강의실에서 과거의 칸트 철학의 내용을 비판적으로 검토하며 자신의 주장을 펼치는 경우를 보자. 현대의 이 철학자가 칸트의 철학 내용을 말하며 그 중 어느 내용이 문제라거나 오류라는 등의 주장을 펼치는 상황이다. 이에 대해 질 포코니에와 마크 터너의 저서에 소개된 이 철학자의 주장은 이렇다. "저는 이성이 자체 발달적 능력이라고 주장합니다. 칸트는 이 점에서 저와 의견이 다르죠. 그는 이성이 선천적이라고 말하지만, 저는 그것이 논점을 교묘하게 회피하는 것이라고 대답합니다. 이에 대해 칸트는 「순수이성비판」에서 선천적인 관념만이 힘을 가진다고 반박했습니다. 하지만 저는 그렇다면 뉴런 집단 선택은 어떻게 되느냐고 묻습니다. 그는 아무런 답변도 하지 못하죠."[20] 이는 현대 철학자와 과거의 철학자인 칸트 사이

20) 질 포코니에 · 마크 터너(2009). 김동환 · 최영호 옮김, 「우리는 어떻게 생

에 일종의 논쟁이다. 사실, 이런 상황이 실제로는 불가능한 일이다. 현대 철학자와 칸트가 만나서 서로 반박하며 대화를 나누는 것은 시간과 공간 간격 상 불가능하다. 그럼에도 불구하고 이것이 가능한 이유는 개념적 블렌딩 공간이 있기 때문이다. 우리는 그 누구도 이러한 불가능한 상황을 이상하게 여기지 않고 그런 상황을 두고 칸트와 논쟁을 하는 현대의 이 철학자를 이상한 사람이라 여기지도 않는다. 이 역시 우리가 개념적 블렌딩을 자연스럽게 받아들이기 때문이다.

구체적으로 이 상황에서 나타나는 개념적 블렌딩을 보면, 두 개의 입력공간은 현대 철학자가 펼치는 주장이 되고 또 다른 입력공간은 칸트의 입장이 된다. 이때 총칭공간에서는 논쟁 프레임에 의해 각각의 입력공간에서 존재하는 요소들이 대응된다. 즉, 교차공간 맵핑은 칸트와 현대 철학자, 그들이 사용하는 각각의 논쟁적 철학 용어나 논쟁 내용이나 주장 등이 서로 대응한다. 그에 따라 이들이 블렌딩 공간으로 선택적으로 투사되어 두 사람이 같은 장소에서 동시에 이야기하고 있는 구조가 발현된다.[21] 블렌딩 공간에서는 누군가의 주장이 더 적절하다는 등과 같은 논쟁의 결과가 나타나기도 하는데, 여기서는 현대 철학자가 자신의 주장

각하는가」, 지호, p.96.

21) 질 포코니에·마크 터너(2009). 김동환·최영호 옮김, 「우리는 어떻게 생각하는가」, 지호, p.97.

을 강조하기 위해 칸트가 아무런 답변도 하지 못했다고 말하고
있다. 앞서도 말했듯이 이러한 모습은 현대 철학자의 망상이 아
니다. 그리고 이를 두고 그 누구도 이상하게 여기지 않고, 오히려
현대 철학자의 칸트 철학에 대한 내용 반박의 적절성 여부만 따
진다. 반박을 하는 상황 자체는 이상한 것이 아니다. 시간과 공간
간 명확한 차이를 넘는 개념적 블렌딩이란 이런 것이다.

　비단 철학 강의나 연구 사례가 아니더라도 무수히 많은 학문
영역에서는 이러한 내용을 볼 수 있다. 흔히 어떤 학문 분야 건
자신의 관심 주제와 관련된 선행연구를 검토하기 마련인데, 바로
그 내용들이 모두 여기에 해당될 수 있다. 물론 비단 선행연구 검
토가 아니더라도 연구 내용 중 비교 방식 등에서도 이런 모습을
볼 수 있다. 질 포코니에와 마크 터너의 저서에서 소개된 예를 조
금 변경해서 나타내면, "이 지점에서 현재의 여객선이 100년 전
통통배를 10여일 앞선다."가 그에 해당한다.[22] 과거 배보다 지금
배가 더 빠른 것을 나타내는 이 표현은 두 배를 경쟁의 프레임에
두고 개념적 블렌딩을 한 결과이다. 시간과 공간의 명확한 차이
를 두고 비교를 담고 있는 사례이다.

　물론, 학문이나 연구 분야가 아니더라도, 일상 속 대화에서
도 수시로 이런 사례가 목격되고 또 스스로 경험할 수 있다. 현재

---

22) 질 포코니에·마크 터너(2009). 김동환·최영호 옮김, 「우리는 어떻게 생
　　각하는가」, 지호, p.100.

이 자리에 없는 과거 누군가의 말을 비판적으로 평가 할 경우 등이 해당한다. 비난이나 동의를 표하는 의견도 마찬가지다. 이사 오기 전 과거에 살았던 곳을 현재 살고 있는 곳과 비교하는 말이나, 지금의 행동이 그때 그 곳에서는 어땠을까 라는 과거 기반의 상상(이는 단순한 회상과는 다르다) 등이 모두 해당한다. 이는 앞서 예로 든 길동이의 예와도 비슷하다. 시간과 공간과 주체가 모두 다른 입력공간이 마련되어 있고 그 속의 요소들이 총칭공간에서 일정한 프레임에 의해 교차공간 맵핑이 되면서 블렌딩 공간에서 블렌딩이 가능한 구조라면 이러한 사례들이 발현된다. 특히 이때 입력공간의 요소들은 개념적 블렌딩을 하는 사람에 의해 자유롭게 구성되기 때문에 그 사례의 범위는 한정되어 있지 않다.

이와 관련하여 포스터에 실린 문구를 통해서도 개념적 블렌딩의 모습을 찾을 수 있다. 외국의 한 포스터의 그림은 약 7세밖에 되지 않은 아이 세 명이 수술 가운을 입고, 수술대에 누워 있는 환자 치료를 위해 수술 도구를 들고서 정면을 응시하고 있는 장면이다.[23] 포스터 그림 속 문구는 "철수, 영희, 준서가 당신의 암 치료를 위해 수술할 것입니다."이다. 포스터 그림 속의 이 말은 현재 국가의 교육수준이 현저히 낮아서 수술처럼 고도의 지식과 기술이 필요한 일마저도 미래에는 낮은 교육수준을 지닌 이들

---

23) 질 포코니에·마크 터너(2009). 김동환·최영호 옮김, 「우리는 어떻게 생각하는가」, 지호, p.106.

이 하게 될 것이라는 점을 보여주는 것이다. 약 7세 가량 밖에 되지 않은 아이들이 지닌 낮은 수준의 지식과 기술로 수술을 하는 것과 같다는 말이다. 이는 터무니 없이 수준 낮은 현재의 교과과정 운영(교육정책)을 비판하는 내용이다. 이 포스터의 문구도 개념적 블렌딩에 의해 메시지가 전달된다. 하나의 입력공간에는 7세 밖에 되지 않는 아이들이 위치하고, 또 다른 입력공간에는 의사가 될 만한 수준의 교육을 받지 못한 의사들이 위치한다. 총칭공간에서 수술 프레임으로 교차공간 맵핑이 일어나는데, 이는 아이들과 성인으로서 의사의 연결이다. 그 결과 7세 아이들 수준의 의사가 개념적 블렌딩에 의해 상상된다. 그들은 어린 아이 수준의 무능력한 이미지의 의사이다. 현재의 낮은 수준의 교과과정 운영이 먼 미래에 이러한 상황을 만들어 낼 것이라는 상상을 불러일으키는 것이다. 이와 비슷한 내용의 포스터는 얼마든지 만들어 낼 수 있다. 운전면허 시험제도의 느슨함을 이와 비슷하게 나타낼 수도 있고, 과한 사교육의 병폐 역시 비슷하게 표현할 수도 있다.

개념적 블렌딩은 언어에 한정되지 않는다. 개념이 언어에서만 비롯되는 것은 아니다. 언어가 주가 되지만 그림을 통해서도 적용된다. 물론 그림이 말로 표현된다는 점에서 이 역시 언어에 의한 것이라는 주장도 가능하다. 그림이 활용되는 경우는 데스크톱(desktop) 컴퓨터이다. 앞의 포스터 사례도 그림이 함께 활용된 것으로 볼 수 있지만 포스터 속 문구가 주가 되는 역할을 했다면 그와는 달리 그림만으로도 개념적 블렌딩이 가능한데, 그 사례가 데스크톱 컴퓨터이다. 데스크톱 컴퓨터는 사무실과 컴퓨터 각각의 입력공간에서 비롯되는데 그 중 컴퓨터의 아이콘이 그림을 활용한 예가 된다.[24) 사무실에 해당하는 입력공간에는 서류, 종이, 볼펜뿐 아니라 전화기도 있고 쓰레기통도 있다. 컴퓨터 화면이라는 입력공간에는 문서작성이 가능한 프로그램이 있고 그 프로그램 실행을 통해 파일에 글을 쓸 수 있다. 역시 컴퓨터 파일을 지워서 버리는 쓰레기통도 있다. 컴퓨터에는 모두 아이콘으로 표시된 그림이 그것들을 나타낸다. 이들 역시 입력공간들에 공통된 총칭공간에 의해 교차공간 맵핑이 이루어진다. 서류 작성 프레임으로 한정해서 보면, 사무실 책상 위 종이 – 컴퓨터의 문서파일, 책상 위의 펜 – 펜 기능을 하는 키보드, 전화기 – 메신저, 사무실 바닥에 있는 쓰레기통 – 컴퓨터 속의 쓰레기통 파일 등이 그에 해당한다. 이를 통해 데스크톱 컴퓨터는 사무실을 옮겨 놓은 이미지가 된다. 컴퓨터 속 아이콘은 그 이미지를 더욱 선명하게 하는데 기여한다.

데스크톱 컴퓨터 사례처럼 언어도 기호이지만 그림, 소리, 행동 등도 모두 기호가 되어 개념적 블렌딩에 사용될 수 있다. 이

---

24) 비비안 에반스·멜라니에 그린(2008). 임지룡·김동환 옮김, 「인지언어학 기초」, 한국문화사, p.444.

런 기호는 고립된 상태에서 의미를 얻는 것이 아니라 다른 기호
들과의 관계를 통해서 의미를 얻는다.25) 따라서 모니터 속 아이
콘은 다른 아이콘과의 관계(비교, 차이 등)를 통해 의미하는 바가
정해진다. 다른 아이콘과의 관계란 다른 아이콘이 현재의 전체적
인 컨셉이나 상황을 나타내주는 배경(구성)으로 역할을 하거나 또
는 해당 아이콘과의 상호작용의 형태로 존재할 때다. 이렇게 되
면 기호는 의미를 지니게 된다. 데스크톱 컴퓨터 화면 속의 여러
아이콘들이 배경과 맥락에 따라 그런 역할을 해준다.

　이와 같이 용어 및 어구부터 문장, 그림 활용, 그리고 시간과
공간 간격을 넘어서 발현되는 형태 등 개념적 블렌딩은 기본 원
리는 하나이지만 구체적인 발현 모습은 다양하다. 이는 인간의
인식 작용이 지닌 특성에서 비롯되는 것이다. 인간의 인식 작용
의 여러 특성 중 개념적 블렌딩은 특히 동일성(identity), 통합
(integration), 상상력(imagination)에 의해 나타난다.26) 인간 마음의
세 가지 작용으로 불리는 동일성과 통합성과 상상력은 개념적 블
렌딩을 가능하게 하는 요인이기도 하다. 이들 간 서로 얽힌 상호
작용의 과정 및 결과의 한 모습이 개념적 블렌딩으로 구현된다.

---

25) 수잔 티체·로리 코헨·질 머슨(2013). 신병현 옮김, 「언어와 조직 이해」,
　　커뮤니케이션북스, pp.34-36.

26) 질 포코니에·마크 터너(2009). 김동환·최영호 옮김, 「우리는 어떻게 생
　　각하는가」, 지호, p.24.

즉, 동일성은 대립이나 차이에 대한 인식으로 작용하며 통합의 한 과정이 되고, 동일성이나 통합은 상상력에 의해 작동된다. 외부 자극이 없더라도 상상의 시뮬레이션을 할 수 있는 인간은 바로 그 상상력에 의해 동일성이나 통합 인지가 가능한데, 이 과정은 단일 방향이라기보다는 연쇄적이며 다(多)방향적이다. 상상력에 의한 동일성과 통합이 생기고 다시 그 결과가 또 동일성과 통합 과정에서 상상력이 작동되기도 한다. 창의성도 이 과정에서 생긴다.

개념적 블렌딩은 이러한 상상력 작용에 의한 동일성 인식과 통합 과정이나 혹은 그 결과로 나타난다. 입력공간, 총칭공간, 블렌딩 공간, 그리고 교차공간 맵핑 등에서 이 세 요소가 작동되는 것이다. 물론 각각의 정신공간이나 활동에서 이 세 요소의 작동 비중은 다를 수 있다. 하지만 비록 눈에 보이지 않고 그 속도를 인지하지 못할 정도로 순식간이기도 하고 또는 한편으로는 철저히 인지할 만큼 고도의 사고력 투입 시간이 소요되기도 하지만, 개념적 블렌딩 작동 메커니즘의 이면에는 인간 마음의 세 가지 작용이 전제되어 있다.

이렇게 보면 개념적 블렌딩의 사용 및 활용 폭은 상당히 넓고 유연하다는 것을 알 수 있다. 특히 개념적 블렌딩은 개념적 통합으로 불릴 만큼 개념들 간 통합이 이루어지는 것이기 때문에 그렇고, 또 언어 속 개념은 기본적으로 유연하고 맥락에 따라 좌

우되기 때문에 더욱 그렇다. 실제로 개념이 필요하면 우리는 뇌에서 과거에 경험한 개체군을 바탕으로 특정 상황에서 우리가 원하는 목표나 의도에 맞는 개념을 만들어내기도 한다.[27] 그 개념들이 다시 블렌딩을 거쳐 새로운 개념이 또 나오는 것이다. 그래서 개념적 블렌딩은 은유는 물론이고 그 이외에 설명도 가능하게 해주기 때문에 은유보다 설명력이 더 높은 것으로 평가된다.

결합

한편, 단순한 결합은 개념적 블렌딩이 아니다. 다시 말해, 블렌딩 된다는 것은 단순한 결합이 아니다. 연기(smoke)와 안개(fog)의 결합이 만든 단어인 스모그(smog)는 개념적 블렌딩의 결과가 아니다. 한국어(korean)와 영어(english)의 결합으로 만들어진 콩글뤼쉬(konglish)도 마찬가지다. 그 외도 단순 결합은 우리 언어에서 많이 목격할 수 있다. 아점(브런치)이나 근세(중세+근대), 또 속어로 '먹깨비', '군대리아', '돈쭐', '영끌' 등도 그에 해당한다. 이들은 개념적 혼성이 아닌 그냥 기계적 혼성어로서 언어적 차원에서 나타나는 현상들일 뿐 의미 통합에 따른 인지적 차

---

27) 리사 펠드먼 배럿(2017). 「감정은 어떻게 만들어지는가?」, 생각연구소, pp.183−184.

원에서 발생하는 것은 아니다. 개념적 블렌딩은 단순 결합이나 조합이 아닌 것이다. 개념적 블렌딩은 비합성적인 개념적 통합의 과정으로, 바로 그 과정 속에서 발현구조를 생산하기 위해서 의미구성을 일으키는 상상력이 환기된다는 점이 중요하다.[28] 의미구성에 초점을 둔 활동은 곧 의미를 모형화하는 것으로써 이는 인간 생존에서 중요한 역할을 해왔기 때문에,[29] 의미구성에 따른 상상력 환기도 계속되고 있다.

여기서 한 가지 이런 생각을 해 볼 수 있다. 결합에 대한 생각이다. 단순한 결합이 되건 아니면 개념적 블렌딩의 결합이 되건 애초에 어떻게 결합의 시작이 이루어지는 것일까? 흔히 페르디낭 드 소쉬르(Ferdinand de Saussure)에 따르면 기표(signifiant)와 기의(signifié)는 밀접하게 결합되어 있으며 서로를 요청하는 관계이면서도 자의적이다.[30] 언어의 기호와 그것이 가리키는 대상을 별개로 볼 수 있다는 것이다. 그렇다면 개념적 블렌딩에 의한 결합은 자의적 관계에 의해 만들어진 언어의 추가 결합이라는 말이기 때문에 이 역시 자의적이지 않을까? 자의적 관계에 의한 기표와 기의의 결합이 언어 시작의 출발점이라면 그 본질적 속성이

---

28) Coulson, S.(2001). *Semantic Leaps: Frame-shifting and Conceptual Blending in Meaning Construction*, Cambridge University Press, p.115.

29) 조던 피터슨(2021). 김진주 옮김, 「의미의 지도」, 앵글북스.

30) 페르디낭 드 소쉬르(2022). 김현권 옮김, 「일반언어학 강의」, 그린비.

추가적 결합에서도 이어지지 않을까?

하지만 소쉬르가 말하는 기표와 기의 간 자의적 관계는 사회 속 개인의 완전한 마음대로의 자율적 선택에 의한 관계를 의미하는 것은 아니다. 즉, 언어 집단에 속한 개인이 기의에 대한 기표, 혹은 기표에 대한 기의를 자유롭게 선택할 수 있다는 말이 아니다. 그 보다는 기표와 기의의 결합은 자의적이지만 규약에 근거한다. 여기서 말하는 규약이란 집단의 습관이나 관습과도 같은 것으로, 이는 한 사회에서 수용된 모든 표현 방식이 그에 근거하고 있다. 이 규약은 기표나 기의, 그리고 그들의 결합인 기호에 포함되어 있지 않는 것이다. 그것들의 형성 배경에 내재되어 있다. 그래서 언어의 기표와 기의는 서로 자의적이지만, 사회나 집단의 규약으로 인해 강제적으로 결합된다는 말을 할 수 있다. 나아가 이는 곧 기호가 언어 속이 아니라 다른 어떤 환경에 놓이게 된다면, 기표와 기의의 관계는 어떠한 규약 속에서라도 지속적으로 자의성을 가진다는 의미이기도 하다.31) 어느 환경에서건 규약이 존재하기 마련이므로 기표와 기의의 관계가 형성되었다는 것은 바로 그 환경에 내재되어 있는 규약에 따른 것이기 때문이다. 앞서 언급한 기표와 기의가 밀접하게 결합되어 있으면서 서로 요청하는 관계이지만 또 자의적 관계라는 말이 바로 여기서 나왔다.

---

31) 김휘택(2018). 이미지와 의미 부여에 대한 일고찰: 바르트의 이미지론을 중심으로, 「기호학 연구」, 57: 59−90, pp.62−63.

따라서 개념적 블렌딩이 이루어지는 결합도 사회적 규약 등에 의한 자의적 관계성을 지니고 있다고 볼 수 있다. 무작정 자유로운 선택에 의한 결합이 아니라 그 사회에 통용되고 수용될 만한 관습 및 습관에 부합되는 형태의 결합인 것이고, 그 결합은 사회가 바뀌거나 한 사회 내 관습 및 습관의 변화로 역시 변화될 수 있는 자의성을 또 지니고 있는 것이다.

3. 이미지 생산

개념적 블렌딩의 이미지 동반

지금까지 살펴본 바와 같이 개념적 블렌딩은 가시적인 언어의 형태 이면에서 의미를 구성하는 것으로, 눈에 보이지 않고 개념적 층위에서 작동하는 인지과정이다. 그래서 개념적 블렌딩은 블렌딩의 과정으로 인해 우리 인간의 인식체계를 한 번 더 작동하게 만든다. 블렌딩 되기 전 개념으로도 소통 가능하지만 블렌딩을 통해 또 다른 표현 방식으로, 또는 더 세심한 표현력을 발휘하며 소통하도록 만들기 때문에 때로는 한 번 이상의 인식체계가 작동되기도 한다. 이 과정에서 개념적 블렌딩을 거치는 언어는 구성된 의미로 상상력이 불러일으켜져 창조된 이미지로 우리 인지에 장착되기 시작한다. 상상하지 않으면 전에 없던 개념이 포착되지 않을 뿐 아니라 한 번 더 발생하는 인식체계가 작동하지 않을 수 있기 때문이다. 개념적 블렌딩에서 언어의 형태는 단순히 의미만을 제공한다기보다는 의미 전역에 퍼져있는 규칙성을 식별해내서 의미 구성에 의한 상상적 통합이 발생되는 것이다.[32] 블렌딩을 위해 상상이 필요하고 또 블렌딩을 통한 상상으로 개념 인지가 가능해지며, 그렇게 나온 개념을 계속 사용하며 그 상상

---

32) 김동환(2013). 「인지언어학과 개념적 혼성이론」, 도서출판 박이정, p.469.

은 또 계속된다. 그것이 곧 인지하기 수월하고 표현하기 수월한 이미지로 다듬어져 각인되면서 소통에 따라 발현되는 것이다. 처음 '컴퓨터 바이러스'라는 말을 위해 상상이 필요했고, 이후 컴퓨터 바이러스를 통한 상상적 개념 인지를 하고 사용하면서 그 상상을 계속하며, 점점 마음속에 자리 잡게 되는 특정한 인상(Impression)으로 포착되면서 유·무형의 대상들에 대해 지니는 심적 지도(mental map)인 정신적 표상(mental representation)으로서 이미지로 다듬어져 소통에 무리가 없게 된다.

이는 곧 지각작용(perception)과 상상작용(imagination)에 따른 이미지(image) 생산이다. 어떤 대상(또는 현상)이 있다면 그 대상을 지각하게 되는데, 지각을 하는 동시에 기존 개념을 적용하거나 또는 블렌딩과 같은 새로운 개념 적용에 따른 여러 상상이 생기게 되고 그 상상이 다듬어져 한정된 이미지로 표현되는 것이다. 이렇게 생산된 이미지는 소통과정에서 계속 사용되면서 일정한 역할을 하게 된다. 이때 이미지의 사용이란 이미지에 대한 친숙함(familiarization)과 낯설게 하기(estrangement)의 과정이다. 앞서도 언급했듯이 개념적 블렌딩에 의한 이미지 생산의 기초인 언어 그 자체, 그리고 개념적 블렌딩으로 생긴 언어 역시 사회적 규약 등의 제약이 있긴 해도 기본적으로 자의적 관계로 존재하기 때문에 이미지의 사용이란 친숙함과 동시에 낯설음의 과정으로 나타나는 것이다. 물론 그 가운데서 생산된 이미지는 한정된 인상으로 자리 잡을 수도 있고, 반대로 언제든 없어질 수도 있다. 그리고 변화될 수도 있다. 다시 말해, 이미지는 고정불변한 것이 아니기 때문에 경험과 학습 등으로 변화기도 하고 안정화 또는 급변 그리고 공고화 등의 모습을 보이기도 한다.[33] 그렇게 하면서 이미지가 생산된다.

한 예로, 개념적 블렌딩으로 탄생한 '지구촌(global village)'이라는 이미지도 그렇다. 이 용어는 허버트 마셜 매클루언(Herbert Marshall Mcluhan)이 「구텐베르크 은하계」에서 전자 미디어 사회의 특성을 언급할 때 사용했다. 새로운 전자적 상호의존성에 의해 온 세상이 마치 하나의 지구'촌'처럼 된 듯한 것을 표현한 것이다. 그래서 실제로 사용된 표현은 '지구촌의 이미지(the image of a global village)'라고 하여 '이미지'를 강조했다. 덜 친숙한 용어이기 때문이다. 그러다 그 이후에 출간된 「미디어의 이해」에서는 '이미지'라고 굳이 언급하지 않고 그냥 '지구촌'이라고 사용하면서 이미 지구촌이 지닌 상상적 이미지를 전제하고 있었다.[34] 이는 지구와 촌락이 지니는 개념적 상상이 충분히 가능한 시대적 상황이 도래되었음을 말하거나, 아니면 적어도 그런 상상이 가능할

---

33) 이병희(2019). 북한을 보는 관점들의 차이: 이미지 이론을 중심으로, 「동북아연구」, 34(1): 183–213, p.188.

34) 마셜 매클루언(2011). 김상호 옮김, 「미디어의 이해: 인간의 확장」, 커뮤니케이션북스, pp.7–8.

정도로 많은 사람들이 친숙히 인지하게 되었음을 말한다. 물론 역시나 이 용어의 사용 빈도 변화나, 다른 더 적합한 용어로의 변화, 혹은 대체 가능성도 다분히 존재하고 있다. 메타버스(Metaverse)와 같은 첨단 기술이 도래한 오늘날에 이미 지구촌이라는 이미지는 다소 낡은 이미지로 여겨지기도 한다.

사실, 이미지 생산은 개념적 블렌딩 과정에 내재되어 있다. 개념적 결합에 따라 상상작용이 필수적이고 그 상상에 따른 이미지가 그려지기 때문이다. 그렇게 될 때 개념적 블렌딩이 가능해진다. 다른 두 대상이 함께 상상으로 그려져야 블렌딩이 되는 것이다. 따라서 개념적 블렌딩은 곧 이미지 동반을 의미하는 것이다. 개념적 블렌딩 과정에서 이미 생산되는 이미지는 블렌딩에 따라 기존과는 달라 보이는 것이기 때문에 낯설음과 흥미로움과 호기심의 대상이 되어, 이제는 블렌딩 과정에서 이미 그려진 이미지이지만 오히려 블렌딩 이후에 더 부각된다. 그래서 개념적 블렌딩 과정에 이미 내재되어 있는 이미지 생산물은 마치 개념적 블렌딩 이후에 별도로 생산된 듯 보이지만 사실은 개념적 블렌딩과 함께 나타나는 것이다. 다만 이미지가 사용되면서 현실 부합성에 따라 다소 다듬어지거나 수용 가능한 범위 내에서 변용되고, 또 때에 따라 지나친 몰입으로 인지적 융합(cognitive fusion)까지 나타나는 경우도 있다. 인지적 융합이 발생되면 이미지는 매우 강렬하게 된다. 하지만 이미지의 시작은 바로 개념적 블렌딩이 이루어지는 과정에서부터이다.

이미지로서 기본 속성

　개념적 블렌딩에 의해 생산되는 이미지 역시 이미지의 기본 특징을 그대로 지니고 있다. 기본적으로 인간에게 이미지는 인간의 인지적 한계에 기초하고 있다. 그 한계의 최소화에 이미지가 활용되기 때문이다. 통상적으로 복잡한 문제나 현실을 그대로 모두 수용해서 이해하기는 상당히 어렵다. 그래서 인간은 실제에 대한 심적 표상을 단순화하는 방식으로 대응하는데, 그것이 곧 이미지가 사용되며 유용성을 드러내 보이는 모습이다.[35] 정보가 투입될 때 이미지를 통해 스크린 작동을 함으로써 인지 부담을 줄여주는 것이다. 복잡하게 느껴지는 컴퓨터 고장 문제를 개념적 블렌딩으로 나타난 '컴퓨터 바이러스'라는 용어로 사용하면 인지적 한계를 지닌 우리에게 인지 부담을 덜어 준다. 과거와 다른 오늘날의 세계화 모습을 앞서 언급한 '지구촌'이라는 말로 표현하여 사용하는 것이나, 자식 키우기의 어려운 상황을 역시 개념적 블렌딩으로 이미지화하여 사용하는 '자식농사'라는 말도 그렇다. 복

---

35) 이병희(2019). 북한을 보는 관점들의 차이: 이미지 이론을 중심으로, 「동북아연구」, 34(1): 183−213, p.188.

잡한 문제나 현실의 모습 등을 수월하게 이해하고 인지하게 해주는 것은 개념적 블렌딩에 의해 생산된 이미지 덕분이다. 인지의 수월성을 지나면 이미지는 혼돈을 관리하고 혼돈 속에서 질서를 추구하는데 도움이 되기도 하고, 사물의 가능성을 지배하는 마음의 위력으로 기능하기도 한다.[36] 앞서도 언급하였듯이 때로는 죽음과 같이 인간의 근본적 두려움과 불안감도 언어에 의한 이미지를 통해 완화할 수 있다.[37] 이미지가 중심잡기의 단초가 되는 것이다. 이에 대해서는 이미지가 전혀 없다고 생각해보면 쉽게 이해할 수 있다.

그리고 이렇게 생산되어 소통되는 이미지는 비록 주관성에 기초하고 있지만 사실에 더 부합한 이미지일 수도 있고 가치를 나타내는 이미지일 수도 있다. 특히 이 중에서 가치를 나타내는 이미지는 이미지를 표현하는 이가 의도하는 바를 예상할 수 있게 해주고 또 일종의 필터 역할을 하여 지향하는 가치를 더 부각시키기도 한다.[38] 그래서 특히 의사결정에도 영향을 미친다.

의사결정의 현실적 모습을 보면 규범적 의사결정이 아닌 즉, 의사결정자 개인이나 집단의 가치와 신념에 따라 의사결정이 이

---

36) 미히르 데사이(2018). 「금융의 모험」, 부키, pp.73-74.
37) 김진영(2021). 어떤 죽음을 원하십니까?, 조선일보, 11월 9일자 칼럼.
38) Jenkins, Tony(2013). Reflections on Kenneth E. Boulding's the Image: Glimpsing the Roots of Peace Education Pedagogy, *Factis Pax*, 7(1): 27-37.

끌어지는 경우가 많다. 여기서 말하는 가치와 신념은 어떤 대상에 대한 이미지를 구성하는 것들로써, 의사결정자는 자신의 가치와 신념들의 경계 내에서 목표달성을 위한 행동경로를 채택하게 된다.[39] 따라서 정책을 비롯한 의사결정자는 상황에 대한 객관적 사실이 아니라 상황에 대해 자신이 지닌 이미지에 반응하는 것으로 볼 수도 있다.[40] 결정에 따른 행동은 이미지로부터 영향을 받는 것이다. 나아가 이는 단순히 의사결정자에게만 머무는 것이 아니라 해당 의사결정을 수용하는 사람들(예, 정책대상집단 등)에게도 영향을 미친다. 이런 사람들을 모두 통틀어서 본다면, 어쩌면 이미지가 세계를 결정하는 데 핵심적인 역할을 한다고 말할 수 있을 정도가 된다.[41]

　　이미지도 텍스트다. 그래서 이미지도 콘텍스트에 따라 해석된다. 텍스트로서 이미지이기 때문에 이미지는 폭넓은 유동성을 지니고 있다. 개념적 블렌딩 자체가 블렌딩 될 수 있는 수많은 것들의 포함 가능성을 내포하기 때문에 그로부터 생산되는 이미지

---

39) 심준섭·김진탁(2014). 이미지이론에 따른 의사결정 프레임 분석, 「행정논총」, 52(2): 199－228, p.201.

40) Boulding, K. E.(1956). *The Image: Knowledge in Life and Society.* Michigan: University of Michigan Press, p.120.

41) Samuels, W. J.(1997), Kenneth E. Boulding's the Image and Contemporary Discourse Analysis, In W. J. Samuels et al. ed., *The Economy as a Process of Valuation*, E. Elgar, p.311.

도 단일한 초점의 해석만으로는 부족하다. 예컨대 롤랑 바르트
(Roland Barthes)의 말처럼 "내 마음속에서 말하는 언어는 내 시대
의 것이 아니다."[42] 현재 내가 사용하는 언어라고 해서 현재 시
대의 것이 아닌 것이다. 물론 이는 현재 시대가 지나고 먼 미래가
되면 현재 시대를 지칭하며 똑같은 말을 할 수도 있다. 그런 점에
서 볼 때 언어가 현 시대에 살아서 지속되면서 새로운 모습으로
탈바꿈하는 것으로 볼 수 있다. 이는 언어를 통한 유연한 인식을
말하는 것이기도 하다. 언어는 다양한 시점에서 우리가 사물이나
사건 등에 대해 말할 수 있게 하고, 바로 그 시점의 다양화가 유
연한 인식을 가능하게 하기 때문이다.[43] 개념적 블렌딩도 그 일
환 중 하나인 것이다. 내 시대의 언어가 아니지만 내 시대에 맞게
언어는 살아서 움직이고 있다. 먼 미래에서는 내 시대의 언어가
준 영향을 또 말할 것이다. 개념적 블렌딩뿐 아니라 요즘의 줄임
말이나 의미 변화나 형식 파괴 등도 어쩌면 예전의 언어로 오늘
의 언어가 되어 살아가는 모습일 수 있고 또 그 결과가 미래로
이어져 새로운 언어 발현의 밑거름이 될 것이다.

　이러한 모습은 이미지의 생산 주체가 결코 어떤 특정 저자로
한정된 것은 아님을 의미한다. 개념적 블렌딩의 결과를 롤랑 바
르트가 말하는 작품이 아닌 일종의 텍스트로 본다면, 공공영역에

---

42) 롤랑 바르트(1997). 김희영 옮김, 「텍스트의 즐거움」, 동문서, p.88.
43) 이마이 무쓰미(2022). 김옥영 옮김, 「언어와 사고」, 소명출판, p.176.

서 개념적 블렌딩의 과정을 이끈 관료만이 이미지 생산 주체가
되는 것은 아니다. 콘텍스트로 함께 작용하기 때문인데, 이는 곧
이미지 생산에서는 저자를 넘어 독자의 역할이 중요함을 의미한
다. 그런 점에서 개념적 블렌딩에 의해 나타나는 이미지는 생산
주체가 중요한 것이 아니라 그 이미지로 다양한 측면의 의사소통
이 가능한가가 중요하다. 코로나19 상황에서 관료에 의해 개념적
블렌딩으로 생산된 이미지라면 더욱 그렇다. 위기 상황을 극복하
기 위한 관료와 시민들 간 의사소통에 기반한 각종 노력이 절실
하기 때문이다.

관료의 언어와 이미지 생산

제3장

싸울 수 없지만 싸우는 이미지

제3장

싸울 수 없지만 싸우는 이미지

1. 인간과 바이러스가 싸우는 모습

인간과 바이러스의 싸움은 개념적 블렌딩에 의해 생긴 이미지 중 하나이다. 인간이 바이러스와 싸운다는 것은, 인간이 아닌 것(바이러스)이 인간의 행위인 싸움을 인간과 하는 것을 말한다. 인간끼리 밀고 당기고 치면서 싸우는 모습은 얼마든지 떠올릴 수 있다. 하지만 바이러스와 인간이 싸우는 모습은 상상이 필요하다. 만일 이 말을 듣고 곧바로 인간과 바이러스 간 싸움 모습이 떠올려진다면 이미 우리는 바이러스와 인간이 싸우는 모습을 자연스럽게 상상하고 있다는 의미이다. 이는 곧 개념적 블렌딩에 익숙해져있다는 말이다. 장기간 코로나19를 경험해서 더욱 그럴 수 있다. 하지만 기본적으로 인간과 바이러스의 싸움은 자연스럽게 떠올려지는 인지작용이라기보다는 개념적 블렌딩을 거친 결과이다. 그 결과에 얼마나 익숙해져 있는가에 따라 자연스럽게 떠올려진다고 여기는 것이다. 그렇다면 개념적 블렌딩에 의한 인간과 바이러스 간 싸움은 어떤 모습으로 나타나는 것일까?

우선, 인간이 바이러스와 싸운다는 표현에는 '바이러스'와 관련된 개념이 형성되는 입력공간과 '싸운다'라는 또 다른 입력공간이 존재한다. 앞서 살펴본 대로 이 각각의 입력공간 속 요소들의 관계는 교차공간 맵핑으로 나타나는데, 이때는 총칭공간 속에서 대응될 만한 한정된 인지작용이 생김으로써 가능하다. 이는 곧 바이러스라는 개념이 지닌 입력공간의 요소와 싸운다라는 개념이 지닌 입력공간의 요소가 대응될만하여 그에 한정된 인지작용이 나타났다는 것을 말한다. 물론 앞서 [그림 2−1]에서 본 바와 같이 대응될만한 것이 아니더라도 곧바로 하나의 입력공간 속 단독 요소가 블렌딩 공간으로 이어질 수 있고([그림 2−1]의 f와 g의 연결선 참조), 또 입력공간에 없던 요소가 개념적 블렌딩에 필요한 요소가 되어 입력되기도 한다([그림 2−1]의 h참조).

바이러스의 입력공간에는 바이러스가 또 다른 사람에게 감염시키는 과정에 대한 내용이 포함된다. 바이러스 속성상 사람(사람의 세포)과 같은 숙주를 통해 계속 감염시켜 나간다. 그래서 바이러스는 숙주 세포에 들어가 세포 조직을 강탈해서 성장하고 번식한다고 말하기도 한다.[1] 그 과정은 또 다른 사람에게 접촉되었을 때 감염이 성공적으로 일어날 수도 있고 실패할 수도 있다. 접촉이 되었을 때 면역력 등에 의해 감염 여부가 결판난다. 또 다른 숙주로 침투하려는 바이러스와 그 바이러스에 의해 숙주를 보호하려는 면역력 등이 반응하는 것이다. 침투와 보호는 서로 대치 상황과 다를 바 없다. 이 과정에서 바이러스는 변이가 발생하기도 하면서 숙주에 침투할 수 있는 능력이 강화되기도 하고 약화되기도 한다. 보호하는 반대편에서는 면역력만으로 대응하기 힘든 상황을 위해 백신과 같은 외적 보조 장치의 도움을 받기도 한다. 바이러스가 이기면 자신의 새로운 숙주로 더 넓히는 전염이 되고, 반대로 숙주 보호가 성공하면 전염은 차단되고 숙주는 보호된다. 이러한 모습이 바이러스의 입력공간에 들어 있다.

싸운다라는 입력공간에는 승패가 생기는 싸움의 속성을 나타내는 내용이 포함되어 있다. 싸움은 상대가 있고 상대를 이기는 것을 목적으로 한다. 공격과 방어가 오가며 상대를 제압하려는 속성이 곧 싸움이다. 공격하는 쪽은 공격력을 위해 무기도 바꾸고 변신도 하고, 계속 싸우면서 소위 말하는 맷집이 생기거나 또는 지치기도 한다. 방어하는 쪽은 방어력 보강을 위해 전에 없

---

1) 네이선 울프(2015). 강주헌 옮김, 「바이러스 폭품의 시대」, 김영사, p.35.

던 무기를 도입하거나 인력 보충을 더 하기도 한다. 공격하는 자가 이기면 방어하는 쪽의 것을 가지며 자신의 세력을 넓히고, 방어하는 쪽이 이기면 자신을 보호하는 데 성공한 것이 된다. 이러한 모습이 *싸운다*라는 입력 공간에 들어 있다.

　바이러스와 싸움이라는 각각의 입력공간 속 요소들은 총칭공간에서 대응될 만한 것끼리 대응되며 교차공간 맵핑이 나타난다. 바이러스가 침투하는 것과 싸움에서의 공격, 바이러스의 상대인 숙주의 보호와 싸움에서의 방어, 변이 바이러스의 출현과 싸움과정이나 결과로 나타나는 공격자의 변신이나 맷집 강화, 바이러스 대응을 위한 백신과 싸움과정에서 방어하는 자의 무기 도입 및 인력 보충, 바이러스의 침투 성공에 따른 전염 확산과 싸움에서 공격자의 세력 확장, 바이러스를 막아낸 숙주 보호와 싸움에서 방어자의 방어 성공에 의한 자기 보호 등이 그렇다. 이런 대응을 통해 블렌딩 공간에서는 바이러스가 인간과 싸우는 상상이 가능해진다. 물론 이 대응 이외에도 인간과 바이러스가 싸우는 상상에 기여할 수 있는 요소들이 블렌딩 공간으로 들어오기도 한다. 앞서 말한 입력공간 속 단독 요소가 블렌딩 공간으로 들어오거나 또는 입력공간에 없던 요소가 개념적 블렌딩에 들어오는 것이다.

　사실, 이러한 질병과 싸움은 대응관계로 이어지는 경우가 비교적 많은 편이다. 질병에 걸리면 이겨낸다는 표현에 싸움에서와

같은 물리친다는 의미를 자연스럽게 전제해서 이미지화하는 경우
가 많기 때문이다. 그래서 코로나19 바이러스와 인간의 싸움에서
의 총칭공간에서도 기본적인 질병과 싸움의 관계이기 때문에 한
정짓는 일이 어렵지 않다. 친숙하기 때문에 대응할만한 이유도
익숙하게 받아들여지는 것이다. 그리고 흥미로운 점은 보통 질병
을 싸움으로 상상하여 이미지화하는데, 존 조지 스토신저(John
George Stoessinger)처럼 그 반대로 싸움의 다른 표현인 전쟁을 질
병으로 비유하기도 한다.2) 그만큼 질병과 싸움 간 대응관계 형성
의 수월성이 존재하는 것이다.

---

2) 존 G. 스토신저(2008). 임윤갑 옮김, 「전쟁의 탄생: 누가 국가를 전쟁으로
   이끄는가」, 플래닛미디어, p.508.

2. 바이러스와 싸우기

대통령의 말과 싸우는 이미지

개념적 블렌딩을 통해 상상된 인간과 바이러스 간 싸우는 이미지는 마치 바이러스의 속성처럼 널리 퍼져 사용되어야 계속 살아남을 수 있다. 개념적 블렌딩을 통한 이미지를 생산하는 일은 무엇으로든 얼마든지 시도할 수 있지만, 그것을 통해 생산된 이미지가 얼마나 많은 이들에게 사용되고 지속될 수 있는가는 또 다른 차원의 문제이다. 생산된 이미지가 많은 사람들에 의해 말로 전달되고 의사소통 될 때 이미지의 생명력이 높아진다. 이를 통해 복잡한 개념적 블렌딩 과정이 단 몇 초도 되지 않는 순간에 이해되어 버리는 결과를 낳는다. '컴퓨터 바이러스'라는 말을 듣고 손 쉽게 이해하는 경우와 같다. 자연스럽게 말하고 수용하며 의사소통하고 이해하는 수준에 이르는 것이다.

코로나19의 경우도 마찬가지다. 인간이 코로나19와 싸운다는 말을 통해 인간과 바이러스가 싸우는 이미지를 떠올리는 것이 전혀 어렵지 않게 되었다. 이는 개념적 블렌딩을 통해 상상되는 인간과 코로나19 간 싸움 이미지가 바이러스 방역과 감염을 관리하는 관료들의 언어를 통해 반복되고 재생산되었기 때문이다. 코로나19처럼 국가재난으로 규정되면 재난관리를 총괄하는 관료의 언어와 메시지는 중요한 정보가 된다. 그 위치에 있는 여러 관료가 코로나19와 싸우는 표현을 사용하는 말을 반복해서 사용할 때, 어느 순간에는 그 말을 듣는 국민에게도 익숙해지는 단계에 이르게 된다.

코로나19와 싸우는 이미지를 전달하는 관료의 말은 행정부의 수반인 대통령부터 여러 고위관료들을 거쳐 두루 많이 사용되었다. 바이러스와 싸움이라는 표현을 그대로 쓰는가 하면 싸움과 관련된 단어로 볼 수 있는 승리, 무기, 전쟁, 최전선, 승부처, 사투, 야전침대, 세계대전 등을 통해 싸움의 이미지를 생산하는 언어를 사용하였다.

먼저 대통령이 코로나19와 싸우는 이미지를 떠올리게 하는 말을 사용한 사례를 살펴보면, 그 시점은 2020년 1월 30일경이다. 당시 대통령의 언어에서 바이러스와 싸운다는 이미지가 강하게 드러나지는 않는다. 중국에서 코로나19의 최초 보고는 2019년 12월 1일이었지만, 우리나라는 그보다 늦었을 뿐 아니라 세계보건기구도 2020년 1월 31일에 국제적 공중보건 비상사태를 선포하였기 때문이다. 다만, 당시 대통령은 싸움에 다소 가까운 표현은 하고 있다. "우리가 맞서야 할 것은 바이러스만이 아닙니다." 나 "신종 코로나로부터 우리 자신을 지킬 수 있는 무기는 공포와 혐오가 아니라 신뢰와 협력입니다."에서 '맞서야' 한다는 말이나 또 '무기'는 싸움을 연상할 수 있지만 직접적인 싸움을 하는 동적

이미지까지는 아직 아니다.3) 같은 맥락의 표현은 2020년 2월 4일 국무회의 연설까지는 이어진다. 당시 "우리는 충분히 이겨낼 역량을 가지고 있습니다."라는 말을 하며 '이겨낼'이라는 표현으로 역시 싸움을 연상할 수 있으나 직접적인 싸움을 표현하지는 않았다.4)

하지만 코로나19 감염자 발생이 갑작스럽게 급격히 늘어나고 심각한 것으로 판단되는 상황이 도래하면서 바이러스와 싸움이라는 표현을 분명히 드러내게 된다. 대통령은 2020년 2월 23일 코로나19관련 범정부대책회의에서 "신뢰와 협력이 바이러스와의 싸움에서 이기는 길입니다."라는 말로 직접 '바이러스와의 싸움'이라는 표현을 한다.5) 당시는 대구의 한 종교단체에서 대규모 감염자가 발생하게 된 때이다. 그때 대통령의 연설문 서두는 "코로나19 사태가 중대한 분수령을 맞았습니다. 지금부터 며칠이 매우 중요한 고비입니다."로 시작할 정도로 긴박한 상황이었다.6) 이러

---

3) 대통령기록관(2020). (코로나19 관련)신종 코로나바이러스감염증 대응 종합점검회의, 「문재인 대통령 연설문집 제3권－하」, 2020년 1월 30일.

4) 대통령기록관(2020). 제5회 국무회의, 「문재인 대통령 연설문집 제3권－별권」, 2020년 2월 4일.

5) 대통령기록관(2020). (코로나19 관련)범정부대책회의, 「문재인 대통령 연설문집 제3권－하」, 2020년 2월 23일.

6) 대통령기록관(2020). (코로나19 관련)범정부대책회의, 「문재인 대통령 연설문집 제3권－하」, 2020년 2월 23일.

한 인식에서 바이러스와의 싸움이라는 말이 직접 등장하게 된 것이다.

이후에는 보다 자주 대통령의 언어에서 바이러스와의 싸움, 그리고 승리, 최일선, 분투, 최전선, 사투 등과 같은 싸움을 연상하는 단어들이 등장한다. 예를 들어, "정부는 범국가적 역량을 모아 대구·경북과 함께 바이러스와 싸움에서 반드시 승리하겠습니다."와 "코로나19에 맞서 최일선에서 분투하고 계시는…",7) "우리는 코로나19를 이길 수 있습니다.",8) 그리고 "지금 이 순간에도 의료진과 민간 자원봉사자들이 최전선에서 바이러스와 사투를 벌이고 있습니다." 등의 말이 그에 해당한다.9)

이처럼 코로나19와의 싸움을 다양한 관련 언어로 표현한다는 것은 바이러스와 싸우는 이미지가 보다 확장되고 있음을 의미한다. 단순히 싸움이 아니라 '승리'라는 최종 목적과 다짐까지 드러나 있고, 또 '최일선'이나 '최전선'이라는 표현으로 싸우는 장소까지 비유적으로 언급된다. 그리고 코로나19 방역과 치료를 담당하는 이들은 그 싸움에서 '분투'하고 '사투'를 벌이는 사람으로 표

7) 대통령기록관(2020). (코로나19 관련)대구지역 특별대책회의, 「문재인 대통령 연설문집 제3권-하」, 2020년 2월 25일.
8) 대통령기록관(2020). (코로나19 관련)공적 마스크 5부제 판매 관련 메시지, 「문재인 대통령 연설문집 제3권-하」, 2020년 3월 6일.
9) 대통령기록관(2020). (코로나19 관련)주요 경제주체 초청 원탁회의, 「문재인 대통령 연설문집 제3권-하」, 2020년 3월 18일.

현되고 있다. 싸우는 행위뿐 아니라 싸우는 장소와 싸우는 이들까지 그려지는 것이다. 이후 이러한 싸움이 중요한 이유에 대해서도 직접 말하고 있는데, 그것은 "국민의 삶이 무너지는 것을 막는 것이 최우선입니다."라는 말에서처럼 싸움에서 지면 삶이 무너질 정도로 고통스러울 수 있기 때문이다.[10] 이미 코로나19와의 싸움은 전제되어 있고, 이제부터는 싸움의 결과가 처참하지 않아야 함을 강조하는 상황에 이르렀다.

바이러스와 싸운다는 대통령의 언어는 여기서 머물지 않고 보다 더 극적 표현으로 나아간다. 그 표현은 바로 '전쟁'과 '세계대전'이다. 단순히 싸움이 아니라 전쟁과도 같고, 세계 모두가 함께 전쟁하는 세계대전과도 같다는 것이다. 바이러스와 싸운다는 이미지는 이제 전쟁이나 세계대전이라는 말로 더욱 극대화되고 강렬해진다. "전 인류가 싸우고 있는 코로나19 전선에서 국제협력과 연대는 전쟁의 승패를 가르는 무기입니다."의 말에서는 '전선'에서 벌어지고 있는 '전쟁'에 따른 '승패' 그리고 '무기'의 중요성까지 말한다. 한 문장 속에 싸움의 이미지를 더욱 강화하는 관련 단어(싸움, 전선, 전쟁, 승패, 무기)가 이어서 등장하고 있다.[11] 언

---

10) 대통령기록관(2020). (코로나19 관련)제1차 비상경제회의, 「문재인 대통령 연설문집 제3권 – 하」, 2020년 3월 19일.

11) 대통령기록관(2020). 제16회 국무회의, 「문재인 대통령 연설문집 제3권 – 별권」, 2020년 3월 31일.

어의 강렬함은 그로부터 비롯되는 이미지의 강렬함을 이끈다. 그 래서 이 단어들은 블렌딩 공간에서 둘 간 싸움 이미지의 선명도 를 높이는 데 기여한다.

　세계대전을 언급하는 말에서도 마찬가지다. "인류는 지금 신 종 바이러스와 세계대전을 치르고 있습니다.", "우리는 이 전쟁의 최선두에 있습니다. 반드시 승리하여 희망을 만들어내겠습니다. 우리는 위기에 한 번도 지지 않은 국민입니다.", "정부는 범국가 적 역량을 모아 가장 신속하고 가장 모범적으로 바이러스와 전쟁 에서 승리를 이끌겠습니다." 등의 말이 그렇다.12) 우리나라만 코 로나19와 전쟁하는 것이 아니라 모두가 전쟁을 치르고 있다고 강 조하며 승리를 다짐한다. 특히 전쟁에서 최선두에 있고 위기 상 황에서 한번도 지지 않은 국민임을 강조하며 이미 벌어지고 있는 바이러스와의 싸움에서 희망의 메시지를 주고 있다. 이 시기 대 통령은 챌린지에 참여하여 "의료진 덕분에, 바이러스와 싸움에서 승리하고 있습니다."라는 말로 바이러스와의 싸움에서 승리하고 있음을 확정적으로 말하면서 의료진에 대한 고마움과 동시에 역 시 희망의 메시지를 주고 있다.13)

---

12) 대통령기록관(2020). 수석·보좌관회의, 「문재인 대통령 연설문집 제3권 －별권」, 2020년 4월 20일.

13) 대통령기록관(2020). (코로나19 관련)#덕분에 챌린지 참여 메시지, 「문 재인 대통령 연설문집 제3권－하」, 2020년 4월 27일.

하지만 한편으로는 바이러스와의 싸움이 오래 이어질 수도 있음을 말하기도 한다. "결국 장기전을 염두에 두고 코로나바이러스와 불편한 동거를 각오해야 하는 상황입니다."와 "바이러스와 싸우면서 동시에 일상으로의 전환도 성공적으로 이루어내야 합니다."를 통해 인간과 바이러스 간 싸움이 오래 지속 될 수 있는 전쟁(장기전)임을 예상하기도 한다.[14] 중요한 것은 이 모든 상황에서 전제되어 있는 점은 인간과 바이러스가 싸우고 있다는 이미지이다.

세계대전으로 불릴 정도로 우리나라뿐 아니라 세계 곳곳에서 바이러스와 싸우고 있었기 때문에 인간과 바이러스가 싸운다는 개념적 블렌딩에 의한 이미지는 우리나라에만 한정되지 않는다. 미국의 트럼프 대통령은 코로나19 대응 태스크포스 기자회견에서 "중국 바이러스에 대한 우리의 전쟁"이라고 말하면서 "나는 어떤 의미에서 전시 대통령이라고 본다. 우리가 싸우고 있다는 뜻", 그리고 "코로나19는 보이지 않는 적이며 우리는 생각보다 더 빨리 적을 물리칠 것"이라고 말했다.[15] '전쟁'은 물론이고 '전시 대통령'이라는 표현이나 '적'이라는 말 모두 인간과 바이러스 간 싸움을 표현하고 있다.

---

14) 대통령기록관(2020). 수석·보좌관회의, 「문재인 대통령 연설문집 제3권 －별권」, 2020년 4월 27일.

15) 서울경제(2020). 트럼프 "난 戰時 대통령"…국방물자생산법 발동, 3월 19일자 기사.

그 외 관료들의 말과 싸우는 이미지

행정부의 수반인 대통령의 말이 갖는 영향력 못지않은 관료가 국무총리이다. 코로나19와의 싸움은 그들에게서도 반복해서 사용되는 말이었다. 정세균 당시 국무총리는 대구시청에서 대구시장과 경북지사 등과 함께 했던 회의에서 "코로나19와의 싸움은 아직 끝나지 않았다", "코로나19와의 장기전도 준비해야 한다." 등을 언급한다.[16] 또 코로나19와의 싸움에서 반드시 승리하기 위해 정부가 총력을 다할 것이라고 밝히면서 '무기'라는 표현도 사용한다. 즉 "예방과 치료라는 강력한 무기를 갖게 되면 지루했던 코로나19와의 싸움도 마무리 단계로 접어들게 될 것"이라고 했다.[17] 그 외에도 "우리도 한 해 동안 내내 코로나19의 거센 도전에 맞서 싸워왔고 지금도 싸움은 현재 진행형이지만 전체를 놓고 보면 우리 스스로 자부심을 가져도 좋을 만큼 잘 대응해 왔다."나 "새해를 하루 앞둔 지금 우리는 코로나19와의 싸움에서 막바지 최대 고비에 처해 있지만 이번 위기도 K방역의 저력과 국민들께서 보여주신 품격 있는 시민의식이 있다면 충분히 극복할 수 있을 것" 등의 말에서 코로나19는 우리 인간이 싸우고 있는 대상으

16) 연합뉴스(2020). 정총리, 1달 만에 대구 방문…"코로나19 싸움 아직 끝나지 않아", 4월 11일자 기사.
17) 대전일보(2020). 정 총리 "코로나19 승기 잡겠다", 12월 11일자 기사.

로 그려지고 있다.[18]

국무총리가 바뀌어도 마찬가지였다. 김부겸 국무총리는 "전체 인구의 절반 이상이 사는 수도권이 안정되지 못하면 코로나19와의 싸움에서 결코 승리할 수 없다."면서 "수도권은 더 이상 물러설 곳이 없는, 방역의 최대 승부처다. 위기의식과 책임감을 느끼고 7월 초부터 특단의 방역대책을 적극 추진해 주시기 바란다."고 하였다.[19] 역시 코로나19와의 싸움, 승리, 물러설 곳, 승부처 등의 말로 바이러스와 싸우는 모습을 그리고 있다. 이 말을 한 시점이 앞의 정세균 국무총리가 했던 때와 비교할 때 6개월이 지난 시점이다. 그로부터 다시 약 1년이 지난 이후에도 "코로나19와의 싸움에서 안정을 이룰 수 있었던 것은 국민의 협력과 공직자들의 헌신 덕분이라는 것을 우리는 한시도 잊지 않고 있다."라는 언급에서처럼 바이러스와 싸우는 이미지는 계속된다.[20] 김부겸 국무총리 후임이자 정권 교체에 따라 새로 임명된 한덕수 국무총리 역시 "코로나19와의 싸움에서 얻은 경험을 효과적으로 활용할 수 있도록 '빅데이터 플랫폼'을 구축하겠다."며 같은 이미지

---

18) 대한민국 정책브리핑(2020). 정 총리 "코로나19와 싸움 최대 고비…품격 있는 시민의식으로 충분히 극복 가능", 12월 31일자 기사.

19) 아주경제(2021). 김부겸 총리 "코로나19 싸움 수도권 방역이 관건", 6월 29일자 기사.

20) 세계일보(2022). 김 총리 "전면적 봉쇄 없이 이룬 값진 방역 성과, 근거 없이 스스로 폄훼하는 것 경계해야", 5월 6일자 기사.

를 언급한다.[21] 특히 그는 우리 인간이 바이러스와 싸워오면서 얻은 경험을 활용하려는 의지를 보임으로써 코로나19와의 싸움 과정을 단순한 싸움으로써가 아니라 유익한 경험이 도출될 수 있는 것으로 보고 있다. 이는 의미부여가 가능하다고 보는 것으로, 흔히 어떤 대상의 이미지를 만들거나 강화하려고 할 때 거치는 과정 중 하나에 해당한다. 예컨대 전통을 만들고자 할 때나 도시의 이미지를 만들고자 할 때 의미부여 과정을 거치면 그 이미지의 정당성과 선명도는 더욱 높아진다.[22]

정부 부처의 장관 역시 코로나19와의 싸움을 언급한다. 중앙재난안전대책본부(중대본) 제2차장이자 행정안전부 장관은 "신종 코로나바이러스 감염증(코로나19)과의 싸움에서 관건은 백신 접종",[23] 국방부 장관은 "크리스마스 연휴에도 사랑하는 가족과 함께하지 못하고 코로나19와의 전쟁에서 국민의 생명과 건강을 수호하기 위해 고군분투하고 있는 간호사관생도 여러분들이 대단히 자랑스럽고 대견하다."라고 말하며 코로나19와의 싸움을 전쟁으

21) 대한민국 정책브리핑(2022). 한 총리 "코로나 위기 다시 와도 일상 지킬 수 있게 철저히 준비", 5월 27일자 기사.
22) 에릭 홉스봄(2004). 박지향 외 옮김, 「만들어진 전통」, 휴머니스트; 김민주(2019). 지방자치단체의 장소자산과 도시이미지, 「인문사회과학연구」, 20(3): 371-412.
23) 뉴시스(2021). 행안장관 "코로나19 싸움 관건은 백신접종…차질없이 준비", 1월 8일자 기사.

로 표현하고 있다.24) 또 다른 국방부 장관 역시 "대구와 경북지역은 비군사적 위협인 '코로나 19'와의 싸움을 위한 최전선이다. 가장 어렵고 힘든 곳에서 국민의 생명과 안전을 지키기 위해 헌신하고 있는 우리 장병들이 진정한 '영웅'이다."라며25) 싸움을 하되 최전선에 있고 영웅이 되는 전쟁과 같은 상황을 전제하고 있다. 특히 여기서 언급된 서로 다른 두 국방부 장관은 화자와 청자의 특성상 모두 공통적으로 마치 전쟁 상황에서 국민의 생명과 건강 및 안전을 수호하는 것처럼 표현하고 있다. 이는 바이러스와 인간의 싸움을 전쟁 상황으로 그려지는 효과를 더한다.

정부의 질병관리 주무기관인 질병관리청 이전의 질병관리본부장 역시 코로나19를 싸움의 대상으로 여기고 있다. "그만큼 더블링(전날 대비 2배 이상 증가)이 많았다. 코로나19가 쉬운 싸움은 아니라는 생각이 든다."고 말한 그를 두고 한 매체는 '코로나 전사'로 표현(기사 제목: '코로나 전사' 정은경 교체 만류한 이낙연의 '무한 신뢰' 인연)하기도 하였다.26) 물론 그가 코로나19와 싸운다는 표현

---

24) 파이낸셜뉴스(2020). 서욱 국방장관, 코로나와 싸우는 간사 생도 격려해, 12월 26일자 기사.

25) 국방부(2020). 정경두 국방부 장관, 대구지역 현장지도, '코로나 19' 총력 지원 및 확고한 군사대비태세 유지 당부, 3월 6일자 보도자료.

26) 동아일보(2020). '코로나 전사' 정은경 교체 만류한 이낙연의 '무한 신뢰' 인연, 9월 9일자 기사; 시사뉴스(2020). 코로나19유입 6개월…정은경 "7차전파까지 연결고리 찾아낸 나라 전 세계에 없을 것", 7월 20일자 기사.

을 사용했다고 해서 전사라고 한 것은 아니다. 그보다는 코로나
19 방역의 총괄부서의 장이 그 싸움의 선봉에 있다는 의미에서
사용하였다는 점에서, 이 또한 싸움이 존재하면서 동시에 진행되
고 있음을 말해준다. 그 선봉에 전사가 있음은 그 상황을 더욱 또
렷하게 해준다.

　　지방자치단체에 속한 관료 역시 코로나19와 싸우는 이미지
를 떠올리게 하는 말을 한다. 앞서 언급된 사례인 한 종교단체의
대규모 감염으로 인해 전국적인 관심의 대상이 되었던 당시 대구
시의 시장은 다음과 같은 말을 한다. "코로나 바이러스와의 싸움
도 버거운데, 교묘하게 방역을 방해하는 신천지(대규모 감염이 발생
한 종교단체), 저급한 언론의 대구 흠집 내기, 진영논리에 익숙한
나쁜 정치와도 싸워야 한다.", "코로나와의 전쟁, 야전침대에서
쪽잠을 자면서 싸운지 22일째 접어들고 있다."라며 싸움이 강조
되고 있고 특히 '전쟁'은 물론이고 '야전침대'라는 표현도 등장한
다.[27] 인간과 코로나19 간 싸움은 곧 전시 상황인 것이다. 한 지
방자치단체 소속 보건소장도 기고문에서 "코로나19 바이러스와
갑작스러운 전쟁을 시작한 지 2년이 되어 간다. … 봄부터 지금
까지 코로나19와 치른 전투는 치열했다. … 이제 코로나19 바이
러스와 전쟁이 아닌 공존의 시기가 눈앞으로 다가왔다."고 적고

---

27) 조선일보(2020). 권영진 대구시장 "코로나 싸움도 버거운데 신천지, 저급
　　한 언론, 나쁜 정치와도 싸워야…사면 초가", 3월 11일자 기사.

있다.[28] 그 역시 자신의 직책(보건소장)에 따른 임무 수행이 코로나19와 전쟁과 전투였음을 말한다.

이러한 말들과 함께 정부의 공식적인 문서에도 코로나19와의 싸움은 그대로 표현된다. 그 한 예로 교육부의 「2020 교육분야 코로나19대응」에서 장관의 발간사에 "여전히 코로나19와 힘든 싸움을 하고 있지만, 빠른 종식을 기원하며, 지난 1년간의 노력을 기록한 이번 백서가 앞으로 유사 상황에서의 대처와 코로나 이후 시대의 교육 정책 수립에 좋은 길잡이가 되기를 희망합니다."라고 적고 있다.[29]

싸우는 이미지의 확산

대통령을 비롯하여 각 위치의 관료들이 사용하는 말은 곧바로 그 하위 관료들에게 그대로 이어진다. 관료제의 의사전달 구조상 실무를 담당하는 관료는 상급자의 언어를 업무지시로 여기며 실제 업무로 구현한다. 인간이 바이러스와 싸울 수 없지만 싸우는 이미지가 관료들의 언어로부터 반복되고 회자되면 그 역시 관료제 내 관료들에 의해 널리 사용된다. 하지만 관료제 조직을

---

28) 장흥군 홈페이지(www.jangheung.go.kr)의 기고문 메뉴.
29) 교육부(2021). 「2020 교육분야 코로나19대응」, 교육부.

넘어 국민들에게 전달되는 전파력은 미디어의 도움이 필수적이다. 사실 관료들의 말도 미디어를 통해 비로소 외부로 알려지는 것이다.

그렇게 본다면 어떤 미디어인가가 중요하다. 정보 전달을 하는 미디어가 어떤가에 따라 전달하는 정보에도 영향을 준다. 어떤 미디어인가는 그 미디어가 사용하는 언어를 통해 알 수 있다. 미디어가 메시지라고 말한 허버트 마셜 매클루언에 따르면 모든 미디어가 본질적으로 언어의 특성을 지니고 있고 거기서 벗어 날 수 없다고 했기 때문이다.[30] 인간을 확장시키는 많은 것들이 미디어이지만 미디어가 본질적으로 언어의 특성을 지니고 있다는 점에서 그 미디어가 언어로 표현하는 데서 어떤 미디어인가를 알 수 있다.

미디어가 코로나19에 대한 보도를 해오며 지닌 기본 시각은 해당 미디어에서 직접 작성한 글을 통해 알 수 있다. 한 미디어에서는 "…전 인류와 보이지 않는 적 코로나 바이러스와의 총성없는 전쟁은 인간이 겪었던 그 어떤 전쟁보다 끔찍하고, 잔인하고, 지루한 것이었다. 다행히 백신의 등장으로 인류의 반격이 시작됐지만 언제 이 전쟁이 끝날지는 더 두고 봐야할 것이다. …"라는 내용에 적, 총성, 전쟁, 반격 등의 단어를 자연스럽게 사용하고

---

30) 마셜 매클루언(2011). 김상호 옮김, 「미디어의 이해: 인간의 확장」, 커뮤니케이션북스, pp.28-30.

있다.31) 또 다른 미디어의 편집위원의 글이나 사설에서도 "바이러스와의 전쟁에 사용되는 세 가지 도구 …", "전염병과의 싸움에서 승패를 가르는 것은 … 많은 국민이 불편을 감내하며 바이러스와 싸우는 이때 …"32) 등으로 표현하고 있다.

코로나19 관련 정보는 물론이고 그와 관련된 관료의 말을 보도하는 미디어 역시 인간과 바이러스는 싸우고 있는 이미지로 인식하고 있는 것이다. 다시 말해, 관료의 언어로 만들어진 바이러스와의 싸움의 이미지가 확산되는 데 기여하는 미디어 역시 같은 이미지로 인식하고 있는 것이다. [그림 3-1]은 인간과 코로나19가 싸우는 모습을 직접 그림으로 그려 나타낸 사례이다. 역시 미디어 역할을 하는 신문과 대중 대상의 포스터에 표현되어 있다.

---

31) 조선일보(2020). 인류, 보이지 않는 적과 싸운 2020, 12월 31일자 기사.
32) 한겨레(2021). 바이러스 공기 전파 막으려면, 3월 21일자 기사; 한겨레 (2020). 추석 '코로나 재확산' 위기, 국민 힘 모아 이겨내자 9월 27일자 기사.

그림 3-1 인간과 바이러스가 싸우는 그림

신문의 만평[33]

손 씻기 캠페인 포스터[34]

33) 완도신문(2021). 코로나와 싸우는 완도, 힘내라 완도!, 7월 23일자 기사.
34) 수원여객 홈페이지(https://blog.naver.com/suwoncitybus).

　　미디어가 일종의 프레임 역할을 하는 것은 이미 잘 알려진
사실이다.[35] 뉴스 보도의 경우 어떤 언어 형태를 사용하는가에
따라 공공지각과 정서 형성에 많은 영향을 주는 것은 오래전부터
확인되고 있다.[36] 그래서 관료의 언어로 생산된 인간과 코로나19
와의 싸움 이미지는 미디어를 접하는 일반 시민들의 말에도 그대
로 반복해서 이어지곤 한다. 단적으로 신문 등의 기사에 대한 댓
글에는 그러한 모습이 곳곳에서 보인다. 아래는 2020년 1월 1일
부터 2022년 12월 31일 동안 우리나라 12개 미디어(경향신문, 동아
일보, 매일경제신문, 문화일보, 조선일보, 중앙일보, 한겨레, 한국경제신문,
한국일보, KBS, MBC, SBS)의 기사에 달린 댓글 중 인간과 코로나
19가 싸우는 것으로 표현한 내용 중 일부이다. 여기서도 인간과
바이러스의 싸움과 관련된 표현은 쉽게 발견된다.

　　"…코로나와의 싸움에서 지치고 지쳐 쓰러지기 일보 직전인 질병관
　　리본부와 의료진의 눈물겨운 모습들을 보듬고…"
　　"…백신에 대해 방어 기작을 가지고 진화를 거듭하는 바이러스와
　　싸움은 장군멍군식 싸움이 될 것 같다!! … 인류와 바이러스 간에
　　죽기살기 싸움이 계속 이어질 것 같다!!"

---

35) 조지 레이코프(2018). 유나영 옮김, 「코끼리는 생각하지 마」, 와이즈베리.
36) Trew, Tony(1982). What the papers say, In Braj B. Kachru, ed. *The other Tongue: English across cultures*, University of Illinois Press.

"…의료진 분들은 가족과 함께 연휴를 보내는것이 아니라 바이러스와 함께 싸우시고 계시겠네요…"
"한파 속에서도 항상 다른 사람들의 건강과 행복을 위해서 코로나 바이러스에 맞서 싸우며 헌신하시는 의료진 분들이 존경스럽습니다. …"
"바이러스와 싸우는 자리다.…"
"…코로나와의 전쟁은 전문가들에게 맡기고…"
"힘겹게 코로나 전선에서 사투를 버리고 계시는 모든 분들께…"
"기나긴 코로나와의 사투로 정신적으로도…"

방송을 통해서도 코로나19와 싸우는 이미지는 반복되어 나타난다. 특히 방송에서는 언어로써뿐만 아니라 영상을 활용해서 그 효과를 더 높인다. [그림 3−2]와 같이 방송 다큐멘터리의 제목이 그대로 코로나19는 싸움의 대상으로 표현되며, 아울러 도서 제목에서도 이를 확인할 수 있다. 그 내용을 보면, 바이러스와의 전쟁을 바이러스의 '침공'으로 표현하고 있기도 하고 바이러스가 몸속에 침투하여 전쟁이 벌어지는 상황을 두고 '침입자'들의 세계로 나타내고 있기도 하다. 모두 인간은 싸울 수 없는 바이러스와 싸우는 이미지로 상정되어 있다.

그림 3-2   바이러스와 싸우는 이미지를 담고 있는 방송과 도서

37) KBS(2020). 코로나19 특집 다큐 바이러스와의 전쟁, 2월 29일 방송.

38) EBS(2020). 클래스e－이정모의 바이러스의 침공, 7월 연속 방송.

39) YTN(2020). [코로나19 특별기획] 코로나19 260일, 끝 모를 전쟁, YTN
사이언스 스페셜, 10월 1일 방송.

40) 선정수(2020). 코로나 전쟁, 인간과 인간의 싸움K－방역을 둘러싼 빛과
그림자, 동아엠앤비; JTBC 코로나19 취재팀(2022). 끝없는 끝을 향한 전
쟁, 정한책방; 신의철(2021). 보이지 않는 침입자들의 세계, 21세기북스.

이와 같이 바이러스와의 전쟁이라는 표현처럼 코로나19에 의한 현 상황을 전시처럼 여기게 된 데에는 관료의 언어에서 비롯되는 개념적 블렌딩에 의한 싸움의 이미지가 생산되고 반복해서 전달되었기 때문이다. 이런 현상은 철학자에 의해 그들만의 다양한 언어와 시각으로 표현되고 해석되곤 한다. 이는 인간과 바이러스 간 싸움의 이미지를 다채롭게 볼 수 있게 해준다.

그 한 예로 조르조 아감벤은 코로나19에 의한 현 상황을 보건 '긴급사태'와 그로 인한 '예외 상태'로 표현하고 있다. 전시 상황에 버금가는 긴급사태라는 표현과 법이 스스로 효력을 정시시키면서도 살아 있는 자들을 묶는 상태인 예외 상태로 표현하고 있다. 그는 세계대전 중에도 시행되지 않았던 이동의 자유에 대한 제한이 이탈리아에서 시행되고 있음을 말하면서 현재의 전시 상황이 당국의 관료로부터 규정되어진 면이 있음을 말하고 있다.[41] 관료의 언어에 의한 인간과 바이러스 간 싸움의 이미지가 강압적 통제 및 통치 행위로 미친 영향을 말하고 있다.

독일에서 활동하는 철학자 한병철 역시 팬데믹 상황에 대해 아래와 같이 말하고 있다. 그는 온통 전쟁과도 같은 상황으로 묘사하고 있고, 국가에 의해 그러한 분위기 조성('누구나 잠재적 테러리스트처럼 취급', '숨겨진 무기를 찾기 위해 우리 몸을 더듬는 것을 허락',

---

41) 조르조 아감벤(2021). 「얼굴 없는 인간: 팬데믹에 대한 인문적 사유」, 효형출판, p.25, p.64.

'누구나 잠재적인 바이러스 운반자로 의심' 등)이 충분히 이루어지고 있음을 지적하고 있다.

> "팬데믹이 도래하자 생존을 위한 격렬한 투쟁은 바이러스에 의해 첨예화된다. … 사회 전체가 면역학적 방어태세로 전환된다. … 펜데믹은 테러리즘처럼 작용한다. … 공항에서는 누구나 잠재적 테러리스트처럼 취급된다. … 숨겨진 무기를 찾기 위해 우리 몸을 더듬는 것을 허락한다. 바이러스는 공기로부터 가해지는 테러다. 누구나 잠재적인 바이러스 운반자로 의심받고…바이러스와의 전쟁 속에서 삶은 과거 어느 때보다 더 생존이 된다. 생존의 히스테리는 바이러스를 통해 첨예화된다."42)

한병철의 말에 들어 있는 표현을 포함하여 코로나19 시대는 승리, 무기, 전쟁, 최전선, 승부처, 전투, 사투, 분투, 투쟁, 야전침대, 세계대전, 총성, 최일선, 장기전, 전시, 물러설 곳, 적, 승패, 반격, 방어태세, 테러, 침입, 침공, 긴급사태 등의 단어를 통해 인간과 바이러스가 싸울 수 없지만 싸우는 이미지로 생산되고 소통되었다. 그리고 이제는 그 이미지가 자연스럽게 받아들여지고 있다.

---

42) 한병철(2021). 이재영 옮김, 「고통 없는 사회」, 김영사, p.27, pp.32
－33.

관료의 언어와 이미지 생산

제4장

보이지 않지만 보이는 이미지

제4장

보이지 않지만 보이는 이미지

1. 보이지 않는 것의 영향력과 보이는 모습

코로나19는 바이러스이기 때문에 눈에 보이지 않는다. 눈에 보이지 않는 바이러스의 영향력과 위험성은 이미 많은 사람들이 알고 있다. 특히 바이러스의 위험성에 대한 인식은 코로나19 발생에 따른 학습효과의 결과이다. 모두가 체감했듯이 바이러스는 눈에 보이지 않는 바로 그 특성 때문에 영향력은 물론이고 위험성이 더 크게 느껴진다. 때로는 두려움, 불안감, 우울감 등을 유발한다.

실제로 2021년에 보건복지부가 코로나19로 인한 국민 정신
건강 현황을 파악하기 위해 전국 거주 19~71세 성인 2,063명 대
상으로 '코로나19 국민 정신건강 실태조사'를 실시한 결과를 보
면, 두려움, 불안감, 우울감 모두 코로나19 이전보다 높게 나타나
고 있다.[1] 역시 2021년에 경희대병원 정신건강의학과 교수가 코
로나19가 국민 정신건강 및 사회심리에 미친 영향을 알아보기 위
해 전국 성인과 청소년을 대상으로(1차 1,150명, 2차 1,015명) 실시
한 설문조사 결과에서도 우울과 불안 지표가 코로나19 발생 전에
비해 크게 악화된 것으로 나타났다. 그는 인터뷰에서 코로나19라
는 바이러스가 보이지 않기 때문에 우울감과 불안감이 더 할 수
있음을 의미하는 말을 하고 있다. "감염 재난은 보이지 않는 적과
의 싸움이다. 보이지 않는 바이러스에 언제 감염될지 모른다. …
감염 재난은 누구든 감염자, 감염자의 가족이 될 수 있다."[2] 보이
지 않으니 어디서 어떻게 감염될지 몰라서 즉, 예측이나 예상도
어려워 더욱 불안이 가중된다는 것이다.

그래서 눈에 보이지 않아서 가중되는 문제를 최소화하기 위
해 가급적 눈에 보이도록 해서 그 불안감을 줄이기 위한 노력을
하는 것이 우리 인간이다. 적어도 예방을 위해 확진자 동선이라

---

1) 보건복지부(2021). 「코로나19 국민 정신건강 실태조사」, 보건복지부.
2) 중앙선데이(2021). 감염 재난은 보이지 않는 적과의 긴긴 싸움…우울감
당연, 이타심이 가장 좋은 마음 방역, 12월 18일자 기사.

도 그림으로 그려 보여주면 그곳을 피하면서 불안감을 낮출 수
있다. 실제로 앞서 말한 보건복지부의 설문조사에서 필요한 서비
스가 무엇인가를 묻는 문항에 가장 높은 응답을 보인 것인 감염
예방을 포함한 감염병 관련 정보 제공이었다.

  설사 완전하지 않고 또 그것이 유일한 대안이거나 또는 대안
의 대표는 아니더라도, 인간은 눈에 보이지 않는 것을 눈에 보이
도록 하여 심적 문제를 최소화 하려는 경향이 있다. 같은 맥락에
서 쉬운 예를 들어보면, 경사가 급한 낭떠러지가 있는 오솔길을
걸어간다고 생각해 보자. 낭떠러지에 떨어질 수도 있는 상황에서
보호 난간이 전혀 없다면 얼마나 두려울까? 그나마 오솔길과 낭
떠러지를 구분 짓는 밧줄을 길을 따라 설치해 놓으면 두려움과
불안감은 훨씬 줄어든다. 가느다란 밧줄이지만 그 밧줄은 오솔길
과 낭떠러지 간 보이지 않았던 경계를 구분지어 주면서 나름의
난간 역할을 해준다. 한 줄로 이어진 아주 연약한 밧줄이 주는 심
리적 효과는 상당하다. 인간이 특히 두려움을 유발하는 대상을
굳이 보이도록 만드는 이유가 바로 그 때문이다. 괴물과 요괴를
굳이 눈에 보이도록 그려서 퇴치하는 의식을 치르는 것도 마찬가
지고, 퇴치 의식이 아니라 그 반대로 그것들을 달래는 의식을 할
때도 그렇다. 일단 눈에 보이도록 한 다음에 뭔가의 조치를 취하
면서 두려움을 최소화하려고 하는 것이다.

비단 두려움이 아니더라도 눈에 보이는 게 인간에게 더 마음이 놓이도록 하고 집중도 더 잘 되는 효과를 낳는다. 민간신앙에서 눈에 보이지 않는 신들을 나름의 표식(表式)을 통해 눈에 보이게 해 놓는 것도 그 때문이다. 예컨대, 마을신은 돌멩이들이 쌓인 돌무더기가 그 역할을 하고 부엌의 물통은 조왕신이 된다. 돌멩이라도 있어야 그것이 매개가 되어 마을 사람들이 마을의 안녕을 기원할 때 한 곳으로 집중하게 되고, 부엌의 화재 등을 지켜주는 든든한 마음이 생기는 것도 물통이 조왕신의 역할로 가시화되어 있기 때문이다. 마을이나 도시의 이미지나 또는 전통을 만들 때, 상황적 요소나 일정한 의미부여의 활동뿐 아니라 반드시 표상(表象, physical representation)을 만드는 것도 같은 맥락이다.[3] 눈에 보이는 것이 있어야 사람들은 그것을 보며 의미부여를 더 하게 되고 가시적 효과로 마음의 심상을 더 불러일으키게 된다. 최근에는 일을 할 때 눈에 보이는 이모지(emoji, 그림문자)를 활용하면 업무에 실질적으로 도움을 준다는 설문조사 결과도 있었다.[4] 이모지가 포함된 업무요청을 더 잘 수용하고, 또 이모지를 사용하면 아이디어의 빠른 공유에도 도움이 된다고 한다.

---

[3] 김민주(2013). 한국행정의 '전통' 만들기 하나의 소재로서 원조활동과 그것의 역설, 「한국행정연구」, 22(3): 1－27; 에릭 홉스봄(2004). 박지향 외 옮김, 「만들어진 전통」, 휴머니스트.

[4] 조선일보(2021). 직장인 71% "이모지 사용하는 동료에 더 호감", 7월 30일자 기사.

연구영역에서도 그림이나 도표 등을 활용하여 이해도를 향상시키기 위한 노력을 오래전부터 해오고 있다. 하워드 소울 베커(Howard Soul Becker)의 말처럼 그림을 비롯한 차트(chart)는 일종의 은유로써 복잡한 사회적 실재의 2차원적 재현이라는 역할을 수행한다. 기술자들과 과학자들이 기계작동 방식을 위해 그림으로 상상하는 것은 물론이고, 사회과학자도 대개 커다란 개념적 개체를 기술하기 위해 그림을 자주 사용한다. 그 그림은 주요 포인트를 한눈에 보여주지만 한편으로는 그림의 의미를 온전히 파악하기 위해서는 해석 등의 많은 노력이 필요하기도 하다.5) 의미 파악을 요구하는 기능을 하는 것이다. 그런 점에서 본다면 2차원적 재현과 의미전달 및 파악이 그림을 통해 이루어지는 것이다. 이처럼 여러 사례에서 볼 수 있듯이 목적과 의도는 다양해도 눈에 보이도록 하려는 인간의 노력은 다양한 분야에서 오래전부터 있어 왔음을 알 수 있다.

그 노력은 코로나19 시대에도 계속되었다. 그 노력, 즉 눈에 보이도록 하려는 인간의 여러 노력이나 작업을 보기 이전에, 우선 눈에 보이지 않는 바이러스가 인간에게 눈에 보이는 행동을 유발하는 것부터 확인해보자. 인간이 바이러스를 눈에 보이도록 하려는 노력은 바이러스로부터 생기는 여러 문제를 극복하기 위

---

5) 하워드 S. 베커(2016). 김봉석 외 옮김, 「사회에 대해 말하기」, 인간사랑, p.109, pp.276-279.

한 노력이지만, 그 노력 이전에 눈에 보이지 않는 바이러스가 우리 인간에게 눈에 보이는 행동을 낳는다. 즉, 실제로 인간은 바이러스가 눈에 보이지 않지만 눈에 보이는 듯이 여기며 아주 사소한 행동마저 그 영향에 따라 하고 있다. 한 일간지의 논설위원이 쓴 짧은 아래 글은 가볍게 쓰였지만 공감을 불러일으키고 또 여러 생각을 하게 한다.

> "…회사에 출근하는 길에도 바이러스의 흔적이 묻어 있는 것은 아닌지 몇 번이나 뚫어지게 보게 된다. 지하철을 탈 때나 버스 의자에 앉을 때, 엘리베이터의 버튼을 누를 때도 여간 신경이 쓰이지 않는다. 2011년 후쿠시마 원전 사고 때도 일본에서 이런 공포를 경험한 적이 있다. 전자기파나 입자의 형태로 에너지를 방출하는 물질의 성질인 방사능은 눈에 띄지 않기 때문이다. …"6)

바이러스는 눈에 보이지 않지만 그 흔적을 확인하려는 게 인간의 마음이다. 눈에 보이지 않는 바이러스가 흔적을 남길까? 그래도 그 흔적을 찾게 되고 혹시나 하는 마음에 눈에 보이는 행동(버튼을 닦는 행위 등)을 한다. 지하철을 탈 때나 엘리베이터 버튼이 신경쓰인다는 말은 2019년 이후를 살아가는 세계인이라면 대부분 공감할 이야기이다. 사실, 눈에 보이지 않는 바이러스가 사

---

6) 서울신문(2020). '보이지 않는 것'의 두려움, 2월 27일자 기사.

소한 행동을 낳는 것에만 머물지 않는다. 한 개인을 넘어 사회에 미치는 여파가 적지 않다. 아래 대통령의 말대로 보이지 않는 바이러스가 세상을 바꿀 정도의 위력을 지녔다.

> "…보이지 않는 바이러스가 세상을 송두리째 바꾸고 있습니다. 우리의 일상을 근본적으로 변화시키고, 세계 경제를 전례 없는 위기에 몰아넣고 있습니다. 각국의 경제사회 구조는 물론 국제질서까지 거대한 변화를 불러오고 있습니다. …"7)

앞서 제3장(싸울 수 없지만 싸우는 이미지)에서도 언급했듯이 미국의 트럼프 대통령도 "나는 어떤 의미에서 전시 대통령이라고 본다."면서 "코로나19는 보이지 않는 적이며 우리는 생각보다 더 빨리 적을 물리칠 것"이라고 했다.8) 보이지 않는 바이러스가 전시 상황을 불러올 정도의 적이 되어 대통령 스스로 전시 대통령으로 생각하게 할 정도였다.

사실, 인간의 사망을 직접 보여주는 것만큼 영향력의 극적 모습을 보여주는 것도 없다. 바이러스뿐 아니라 박테리아도 역시 눈에 보이지 않는데, 그것의 위력은 통계수치로 잘 드러난다. 의

---

7) 대한민국 정책브리핑(2020). 문재인 대통령 취임 3주년 특별연설, 5월 10일자 기사.

8) 서울경제(2020). 트럼프 "난 戰時 대통령"…국방물자생산법 발동, 3월 19일자 기사.

사이자 의학박사인 맷 매카시(Matt McCarthy)에 따르면, 강력한 항
생제로도 치료되지 않는 변이된 박테리아인 슈퍼버그(superbugs)가
미치는 영향력은 결코 작지 않다.[9] 실제로 한 경제학자의 분석에
의하면 슈퍼버그에 대한 해결책이 마련되지 않으면 2050년에는
슈퍼버그로 인한 사망자가 3초당 1명이 되고 경제적 피해액도
100조에 달할 것이라고 한다. 세계보건기구(WHO)도 슈퍼버그
12종을 발표했는데, 매년 그로 인해 70만 명이 사망한다고 추정
했다. 미국과 유럽도 항생제 저항 감염으로 많은 이들이 사망하
는 보고서를 내기도 했다. 이처럼 보이지 않는 것이 미치는 영향
이 작지 않기 때문에 현실을 만드는 것은 보이는 것뿐 아니라 보
이지 않는 것도 해당한다. 코로나19가 그에 부합하는 가장 최근
의 사례다. 현실을 새롭게 만들어 나갈 정도로 보이지 않음에도
미치는 영향력이 매우 강해서 우리는 더욱 코로나19를 보이게 하
려고 했다.

    그렇다면, 어떻게 보이게 하는 것일까? 기본적으로 바이러스
는 일상을 살아가는 우리의 보통의 눈으로는 보이지 않는다. 다
만, 접촉된 이후 증상과 진단에 따라 감염여부가 판단되면 감염
되었을 경우 확진자가 된다. 그 확진자는 바이러스를 보유한 자
가 되어, 적어도 일정 기간 동안 그는 바이러스와 함께 살아가고

---

9) 맷 매카시(2020). 김미정 옮김, 「슈퍼버그보이지 않는 적과의 전쟁」, 흐름
   출판.

있는 것으로 여겨진다. 이때부터 확진자의 행동은 바이러스의 행동으로 보인다. 확진자가 만진 곳을 바이러스가 있다고 생각하는 상황을 떠올려 보면 쉽게 이해된다. 그리고 비확진자가 확진자와의 접촉이나 이동 경로가 겹치는 등의 상황을 마주하게 되면 바이러스의 전염, 즉 바이러스의 이동을 상상하게 한다. 확진자로부터 비확진자가 바이러스에 감염되었다면 눈에 보이지 않는 바이러스가 이동한 것으로 보여 진다. 보이지 않는 바이러스가 보이는 것이다.

　따라서 보이지 않는 바이러스가 보이게 되는 것은 확진자라는 입력공간과 아직 확진되지 않는 자의 입력공간의 요소들이 교차공간 맵핑이 되면서 시작한다. 확진자의 입력공간에는 방문했거나 머문 장소나 지점, 시점, 시간대, 만난 상대, 이동 경로 등이 있고, 확진되지 않은 자의 입력공간에는 그가 머문 장소나 지점, 시점, 시간대, 만난 상대, 이동 경로가 있다. 이 요소들은 교차공간 맵핑이 일어나는데 이때는 감염 프레임이나 접촉 프레임이나 동선 겹침 프레임 등에 의해 총칭공간에서 한정된다. 앞의 제2장의 길동이의 인사 사례에서처럼 확진자의 상황과 확진되지 않은 상황 속 요소들이 대응되면서 개념적 블렌딩에 의한 상상이 가능해진다. 그 상상은 비확진자가 만일 확진자와 머문 장소가 같고 또 접촉이 있었다면 바이러스가 비확진자에게 옮겨져 바이러스의 확산이 되었을 것이라는 점이다. 여기서 중요한 것은 확진자를 바이러스로 대리(proxy)하여 인식한다는 점에서 확진자의 행동 등을 통해 보이지 않는 바이러스가 보이게 된다는 점이다. 이때 확진자에 대한 설명(말)을 통해서도 접촉이나 이동 경로가 겹쳤다면 감염 가능성에 대한 상상을 하지만, 이와 함께 바이러스가 보다 더 잘 보이도록 하기 위해 더 직접적으로 그림이 함께 사용되기도 한다.

　이처럼 보이지 않는 바이러스를 보이게 할 수 있게 된 것과 또 최근에는 보이는 정도를 더욱 선명하게 하고 그 움직임도 더 정확하게 보여줄 수 있게 되었는데, 이는 데이터가 풍부해진 최근의 상황 덕분이다. 빅토어 마이어 쇤베르거(Viktor Mayer-Schonberger)와 토마스 람게(Thomas Ramge)에 따르면 데이터가 풍부해졌다는 것은 단순히 데이터의 양이 많아지고 속도가 빨라졌다는 것만을 말하는 것이 아니라, 그 전과 비교해서 볼 때 일과 의사결정을 다르게 한다는 의미로써 제대로 그리고 심층적으로 처리할 수 있는 환경이 되었다는 의미이다. 코로나19 확진자의 이동 경로(동선) 등의 정보로 보이지 않는 바이러스를 보이게 한 것은 바로 데이터가 풍부해진 덕분인 것이다.[10]

---

10) 빅토어 마이어 쇤베르거·토마스 람게(2018). 홍경탁 옮김, 「데이터 자본주의」, 21세기북스, pp.28-29.

2. 보이지 않는 코로나19를 보이게 하기

확진자와 동행하며 보이기

보이지 않는 것의 영향을 고려할 때 보이지 않는 바이러스인 코로나19를 보이지 않게 그대로 내버려 둘 수 없다. 특히 불안감과 같이 부정적 영향이 증폭될 우려가 있어서 그렇다. 사회문제 해결을 위해 일정한 역할을 해야만 하는 임무를 지닌 정부가 존재하기 때문에 보이지 않는다고 해서 더욱 더 내버려 둔 채로 있지 않는다. 그렇다면, 보이지 않는 코로나19 바이러스를 어떻게 보이게 할 것인가? 특히 코로나19 발생과 확산을 국가 재난으로 규정한 관료들은 재난 대처의 일환으로라도 코로나19가 보이지 않는다고 해서 그대로 있는 것이 아니라 나름의 방식으로 보이게 하여 국민들의 불안감을 낮추려고 노력한다. 그래서 관료들은 코로나19가 보이도록 하는데, 이때 개념적 블렌딩을 활용한다.

보이지 않는 코로나19를 개념적 블렌딩에 의해 보이게 하는 방식은 코로나19 확진자의 이동 경로(동선) 표시, 지역별 코로나19 확진자 수 표시, 시기별 확진자 추이 변화에 대한 정보 제공, 다른 바이러스와의 비교, 코로나19 추정 그림 등이다. 이러한 방식은 모두 코로나19와 관련된 보이는 그 무엇으로 보이게 하려는 정부 관료의 노력이다. 방역당국인 정부와 관료는 코로나19에 관련된 정보를 수집하고 공개하면서 보이게 하는 방식(코로나19 확진자의 이동 경로(동선) 표시, 지역별 코로나19 확진자 수 표시, 시기별 확진자 추이 변화에 대한 정보 제공 등)이 가능하도록 했다. 이들은 단순히 그림이나 그래프만을 제시해버리고 끝나는 것이 아니었다. 관료들은 스스로는 의식하지 못하지만 개념적 블렌딩을 활용하여 그림이나 그래프를 통해 코로나19가 '보이도록' 했다.

　우선, 보이지 않는 코로나19는 확진자의 이동 경로를 통해 보이도록 했다. 코로나19 바이러스 그 자체의 실체는 볼 수 없어도, 적어도 그 바이러스를 지닌 사람이 어떤 곳으로 다녔는지는 보이도록 했던 것이다. 그렇게 해야 접촉을 매개로 전염되는 바이러스의 특성상 추가 전염을 최소화 할 수 있기 때문이다. 코로나19 발생이란 곧 확진자 발생을 의미하는 것이므로, 이는 어느 한 개인의 문제가 아니라 사회적 차원에서 코로나19 발생을 억제하는 방법이기도 했다. 따라서 정부 관료는 확진자의 이동 경로를 파악하여 국민들에게 알렸다. 매일 업데이트를 했고 일정한 시간에 브리핑을 통해 알려주었다. 그 이동 경로를 본 국민들은 그곳을 피하거나, 혹은 그곳에 있었던 시간대가 겹친다면 확진 가능 여부를 확인하기 위해 코로나19 선별 검사를 받도록 되어 있었다.

　여기서 이동 경로는 크게 두 가지 방법으로 표시되었다. 하나는 간략한 어구 등의 문자로 표시하되 화살표와 같은 표식을 활용하여 시간대별로 배열하는 형태이고(문자 중심의 도식), 다른 하나는 지도와 같은 그림을 통해 확진자의 이동 동선을 그리면서 간단한 메모 형태의 문자로 함께 표시하는 방식이다(그림 중심의 도식). [그림 4-1]은 그 예시를 보여준다.

그림 4-1 확진자 이동 경로 표시

이동경로(3.22~3.25)

[22일] 10:00 마을버스(20☆-☆) → ○○아파트 정류장
　　　　　　　버스 환승(7☆-☆) → ㅁㅁ역 면허시험장
　　　　　　　하차→ 불암산 등반
　　　　15:00 하산 후 ㅁㅁ동 ○○시장 식당(중식당)
　　　　17:00 ㅁㅁ역 면허시험장 버스 탑승(7☆-☆)
　　　　　　　→ 서해아파트 정류장 버스환승(20☆-☆)
　　　　19:00 자택 도착

[23일] 14:00 자택 근처 하천 도보 운동
　　　　16:00 자택 귀가 후 발열, 기침, 콧물 증상 인지

[24일] 08:30 ○○○○병원 진료
　　　　14:00 자택 근처 하천 도보 운동
　　　　16:30 자택 귀가 후 발열, 기침, 콧물 증상 호전되지
　　　　　　　않음

[25일] 07:30 확진 판정

문자 중심의 도식[11]

---

11) 국민일보(2020). 의정부시 코로나19 70대 확진자 추가…산행과 하천 운동해, 3월 25일자 기사.

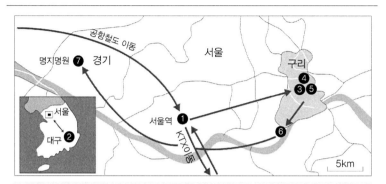

1월 24일 38세 한국인 남성 싱가포르 방문 후 인천공항 귀국, 공항철
도 이용해 ❶ 서울역 이동, ○○순두부 식사

～25일 서울역에서 KTX를 타고 ❷ ㅁㅁ역에서 하차하여 대구 ㅁㅁ
구에 있는 부모집과 △△구에 있는 처가 방문

26일 발열 등 증상으로 ❸ ○○대 ○병원 응급실 방문(검사결과
단순발열), 택시 이용해 경기도 △△시 자택으로 귀가

27일 자택에서 택시 이용해 ❹ ○○○○의원 이동, 진료 후 ○○
○약국, 택시 이용해 귀가

29일 ❺ ○○토스트, ○○마트

2월 3일 ❺ 서울○○내과, ○○약국, ○○음식점(테이크아웃) → ❻
ㅁㅁㅁ역, ○마트, ☆☆번 버스로 귀가 → 싱가포르 세미나
에 함께 참석한 말레이시아인으로부터 양성판정을 받았다는
사실 통보받음

4일 택시 이용해 ❸○○대 △△병원 선별진료소 방문, 확진검사
후 자가격리

5일 양성판정, ❼ 고양 ○○병원 격리

그림 중심의 도식[12]

---

12) 연합뉴스(2020). 국내 '신종코로나' 17번째 확진자 주요 동선, 2월 5일자

　어느 표시 방법이 되건 확진자 이동 경로는 입력공간 속 요소들의 대응결합으로 개념적 블렌딩이 나타난다. 크게 두 가지 측면인데, 한 측면은 확진자와 이동 경로가 겹치지 않은 사람이 볼 때이고 다른 한 측면은 확진자와 이동 경로가 겹치는 사람이 볼 때이다.

　먼저 첫 번째 측면을 보면, 입력공간 하나는 확진자의 이동 경로 속 다양한 요소들이 포함된다. 확진자가 방문한 장소의 위치, 해당 장소의 업종에 따라 예상되는 내부 모습, 함께 있었을 만한 사람, 손으로 접촉한 물건 등의 요소가 그에 해당한다. 다른 하나의 입력공간에는 확진자가 아닌 자신이 확진자가 특정 장소에 특정한 시간대에 다녀갔을 때 무엇을 하고 있었는지를 생각하는 요소들이 포함된다. 자신이 머문 장소, 만난 사람, 했던 일이나 행동 등이 그에 해당한다. 그리고 총칭공간에서는 접촉 프레임에 의해 두 입력 공간의 요소가 대응되며 교차공간 맵핑이 일어나는데, 이는 확진자가 간 곳을 만일 그 당시 혹은 그 이후에 방문했을 때의 가정으로 나타난다. 확진자와 나, 확진자와 내가 같은 장소 위치, 확진자와 내가 직접 대화하거나 서로 마주침, 확진자와 직접 대화한 사람이 나와 대화, 확진자가 만진 물건을 나도 만진 상황 등이 대응되면서 나에게 바이러스가 옮겨지는 상상을 낳는 개념적 블렌딩이 나타난다. 이 상상은 확진자가 간 이동 경로에 가지 않았음을 안도하는 마음과 동시에 그 이후에도 가지

　　기사.

않아야겠다는 다짐, 그리고 확진자의 이동에 따라 이어지는 새로운 확진자가 발생했을 것이고, 그 확진자가 또 다른 이동 경로를 만들 것이기 때문에 어느 때건 새로운 확진자의 이동 경로와 겹칠 수 있음을 유의하도록 할 것을 생각하게 한다.

이 과정에서 분명하게 보여지는 것은 바이러스가 이동한 경로이다. 분명 눈에 보이지 않지만 확진자에게 옮겨 탄 바이러스가 이동했을 거라는 경로가 눈에 보인다. 개념적 블렌딩은 실제로는 그렇지 않지만 확진자와의 접촉으로 바이러스가 나에게 이동하게 될 수도 있음을 상상할 수 있게 한다. 그 상상은 행동의 주의로 이어진다.

두 번째 측면은 확진자의 동선이 나의 동선과 일부 겹치거나 일치할 때다. 이때 입력공간 역시 첫 번째 측면처럼 각각 확진자의 동선과 나의 동선이 된다. 접촉 프레임에 의해 두 입력공간의 요소가 대응되며 교차공간 맵핑이 일어난다. 실제 접촉 여부는 알 길이 없으나, 같은 동선이므로 이 역시 접촉에 의한 가정으로 두 입력공간 속 요소들이 대응된다. 즉, 앞서 첫 번째 측면처럼 입력공간 하나에는 확진자의 이동 경로 속 다양한 요소들이 포함되므로, 확진자가 방문한 장소, 장소 내 테이블과 의자 등의 위치, 대화했을 만한 사람, 손으로 접촉한 물건 등의 요소가 그에 해당한다. 또 다른 입력공간은 나 자신의 이동 경로 속 요소들이 포함되는데, 이는 확진자와 같은 장소와 같은 시간에 이루어진

자신의 행동이나 모습 관련 요소들이 해당한다. 해당 장소, 앉아 있었다면 테이블이나 의자 위치, 대화했던 사람, 손으로 접촉한 물건 등이다. 이들은 총칭공간의 바이러스 접촉 프레임으로 대응하게 된다. 이때 서로 대응관계인 확진자 테이블과 나의 테이블이 바로 나란히 있었을 수도 있고, 역시 대응관계인 서로 접촉한 물건이 동일한 것일 수도 있다는 블렌딩이 나타난다. 이 과정에서는 확진자가 보유하고 있는 바이러스가 나에게 이동하였건 그렇지 않건, 분명한 것은 확진자의 이동 경로 상 나와 함께 있었던 그 순간의 지점은 바이러스의 이동이 그려진다는 점이다. 만일 나에게 이동하였다면 새로운 경로가 여기서 또 이어지고, 그렇지 않다면 기존의 확진자 경로로 바이러스의 이동은 계속 이어지는 것으로 그려진다. 그 경로들이 보여지는 것이다. 개념적 블렌딩은 나 이외에 다른 사람의 확진과 그 경로까지 상상할 수 있게 한다. 그래서 다른 사람이 당시 확진자와 같이 있어서 확진되어 그들의 경로까지 그려지면 바이러스의 이동 경로 그림은 더 이어진다. 보이지 않는 바이러스는 계속되는 이동 경로를 통해 그 모습을 보여주게 된다.

그리고 지역별 코로나19 확진자 수를 다양한 형태로 표시하는 것도 역시 보이지 않는 바이러스를 보이도록 하고 있다. 이는 지역적 공간 차원에서 바이러스의 강도를 보여주는 것으로, 이 역시 눈에 보이지 않는 바이러스를 눈에 보이도록 한다. 확진자

수가 얼마나 되는가에 따라 그 강도를 표시하는 것이기 때문에
바이러스의 강도, 즉 그 지역에서의 감염 가능성은 해당 지역에
바이러스가 얼마나 존재하는지 눈으로 보여주는 역할을 한다.

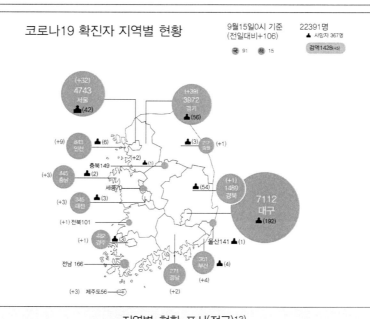

그림 4-2 지역별 코로나19 확진자 수

지역별 현황 표시(전국)13)

---

13) 뉴스1(2020). 코로나19 확진자 지역별 현황, 9월 15일자 기사.

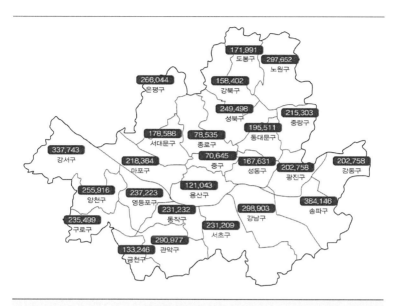

지역별 현황 표시(서울시)[14]

　이 역시 두 입력공간에서 해당 지역 방문이나 해당 지역으로부터 사람들의 이동에 따른 감염을 상상하게 한다. 두 입력공간은 확진자가 많은 지역이라는 입력공간과 현재 본인이 있는 지역이라는 입력공간으로 나누어진다. 이때 본인이 있는 지역의 입력공간은 확진자가 많은 지역일 수도 있고 아닐 수도 있을 것이다. 확진자가 많은 것으로 표시된(강도가 높게 표시된) 지역의 입력공간

---

14) 서울시 코로나19 통합사이트(www.seoul.go.kr/coronaV), 2023년 2월
　　4일 검색.

에는 주요 상권, 거주지, 학교, 영화관, 공원 등이 있고, 마찬가지로 본인이 있는 지역의 입력공간에도 주요 상권, 거주지, 학교, 영화관, 공원 등이 있다. 그 외에도 많은 입력공간의 요소들이 있을 수 있으나 접촉 프레임이나 동선 겹침의 프레임에 의해 한정된다. 특히 내가 평소 일상생활을 위해 지역 내 방문하는 곳을 중심으로 접촉이나 겹침의 여부에 따라 입력요소들의 대응이 일어난다. 이는 교차공간 맵핑이고 총칭공간을 통해 만일 특정 시점에 해당 지역에 방문했다면 바이러스 강도가 높은 상황이기 때문에 감염되었을 수도 있음을 상상하게 된다.

만일 타 지역뿐 아니라 현재 자신이 살고 있는 지역이 확진자가 많아서 바이러스의 강도가 높게 표시되었다면, 확진자의 입력공간과 확진되지 않은 자의 입력공간으로 다시 구분될 수 있다. 현재 확진되지 않은 사람이라면 자신이 방문하는 장소, 시간대, 만난 사람 등이 역시 입력공간의 요소가 되고, 확진자가 방문한 장소, 시간대, 만난 사람이 확진자의 입력공간의 요소가 될 수 있다. 따라서 확진되지 않은 사람은 현재 자신이 살고 있는 지역에 확진자가 많기 때문에 확진자의 입력요소에 대응되는 상황을 상상하여 감염에 대한 가능성이나 주의를 생각한다. 확진자도 마찬가지다. 확진자는 자신이 살고 있는 지역에 확진자가 많기 때문에 자신이 확진되기 전의 입력요소와 자신에게 확진을 시킨 또 다른 확진자의 입력요소를 대응하여 확진 경로를 생각하기도 하

고, 또 한편으로는 확진자로서 현재 자신이 비확진자에게 감염시
킬 수도 있을 가능성 등을 상상하기도 한다. 이런 모습은 눈에 보
이지 않는 바이러스가 지역적 공간으로 이동하는 모습을 다방면
으로 이미지화해서 보여주는 것이다.

　공간적 범위에서 지역의 범위는 다양할 수 있다. 전국이 될
수도 있고 특정 지역 내 세부 지역으로 다시 나누어질 수도 있고,
세계가 될 수도 있다. 특히 [그림 4-3]과 같이 세계지도를 통해
코로나19 감염자 분포를 보여주는 것은 현재 내가 한국에 있으나
미국에 있을 경우, 그리고 일본에 있을 경우 등에 대한 개념적 블
렌딩을 가능하게 한다. 특히 코로나19와 같은 전염병은 취약국가
들에게 더욱 더 취약함을 가져다준다는 점에서 비록 한국에 있지
만 코로나19로 인한 취약한 국가의 취약함을 상상할 수 있게 한
다. 코로나19 세계지도를 보는 한국에 있는 나의 입력공간과 최
빈국의 입력공간은 방역시스템 프레임이나 감염치료 프레임을 통
해 한정해서 본다면 취약함에 대한 상상이 가능해진다. 실제로도
OECD보고서에 따르면 코로나19는 빈곤국가의 빈곤 정도를 더욱
가중시켰기 때문에 그에 대한 상상이 어렵지는 않다.[15] 이처럼
지역을 넘어서 세계적으로 이동하고 퍼져있는 바이러스의 모습도
개념적 블렌딩을 통해 이미지화되면서 바이러스를 보이도록 한다.

---

15) World Bank(2020). *Poverty and Shared Prosperity 2020*, World
　　Bank.

그림 4-3 세계 코로나19 발생 지도16)

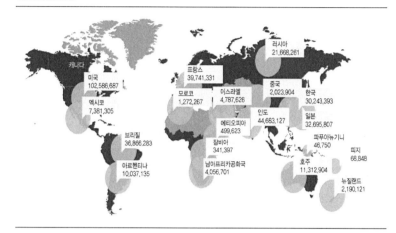

코로나19 확진자 수에 따른 바이러스의 강도를 보여주는 형태의 공간적 이미지 이외에도 또 다른 형태의 공간에서도 바이러스의 모습을 보여주기도 한다. 그 한 예가 선별진료소이다. 코로나19의 감염 가능성이 있는 이들이 감염 여부를 확인하기 위해 방문하는 곳이므로 이곳은 바이러스의 진입과 진출이 혼재된 곳이다. 그런데 선별진료소는 그 위치도 중요하지만 많은 사람들에게는 얼마나 혼잡한가가 더 중요한 정보이다. 혼잡도는 바이러스에 감염되어 바이러스를 보유했을 수도 있는 이들이 많다는 뜻이기 때문에 그것은 곧 바이러스의 강도를 나타내는 모습이다. 그

---

16) 코로나19 세계 지도 홈페이지(covid19.map.naver.com), 2023년 2월 4일 검색.

래서 [그림 4-4]와 같이 선별진료소 혼잡정도를 나타내는 지도
도 정보로 제공되고 있다. 이 지도는 덜 혼잡한 곳에 관한 정보로
도 기능하지만, 그것은 바이러스의 진출입 정도를 보여주는 것이
기도 하다. 특히 내가 사는 곳의 선별진료소 혼잡도를 본다면, 현
재 내가 거주하는 집의 위치와 혼잡한 진료소를 지나게 될 때 혹
시나 모를 전염 가능성을 생각하게 되고, 진료소를 방문한 이들의
이동경로를 내가 이동하는 경로와 대응하여 생각할 수도 있다.

그림 4-4 선별진료소 혼잡 현황[17]

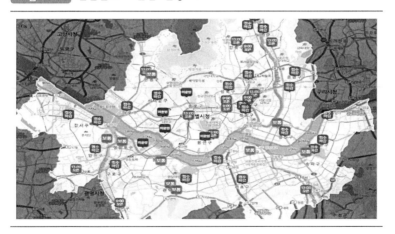

17) 스마트서울맵, 더 스마트한 서울지도(map.seoul.go.kr'smgis2), 2023년
2월 4일 검색.

　　시기별 확진자 추이 변화도 역시 보이지 않는 바이러스를 보이게 해준다. 당초 보이지 않는 바이러스이지만 이 역시 시간 경과에 따른 바이스러스의 전염 강도를 변화로 보여준다면, 일단 증감 추세에 상관없이 시간적 경과에 따른 모습을 보여준다는 자체에서 불안감을 줄이는 데 도움이 될 수 있다. 여기서 입력공간은 나를 기준으로 한다면 현재 나에 대한 입력공간과 내일 나의 입력공간, 또는 어제의 나의 입력공간이 될 수 있다. 현재 나의 입력공간과 내일 나의 입력공간을 놓고 본다면, 각 입력공간의 요소에는 주요 일과가 이루어지는 장소에서 내가 하는 일과 관련된 것들이 해당할 수 있다. 대중교통, 사무실, 점심 식사 장소, 출장 장소 등이 현재와 내일 나의 입력공간 요소가 될 수 있다. 확진자가 점점 증가하는 추세라고 한다면 일하는 장소에 한정되어 서로 교차공간 맵핑이 될 때 내일 코로나19에 확진될 가능성이 상상된다. 감소 추세일 경우라면 내일은 확진의 가능성이 줄어든 내 주위 상황을 이미지화하여 생각할 수 있다. 증가 추세나 정체 추세도 마찬가지다. 바이러스가 시간에 따라 어떻게 존재하고 있는지의 정도를 보여준다.

　　이렇게 보여지는 바이러스는 시기를 어떻게 설정하는가에 따라 다양한 개념적 블렌딩의 여러 모습으로 나타나게 된다. 일별도 가능하고 월별, 연별, 그리고 계절별도 가능하다. 특히 2020년 처음 코로나19가 발생되고 봄을 맞이할 때 바이러스의 특성을 고려하여 여름이 되면 코로나19가 훨씬 줄어들 것이라는 예상을 많이 했다. 이때의 예상은 현재는 봄이지만 여름의 상황을 고려하

여(바이러스 활동 제약 등) 봄과 여름의 각 입력공간 속 요소들이
교차공간 맵핑되면서 현재의 코로나19의 활동이 현저히 떨어져
코로나19 확진자가 감소되는 상상이었다. 겨울을 앞두고 코로나
19 확진자가 증가할 것이라는 예상도 마찬가지다. 실제로 [그림
4-5]처럼 어떤 형태의 그림인가에 따라 시기 설정에 따른 상상
은 다양할 수 있다. 사실, 시간과 공간은 함께 고려할 수 있기 때
문에 앞서 살펴본 지역별 확진자 수에 따른 바이러스의 강도 정
보와 시기별 추세를 함께 고려한 상상도 가능하다. 시기와 지역
의 범위를 각각 어떻게 설정하는가에 따라 수많은 조합이 가능하
기 때문에 다채로운 상상이 된다.

그림 4-5 시기별 코로나19 확진자 추이

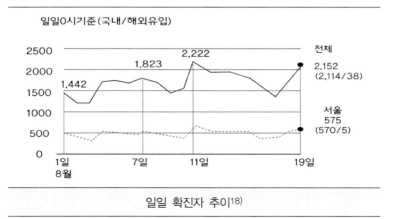

일일 확진자 추이[18]

18) 연합뉴스(2021). 코로나19 신규 확진자 추이, 8월 19일자 기사.

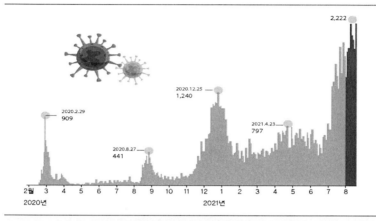

연도별 · 월별 확진자 추이[19]

비교를 통해 보이게 하기

보이지 않는 코로나19는 개념적 블렌딩을 통해 다른 대상과 비교함으로써 보이도록 하기도 했다. 기존에 알려진 바이러스와 비교하여 코로나19를 이미지화하는 것이다. 이 역시 개념적 블렌딩에 따라 이루어졌다. 그래서 코로나19는 바이러스임은 분명하므로 바이러스의 일반적 속성을 지니고 있기 때문에, 바이러스의 일반적 속성이 포함된 입력공간이 하나 존재한다. 다른 쪽의 입력공간은 기존에 알려진 바이러스의 속성에 해당하는 요소들이

---

19) 연합뉴스(2021). 코로나19 신규 확진자 추이, 8월 19일자 기사.

자리 잡는다.

예를 들면, 코로나19 발생시 많이 언급되었던 과거 흑사병이나 비교적 최근의 바이러스인 사스나 H1N1, 그리고 메르스 등에서 발견된 특징이 다른 쪽 입력공간이 된다. 기존 바이러스는 특정 바이러스로 한정할 수도 있고 기존의 몇 개로 묶인 바이러스의 공통 특징 등을 중심으로 입력공간을 구성할 수도 있다. 감염률, 전파속도, 감염재생산력, 치사율, 잠복기 등이 각 입력공간 속 요소들이 된다. 이 요소들은 총칭공간에서 한정된 바이러스의 주요 속성 프레임을 통해 요소별 대응을 시킨 후 기존에 알려진 바이러스 모습(특정 바이러스 또는 여러 바이러스의 공통점)에 기초하되 새로운 속성을 반영한 모습을 만들어낸다. 즉 코로나19의 감염률과 메르스의 감염률을 비교하고 또 치사율이나 잠복기 등을 비교하여 메르스 모습으로 알려진 데서 코로나19의 모습을 내비시켜 이미지화하는 것이다. 이는 코로나19가 메르스의 요소에 대응되는 과정으로, 이때 코로나19만의 특수성이 부각되고 반영된다.

이처럼 새로운 바이러스인 코로나19의 이미지는 메르스 등 기존 바이러스의 주요 속성 프레임에 의한 개념적 블렌딩을 거쳐 그 윤곽을 그려 심상(心像) 속 어느 위치에 두게 된다. 모르거나 생소하면 기존의 유사한 것과 비교하는 작업을 거쳐 일단 마음속 어딘가에 두는 것과 같은 맥락이다. 실제로 코로나19 발생에 따라 아래와 같이 기존에 발생된 바이러스와 비교하는 내용이 자주 등장하였다.

2000년대 이후 세계를 휩쓴 역대 바이러스는 사스, H1N1, 메르스, 코로나19를 꼽을 수 있다. 사스는 2002년 11월에 최초 발생하여 전 세계 감염자는 8,096명이고 사망자는 774명이었다. 국내 감염자는 4명이었다. H1N1는 2009년 미국에서 최초 발생하여 전 세계 감염자는 1,632,258이고 사망자는 19,633명이었다. 메르스는 2012년 사우디아라비아에서 최초 발생했다. 전 세계 감염자는 1,288명이고 사망자는 498명, 국내 감염자는 186명이고 사망자는 38명이다.[20)]

바이러스 종류는 1, 2, 3, 4급이 있는데 코로나19는 1급에 해당한다. 1급에는 사스, 메르스 등을 포함 총 17종이 있고, 2급에는 결핵, 수두, 홍역이 해당하며 총 20종이 포함된다. 3급은 파상풍이나 말라리아가 되고 총 26종이 있다. 4급은 수족구병 등 총 23개 종이 존재한다.[21)]

비교에 의한 개념적 블렌딩으로 이미지화된 코로나19는 보다 직접적으로 그림으로 나타나기도 한다. 눈으로 볼 수 없는 바이러스를 눈에 보이도록 한다는 것인데, 어떻게 생겼는지를 직접 보여준다는 것이다. 물론 이 역시 기존 바이러스가 직접적인 그림으로 나타난 데서 비롯된 것이기도 하다. 비교를 통한 개념적

20) 대한민국역사박물관(2020). 인류와 함께 살아온바이러스, 「역사공감」, 제 20-2호, Vol.28.

21) 대한민국역사박물관(2020). 인류와 함께 살아온바이러스, 「역사공감」, 제 20-2호, Vol.28.

블렌딩이 기존의 바이러스 모습으로 알려진 데서 코로나19의 모습을 대비시켜 이미지화하는 것이므로, 기존 바이러스 모습의 그림을 두고 코로나19 바이러스의 특수성이 반영된 그림으로 나타내는 것이다. 예를 들면, 치사율이 낮다면 기존 바이러스 그림에서 치사율에 해당하는 부분을 덜 강조하거나, 감염율이 높다면 역시 기존 바이러스 그림에서 감염율에 해당하는 부분을 더 강조하는 형태의 그림으로 나타내는 것이다.

실제로 코로나19는 사람을 포함한 다양한 동물에게 감염을 일으키는 기존 코로나 바이러스의 변종으로, 외피가 돌기로 둘러싸여 있는 것이 특징이라서 기존 바이러스와 비교할 때 마치 왕관(Corona) 모양처럼 보인다고 해서 '코로나'라는 이름을 붙였고 그에 따라 왕관 모양의 그림으로 많이 표현되었다. 기존의 바이러스 모양에 대응되는 특징을 포착하여 그것을 중심으로 눈에 보이도록 그리는 것이다. 물론 그러한 세부적 내용을 반영하기보다는 전체적인 모습은 기존에 알려진 바이러스 그림으로 나타내되, 코로나19는 분명 기존과는 다르므로 기존 그림과는 조금 다르게 그리기도 한다. 중요한 것은 세부적 내용을 정교하게 반영하건 그렇지 않건 비교를 통한 개념적 블렌딩으로 이미지화된 코로나19는 비교 지점에서 멈추는 것이 아니라, [그림 4-6]과 같이 코로나19 모습 자체를 직접 보여주는 그림으로까지 나타내게 된다는 사실이다. 보이지 않는 바이러스를 보이도록 하는 가장 직접적인 모습인 것이다.

그림 4-6 코로나19 모습

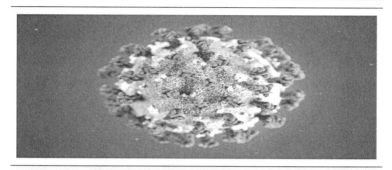

코로나19 모습22)

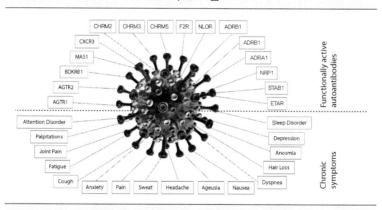

코로나19 모습과 후유증 표시23)

22) 동아사이언스(2020). 코로나19 감염력 무증상·경증 10일 중증 20일 간다…전세계 논문 77편 분석 결과, 10월 21일자 기사

23) Dotan, Arad, Paula David, Dana Arnheim and Yehuda Shoenfeld (2022). The autonomic aspects of the post−COVID19 syndrome,

기존의 다른 바이러스와 비교를 하며 코로나19를 이미지화하는 작업은 미래에는 코로나19를 기존 바이러스로 삼아 새로운 바이러스의 출현을 예측하는 데까지 나아간다. 코로나19 이미지를 위해 기존의 다른 바이러스를 살펴보게 되고 그때 나름의 경향성이 발견되면 그 작업은 계속된다. 코로나19 이후의 새로운 바이러스의 예측이나 경향성 진단을 해보는 것이다. 이러한 과정은 코로나19의 이미지가 전제된 이후의 작업이기 때문에 코로나19의 이미지를 더욱 공고화하는 역할을 한다. 전제로 사용된다는 것은 그 전제의 존재를 의미하는 것이기 때문에 이미지화된 코로나19는 그 이후 새로운 바이러스를 이미지화하는 데 기여한다. 실제로 정부에서는 바이러스의 출현 주기가 점점 짧아지고 있다는 경향성을 진단한 뒤 미지의 감염병(Disease X)에 대한 대응을 담당기관의 주요업무로 포함시켰다.[24] Disease X는 코로나19 이미지까지 고려된 바이러스이기 때문에, 코로나19는 어느 한 편의 위치에서 코로나19만의 모습으로 놓여 있는 상태가 된다. 이처럼 새로운 바이러스를 위해 코로나19의 이미지가 전제되고 그 전제된 작업은 코로나19의 이미지를 강화하고, 그 결과는 새로운 바

Autoimmun Reviews, 21(5): 103071(10.1016/j.autrev.2022.103071).
24) 질병관리청(2013). '위기에서 일상으로, 안전하게 건강하게' 비전 하에 2023년 질병관리청 주요업무계획 발표, 1월 9일자 보도자료.

이러스의 이미지를 그리는 데 도움이 되는 과정을 거치면 코로나
19 이미지는 보다 더 축적되고 강화된다.

코로나19 자체의 전파

지금까지 보이지 않는 바이러스의 보이는 모습은 코로나19
확진자 중심의 움직임이나 발생 정도, 그리고 다른 바이러스와
비교를 통한 방식으로 나타난 것들이었다. 모두 바이러스 자체의
전파 모습이라기보다는 상대적인 상황(확진자의 이동, 확진자 추이,
다른 바이러스와 비교 등)에 의해 코로나19가 이미지화된 것들이었
다. 그렇다면, 바이러스 자체의 전파를 보여줌으로써 바이러스를
보이게 하지는 않았을까?

사실, 이는 정부 관료가 바이러스 예방을 위해 가장 많이 사
용하는 방법 중 하나이다. 바이러스가 어떻게 감염되는지를 보여
주면 그것이 바로 예방을 위한 강력한 메시지가 되기 때문이다.
우리나라 정부의 경우 질병관리청에서 코로나19 예방을 위해 별
도로 마련한 홈페이지(ncv.kdca.go.kr)에서 코로나19 전파 방법을
아래와 같이 세 문장으로 정리해서 소개하고 있다.

코로나19에 감염된 사람의 호흡기 침방울을 통해 바이러스가 배출
됩니다.
호흡기 침방울을 직접 들이마시거나 눈, 코, 입의 점막에 오염되어
전파됩니다.
감염된 사람과 2미터 이내에서 밀접 접촉하는 경우 감염위험이 높
습니다.[25]

이러한 코로나19의 전파 방법 소개 역시 개념적 블렌딩에
의한 바이러스 이미지를 상상하게 해준다. 감염되지 않은 나와
감염된 상대방이 만나서 이야기를 나누는 상황을 보면, 우선 각
각 입력공간이 만들어진다. 즉, 감염되지 않은 나의 입력공간과
감염자의 입력공간이 만들어진다. 각 입력공간에는 대화 시 나의
침방울과 상대방의 침방울, 나의 눈, 코, 입의 점막과 상대방의
눈, 코, 입의 점막, 그리고 상대방과 가까이 앉아 있는 나와 상대
방 역시 나와 가까이 앉아 있는 상황이 각 요소가 된다. 이때 감
염되지 않은 나와 감염자 간 교차공간 맵핑이 생기는데, 그것은
총칭공간에서 바이러스 전파 프레임에 의해 서로 대응된다. 감염
되지 않은 나의 침방울과 감염자의 침방울, 그리고 둘 각각의 눈,
코, 입의 점막, 또 각각이 상대방과 가까운 거리에 있다는 점이
그에 해당한다. 감염되지 않은 나의 입장에서는 감염자를 만날

<hr/>

25) 코로나19 예방접종 누리집 홈페이지(ncv.kdca.go.kr).

때 침방울, 눈, 코, 입, 등을 통해 바이러스가 내 몸속으로 전파됨을 상상하게 된다. 이때 특정된 작은 공간의 신체 부위는 그 자체가 그 속에 집약된 바이러스가 된다. 침방울, 점막, 2미터 이내의 마주봄은 집약된 바이러스가 머물거나 깊이 침투한 지점이 되어 그곳은 보이지 않는 바이러스를 보게 되는 지점이자 그 지점이 곧 바이러스다.

보이지 않는 바이러스를 보이도록 하는 개념적 블렌딩에 의한 상상은 실제 정부나 공공기관에서 [그림 4-7]과 같이 그림으로 제작하여 그 선명도를 훨씬 높였다. 위에서 언급한 전파 방법에 의한 설명이 없더라도 아래 그림으로도 개념적 블렌딩은 가능하다. 감염자의 침방울, 눈, 코, 입, 그리고 공기를 통한 바이러스의 전파 모습을 담은 그림은 감염자의 입력공간이 되고, 아직 감염되지 않는 나의 침방울, 눈, 코, 입, 그리고 누구에게나 노출되어 있는 공기는 나의 입력공간이 된다. 앞서 질병관리청에서 전파 방법을 소개한 세 문장에서 생산되는 방식처럼 코로나19의 이미지가 그려질 수 있다.

그림 4-7 코로나19 전파 예시

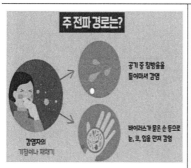

예시 그림①[26)

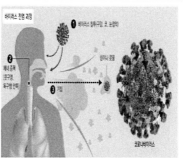

예시 그림②[27)

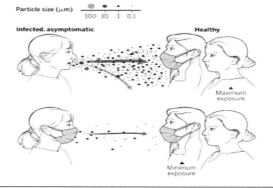

예시 그림③[28)

---

26) 질병관리본부 홈페이지(현재는 질병관리청, www.kdca.go.kr).

27) 동아일보(2020). 코로나에 감염되면 왜 후각을 잃어버릴까, 9월 8일자 기사.

28) Prather, Kimberly A., Chia C. Wang, Robert T. Schooley(2020).

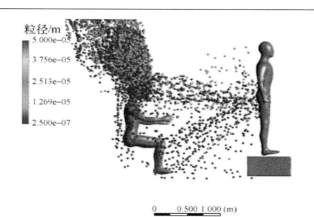

粒径/m
5.000e-05
3.756e-05
2.513e-05
1.269e-05
2.500e-07

0   0.500 1.000 (m)
  0.250   0.750

예시 그림④[29]

위 예시 그림③은 특히 공기를 통한 감염을 강조한 그림이
다. 무증상 감염자가 바이러스를 배출할 때 에어로졸에 의한 감
염이 조용히 일어나고 있는데 이때는 바이러스 입자 크기나 쌍방
간 마스크 착용 여부를 고려할 때, 결국 모두가 마스크를 착용함으
로써 가장 최소한의 전파가 이루어진다는 것을 그림으로 보여준
다. 이 그림은 국외 연구동향을 살펴볼 필요가 있을 때 우리나라
정부 등 관공서에서 많이 사용했던 것이다. 관료들은 이 그림을 그

Reducing transmission of SARS−CoV−2, *Science*, 368(6498): 1422
  −1424.
29) SBS뉴스(2022). 코로나 바이러스, 보행자의 등·엉덩이에도 붙어, 4월 16
  일자 기사.

대로 활용하거나 아니면 인용 형식의 설명으로 많이 사용했다.

예시 그림④는 코로나19 바이러스가 지나가는 사람의 등과 엉덩이를 통해서도 전파될 수 있다는 연구결과를 보도한 기사에 실린 그림이다. 중국 칭화대 연구팀에 의해 분석된 연구에서는 인체의 움직임으로 생성된 난기류를 타고 바이러스가 사람의 뒷부분으로도 전파될 수 있음을 발견했고, 그것을 보여주는 그림이다. 사람 뒤에 수많은 바이러스가 그려져 있다. 이 연구에 대해서는 다소의 논란은 있지만 제로 코로나 정책을 강조하는 중국 정부는 이를 근거로 더욱 강력한 방역 정책을 펼 수도 있다는 견해도 있다.[30] 중요한 것은 연구의 실효성 여부를 떠나 정부 관료는 이러한 가능성을 언어로 설명한다는 사실이다.

정부 관료가 전파 방법을 설명하는 것이나 그에 따른 그림을 통해 코로나19를 보이도록 한 이유는 결국 예방 수칙을 강조하기 위한 것이다. 전파 경로를 차단하는 것은 예방 수칙을 지키는 것이고, 그렇게 할 때 바이러스가 퇴치된다고 생각할 수 있다. 그래서 예방 수칙을 지키는 모습([그림 4-8]의 왼쪽)이나 그로 인한 안전한 생활에 관한 그림([그림 4-8]의 오른쪽) 역시 아직 감염되지 않은 나의 입력공간과 예방 수칙을 잘 지켰을 때의 입력공간으로 구성된 개념적 블렌딩을 가능하게 한다. 이 역시 보이지 않는 바

---

30) SBS뉴스(2022). 코로나 바이러스, 보행자의 등·엉덩이에도 붙어, 4월 16일자 기사.

이러스이지만 퇴치되는 바이러스의 모습으로, 그리고 보호막 밖에 위치한 바이러스의 모습으로 보이는 바이러스 이미지가 그려진다. 아래 그림은 그 선명도를 높여주지만, 사실 아래 그림을 말로 표현해도 비록 상대적으로 선명도는 떨어지겠지만 같은 효과인 바이러스를 보이게 한다. 관료가 예방 수칙을 강조하는 말이 곧 여기에 해당하는 것이다.

그림 4-8 인간과 바이러스가 싸우는 그림

예방 수칙 잘 지키는 그림①[31)	안전한 보호막의 그림 ②[32)

---

31) 유튜브(2023). 뽀로로 안전 캠페인 영상
   (https://www.youtube.com/watch?v=AxZA4N6M9QQ)
32) 질병관리청 홈페이지(현재는 질병관리청, www.kdca.go.kr).

사실, 코로나19로 인해 가장 친숙해진 것이 마스크이다. 예방 수칙을 잘 지키는 데 포함되는 것도 마스크를 올바른 방법으로 잘 착용하는 것이다. 정부는 마스크 착용의 중요성과 올바른 착용을 위해 수없이 많은 안내를 하였고(예, 대중교통 중 전철역과 차량 내부에서 수시로 방송), 심지어 코로나19 발생 초기에 마스크가 부족하여 일명 공적 마스크 제도인 마스크 5부제를 시행하기도 했다. 1인당 2매씩의 공적 마스크를 출생연도 끝자리에 따라 지정된 요일에만 구매할 수 있게 할 정도였다. 마스크의 중요성을 강조하는 만큼, 마스크가 바이러스를 막아준다는 것을 보다 직접적으로 표현하고 있는 그림이 있다. [그림 4-9]와 같이 마스크 표면에 바이러스 그림이 그려져 있어서 마스크가 이를 걸러 주는 듯 한 모습을 보여준다.

그림 4-9 바이러스가 그려져 있는 마스크 표면

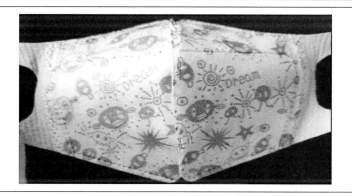

아래는 앞의 제3장에서와 마찬가지로 2020년 1월 1일부터 2022년 12월 31일 동안 우리나라 언론매체 기사(경향신문, 동아일보, 매일경제신문, 문화일보, 조선일보, 중앙일보, 한겨레, 한국경제신문, 한국일보, KBS, MBC, SBS)에 달린 댓글 중 보이지 않지만 보이는 것으로 표현한 내용 중 일부이다. 여기서도 보이지 않는 바이러스이지만 코로나19의 전파 방법이나 확진자의 이동경로에서 이미지화된 바이러스를 상정하고 있음을 확인할 수 있다.

"장갑 낀 손으로 확진자 마스크 벗고 있고, 거기서 바이러스 가득한 곳에까지 긴 면봉 밀어넣고, 바이러스가 가득 묻은 그 면봉이 좁은 콧구멍을 빠져나오면 공기 중에 많이 퍼질 것이고, 검사자는 계속 같은 방역복에 심지어 같은 장갑 계속 끼고 있고, 게다가 그 장갑으로 온갖 것 다 만지고....ㅋㅋ마스크 벗고 검사 받으면 확진자가 주변에 바이러스 다 퍼트리지요. 검사소 주변과 검사 하는 사람 옷과 마스크에, 또 주변에 죄다 바이러스 천국 서식지 아닙니까?"

"코로나확진자 이동경로앱만 만들면 바로 해결될 문제인데, 왜 아무도 그 생각을 못하는 걸까?"

"감염경로가 정확하지 않고 불특정 다수가 있는 밀폐된 장소에서 일어난 전파에 많은 확진자 발생이 예상된다. 지금부터라도 조금이라도 전파가능성을 낮추기 위해서 클럽방문자들이 자진신고를 통해 검사를 받고 자신의 건강뿐만 아니라 가족의 건강도 확인하길 바란다."

"확진자는 이미 콩나물 시루 같은 전철, 버스에서 생기는데…"
"코로나 확진자 이동경로앱만 만들면 바로 해결될 문제인데, 왜 아무도 그 생각을 못하는 걸까?"

관료의 언어와 이미지 생산

제5장

함께할 수 없지만 함께하는 이미지

제5장

함께할 수 없지만 함께하는 이미지

1. 코로나19와 함께하기의 의미와 함께하는 모습

인류의 역사에서 어떤 대상과 '함께'라는 말이 지금처럼 적극적인 경계의 대상이 된 적은 몇 번 없었을 것이다. 과거에도 전염병 유행 시기가 있었기 때문에 그때도 '함께'는 경계의 대상이었지만 지금에 버금갈 정도는 아니었다. 과거와 달리 지금은 매스미디어의 발달 덕분에 대대적으로 어떤 행위의 경계나 금지를 강조하는 홍보가 효과적이게 되었고, 또 과거에는 불가피하게 함께해야만 하는 일들이 많았던 반면 각종 기술이 발달한 오늘날에는

굳이 함께하지 않더라도 많은 것을 해결할 수 있는 시대가 되었
다. 그래서 코로나19가 발생함에 따라 그 어느 때보다도 더욱 '함
께'를 경계하는 언어가 적극적으로 사용되었다.

함께를 경계하고 금지한다는 것은 함께 함으로써 미치는 부
정적인 영향 때문이다. 바이러스 특성상 코로나19는 인간과 같은
숙주가 서로 함께할 때 전파될 수 있는 가능성이 높아진다. 실제
로 그동안 주로 비말을 통한 분사 전파와 오염된 손 등 신체에
의한 접촉 전파를 주 전염 경로로 생각했으나, 최근에는 미국 질
병통제예방센터(Centers for Disease Control and Prevention)가 공기
전파도 코로나19의 주요 전염 경로로 공식 인정했다. 6피트(1.8미
터) 이상 떨어져 있어도 공기 중 바이러스를 흡입할 수 있다고 특
별히(공지 글자를 크고 굵게 표시하는 등의 방법으로) 공식적으로 강조
한 것이다. 세계보건기구(WHO) 역시 공기 전파를 코로나19 전파
경로에 포함시켰다.[1] 따라서 코로나19 감염은 확진자와 직접(밀
접) 접촉하는 경우 이외에도 일정한 범위 내에서 함께하는 것의
위험성이 공식화된 것이다.

그동안에는 접촉 이외의 함께 있는 행위만으로는 감염 가능
성을 완전 배제할 수 없다고 생각하는 정도였지만 실제는 그렇지
않았던 것이다. 그래서 앞서 제4장에서도 살펴보았듯이 이미 우

---

1) 한겨레(2021). 짐작은 했지만…공기전파, 코로나 주요 감염경로로 공식 확
   인, 5월 13일자 기사.

리나라의 경우 정부는 바이러스 감염에 민감해 있는 상황이라서 국민들이 확진자는 물론이고 확진 의심자나 비단 그렇지 않는 사람이라고 해도 서로 접촉하지 않도록 했고, 동시에 가급적 함께할 기회도 최소화하도록 했다. 조르조 아감벤의 말처럼 인간들 사이에 가능한 순수 수단으로서 관계인 '접촉'이 어느샌가 '전염 가능성'과 같은 말이 된 것처럼,[2) 이제는 공식적으로 그 범위를 더욱 넓혀서 '함께'하는 것도 곧 전염 가능성이 존재하게 된 것이다. 그래서 더욱 더 이제는 함께하자는 말을 섣불리 하기 꺼려지게 되었다.

이처럼 코로나19 발생 상황에서 함께의 의미는 사람들 간 공간을 공유하며 같은 곳에 위치하는 행위를 말한다. 가장 기본적인 의미의 '함께'이다. 코로나19 발생은 이러한 함께의 의미와 더불어 또 다른 차원의 함께의 의미도 사용되었다. 그것은 인간과 바이러스 간 함께이다. 앞의 '함께'가 인간끼리의 물리적 거리에 둔 의미라면, 여기서 말하는 함께는 인간과 바이러스간 공존의 의미이다. 바이러스에게 인간은 숙주라서 바로 그 점으로 인해 현재 문제(감염)가 발생하는 것이기 때문에 인간과 코로나19가 계속 함께할 수 없다. 요컨대, 코로나19 발생에 따라 전염 가능성 때문에 사람들 간에 함께할 수도 없고, 또 인간과 바이러스의 삶

---

2) 조르조 아감벤(2021). 「얼굴 없는 인간: 팬데믹에 대한 인문적 사유」, 효형출판, p.18.

을 각각 고려하면 사람과 바이러스로서의 코로나19가 함께할 수
도 없다.

그럼에도 불구하고 코로나19가 발생함에 따라 함께할 수 없
지만 함께하는 이미지가 만들어졌다. 그 이유는 당초 인간은 함
께 살아갈 수밖에 없는 존재이기 때문이고, 또 더 이상 코로나19
의 완전한 박멸이 불가능한 상황이라는 판단 때문이다. 다시 말
해, 정부 관료는 코로나19 전염과 확산 예방을 위해 끊임없이 사
람들 간 함께하는 것을 지양(또는 시기에 따라 금지)하도록 하고 있
지만, 한편에서는 인간은 서로 함께 살아가는 존재이므로 그것을
위해 서로 함께하는 이미지를 만든다. 인간과 바이러스 간 함께
하는 것도 마찬가지다. 생물학적 지위 관계에서 하나는 인간이고
다른 하나는 숙주 없이 살아갈 수 없는 바이러스이므로 대응 관
계는 공생이 아니다. 하지만 이제는 인간이 바이러스와 함께 살
아가야하는 단계에 이르렀다고 말하기도 한다. 그 단계는 정부가
결정하여 공식화한다.

그렇다면 함께할 수 없지만 함께하는 이미지는 어떻게 생길
까? 이를 위해서는 코로나19 때문에 함께할 수 없지만 원래는 함
께할 수 있는 요소를 하나의 입력공간으로 설정한다. 즉, 코로나
19가 없을 때 함께하는 모습에 해당하는 요소들이 포함된 입력공
간이다. 악수, 테이블에 함께 앉기, 마주보며 대화하기, 잔을 부딪
치며 건배하는 행위 등이 해당될 수 있다. 또 다른 입력공간은 코

로나19로 인해 새로 제시된 방안인 즉, 실제 함께는 아니지만 함께 할 수 있는 것으로 여겨지는 상황으로 구성된 형태(장치 및 방안 등)를 통해 해당하는 요소를 또 다른 입력공간으로 둔다. 예를 들어 입력공간 속 요소에는 상대방을 상징하는 물건, 캐릭터를 의자에 앉혀 놓기, 사진(화면 속 사진 등), 이모티콘 등이 해당될 수 있다. 이 두 입력공간 속 요소들은 총칭공간 속 일정한 프레임에 의해 교차공간 맵핑이 이루어진다.

물론 아무런 프레임 없이 교차공간 맵핑이 나타나는 것은 아니다. 함께하는 것을 보여주는 여러 사례들이 있겠지만 그 중 하나인 '함께 일하기'를 예로 든다면, 총칭공간에서 함께 일하기 프레임에 의해 요소들이 대응될 수 있는 한정이 이루어지고 그에 따라 두 입력공간 간 요소들이 대응되면서 교차공간 맵핑이 이루어진다. 실제 함께 일할 때의 요소와, 실제 만나서 일하는 형태는 아니지만 함께 일하는 것으로 여겨지는 상황으로 구성된 형태에서 일하는 요소가 각 입력공간에서 대응관계로 맺어진다. 그에 따라 개념적 블렌딩에 의해 실제는 함께 일하지 않지만 함께 일하는 이미지가 만들어진다. 함께 '일하는 프레임' 이외에 함께 '만나는 프레임'이나 함께 '회의하는 프레임' 등도 마찬가지다. 여기에 대한 구체적인 사례는 다음에 이어지는 '2. 코로나19와 함께하기'에서 자세히 다룬다.

인간과 바이러스가 함께하는 이미지도 마찬가지다. 인간과 바이러스가 함께한다는 것은 함께 살아가는 것을 의미한다. 그러나 바이러스는 인간의 삶과 같은 삶을 살아갈 수는 없다. 무엇보다도 바이러스는 인간과 같은 성질의 생명체로 보기 힘들다. 바이러스는 아주 작은 크기의 감염성 입자로써 생명체와는 다른 점이 뚜렷하다. 생리 대상 작용이 없고, 숙주 등 다른 생명체에 기생하는 등의 모습으로 살아갈 수 있어서 일반적인 생명체들과는 달리 스스로의 힘으로 자라나거나 살아갈 수 없다. 사람을 비롯한 동물과 식물 등 다른 생명체에 들어가야만 살아갈 수 있다. 감염을 통해 증식하는 것이다. 이는 분명 흔히 말하는 삶을 살아가는 생명체는 아님을 의미한다. 따라서 엄밀히 말하면 바이러스 자체가 스스로 생명체로서 살아갈 수 없기 때문에 인간과 바이러스가 함께 살아가는 것도 가능하지 않다. 그래서 인간과 코로나19가 '함께할 수 없지만 함께하는' 이라는 말에서 '함께할 수 없지만'이라는 선행 단서가 있는 것이다.

이렇게 볼 때 코로나19와 인간이 함께할 수 없지만 '함께한다'는 말은 삶을 함께 살아간다는 의미가 아니라 코로나19의 완전한 퇴치가 어렵다는 의미이다. 완전한 퇴치는 어려워 계속 존속될 것이므로 그 존속을 인정하여 확진자나 비확진자가 함께 생활하는 것이 큰 문제가 되지 않은 상황이 된 것을 말한다. 특히 치사율에서 그렇다. 그것을 두고 함께 한다는 것이므로, 그런 의미에서의 코로나19와 인간이 함께하는 이미지를 만들게 된다. 이를 위한 하나의 입력공간에는 코로나19에 감염되지 않은 사람이 살아가는 모습이 담기고, 코로나19에 감염된 사람이 살아가는 모습이 또 다른 입력공간이다. 즉, 감염되지 않은 사람이 살아가는 주요 모습을 나타내는 요소가 포함된 입력공간과 확진되었거나 확진 경험이 있는 사람이 살아가는 모습과 관련된 요소가 포함된 또 다른 입력공간이 존재한다. 이 두 입력공간은 총칭공간 속에서 일상생활의 프레임으로 한정되어 교차공간 맵핑이 일어나면서 함께 살아가는 이미지가 생산된다. 이에 대한 사례들은 이어지는 글에서 확인할 수 있다.

2. 코로나19와 함께하기

인간과 인간이 비대면으로 함께하기

코로나19는 사람들 간 관계에서 커다란 제약이 되었다. 가장 큰 제약은 사람들이 함께할 수 없도록 한 것이었다. 함께 만나고, 대화하고, 놀고, 먹고, 일하는 등 모든 함께하는 행위에 제약이 되었다. 적어도 코로나19로 인해 사람들은 물리적 차원에서는 함께할 수 없게 되었다. 그렇다고 해서 애초에 함께 살아온 인간이 그냥 있지는 않았다. 불가피하게 물리적 차원의 거리는 유지했지만 비물리적 차원의 거리까지는 멀리하지 않았다. 보건복지부에서 제작한 코로나19 대응을 위한 생활 속 거리두기 캠페인 송의 가사도 "좋아한다면 사랑한다면 거리는 멀게 마음은 가깝게"이다. 또 "떨어져 있어도 마음은 가까이" 등의 홍보 자료를 만들어서 배포했다.3) 물리적 거리는 멀게 할 수밖에 없지만 그래도 가까이 있다는 마음을 지니자는 내용이다. 그래서 비물리적 차원의 거리를 좁히는 여러 방법은 오히려 더 적극적으로 활용되었다. 즉, 물리적으로 한 공간에 가까이 있기는 힘들어도 함께하는 마음이 생기도록 하기 위해 다양한 기술적 방법이 활용되었다. 그리고 개념적 블렌딩에 의한 이미지 생산 역시 그에 기여하였다.

---

3) 보건복지부(2020). 5일간 강력한 사회적 거리 두기, 정부부터 앞장서 실천한다!, 별첨 자료, 3월 22일자 보도자료.

　서로가 함께할 수 없음에도 불구하고 함께하는 이미지는 우선 각종 비대면 조치에서 등장한다. 비대면 조치는 대면을 대신해서 이루어지는 것으로, 같은 공간에서 얼굴을 맞대지 않고 서로 만나는 것을 의미한다. 여기서 말하는 같은 공간은 동일한 시점에 위치하고 있는 물리적 공간이고, 얼굴을 맞대는 것도 같은 물리적 공간에서 위치하고 있을 때를 말한다. 그런데 물리적 공간에서 함께 있지 못하니 물리적 공간에서 얼굴을 맞대는 것도 불가능하다. 하지만 함께에 대해 물리적 공간에 한정된 사고에서 벗어나 보면 다른 형태의 함께가 가능함을 알 수 있는데, 그것이 바로 비대면을 통한 함께이다.

　비대면 수업, 비대면 회의, 비대면 근무(재택근무), 비대면 진료, 비대면 면접, 비대면 평가(심사), 비대면 시험, 비대면 모임, 비대면 제사, 비대면 졸업식, 비대면 상담 등은 모두 물리적 공간이 아닌 형태로 함께하는 사례들이다. 실제 같은 현장 속 공간에서 함께하는 것은 아니지만 함께하는 것으로 여겨지는 이 사례들은 앞서 언급한 즉, 사람들 간에 서로 함께할 수 없지만 함께하는 이미지를 개념적 블렌딩으로 생산한다. 현재는 함께할 수 없지만 원래는 함께 할 수 있는 요소를 하나의 입력공간으로 하고, 코로나19로 인해 새로 제시된 방안으로 실제 함께는 아니지만 함께할 수 있는 것으로 여겨지는 상황으로 구성된 형태(장치 및 방안 등)에서 해당하는 요소를 또 다른 입력공간으로 한다. 이때 함께하는 것으로 여겨지는 상황으로 구성된 형태 즉 장치나 방안이 바로 비대면 수업, 비대면 회의, 비대면 근무, 비대면 의례(儀禮) 등이 되는 것이다. 개념적 블렌딩이 적용될 때 적용되는 프레임에 따라 각각이 다르게 적용된다. 즉 수업 프레임이라면 비대면 수업에서 함께 수업하는 개념적 블렌딩이 생기고, 일하는 프레임이라면 비대면 근무인 재택근무가 이루어질 때 함께하는 개념적 블렌딩이 생기는 것이다.

비대면 수업이지만 개념적 블렌딩에 의해 함께하는 수업 이미지가 생산되는 예를 들면 다음과 같다. 실제 강의실에서 모두가 함께 참여하여 수업이 이루어질 때의 요소들이 포함된 입력공간이 하나 존재하고, 비대면 수업 방식으로 진행될 때의 요소들이 포함된 또 다른 입력공간이 존재한다. 전자에는 강의 하는 교수, 강의실에 앉아서 강의를 듣는 학생, 질문하는 학생, 강의실 칠판, 강의실 학생 책상, 종이 책, 종이 노트, 강의실 의자 등이 포함되고, 후자에는 영상 속 교수(얼굴이 나오기도 하고, 목소리만 나오기도 하는 교수), 집이나 카페 등의 의자에 앉아 있는 학생, 화면 속 질문 창, 화면 모니터 칠판, 집이나 카페 테이블과 의자, 영상 속 종이책 또는 화면 속 전자책, 전자 노트, 마이크, 스피커, 레이저 포인터 등이 포함된다. 두 입력공간은 수업 프레임에 따라 교차공간 맵핑이 이루어지는데, 강의실 속 교수와 영상 속 교수, 강의실에 앉아 있는 학생과 자신들의 집(혹은 카페)에 앉아 있는 학생, 강의실 학생의 질문과 화면 속 질문 창을 통한 질문, 강의실 학생 목소리와 컴퓨터에 부착된 마이크, 종이 노트와 전자 노트, 교수의 말소리와 화면 속 스피커, 강의실 칠판을 가리키는 지시봉 및 손가락과 영상 화면 속 레이저 포인터 등이 각각 그에 해당한다. 총칭공간에서 수업 프레임에 한정된 이런 모습은 물리적 공간의 거리에도 불구하고 함께하도록 느끼게 한다.

　　함께하는 수업의 이미지는 메타버스(metaverse)가 활용될 때 더 효과적이다. 이를 통해서는 앞서 제4장에서 살펴본 보이지 않지만 보이는 이미지의 방법까지 함께 활용된다. 메타버스란 단어의 뜻대로 본다면, 메타(meta)라는 접두어가 의미하는 '초월하다'라는 뜻과 우리가 살고 있는 '세계' 혹은 '우주'를 의미하는 유니버스(universe)라는 단어가 융합되어 현실 세계를 초월한 가상세계를 의미한다.[4] 하지만 여기서 현실을 초월한다는 말은 초월적 세상을 의미하기 보다는 물리적 공간을 초월한 의미로써, 비록 물리적 공간은 다르더라도 현실세계에 기반한 활동이 이루어지는 세계를 말한다. 그래서 현실세계와 같은 사회·문화·경제 활동이 이루어지는 가상세계를 의미하는 것으로 흔히 사용된다.[5] 중요한

---

[4] 메타버스라는 단어는 공상과학 소설가인 닐 스티븐슨(Neal Stephenson)의 작품 'Snow Crash'에서 최초 사용되었다고 한다. 김희철·박일준·김묘은(2023). 교육용 메타버스 플랫폼 개발을 위한 제언: 델파이 연구를 중심으로, 「한국컴퓨터정보학회논문지」, 28(2): 235-246, p.236.

[5] 성영조·이유진·이영석·김영록(2022). 경기도 메타버스 적용을 위한 실

것은 가상세계이지만 현실세계와 같은 활동이 이루어진다는 점이다. 메타버스 안에서는 3D를 기반으로 인간을 대신하는 아바타가 존재하고, 아바타 간의 교류, 생산활동, 경제활동이 모두 가능하다는 점에서도 현실세계와 같은 상황 연출을 강조하고 있음을 보여준다.6) 현실세계와 같다는 점은 일종의 실재감을 말하는 것으로, 메타버스를 활용한 학습이 학습 실재감(learning presence)을 높이는 데 기여한다고 말하는 이유도 그 때문이다. 즉 메타버스 학습 환경에서 동료(학생) 아바타의 존재와 교사(교수) 아바타의 움직임은 공간 지각에 따른 학습 실재감을 높이며, 동료 아바타와의 관계 형성 과정은 사회적 실재감을 높이는 데 기여한다는 것이다.7) 이처럼 메타버스를 활용하는 이유는 가상현실을 활용한 실제 현실 효과를 내기 위한 것으로, 하나의 현장 속 공간인 강의실에서는 함께하지 않지만 그 가상을 통해 실제 강의실을 구현하는 것이 비대면 수업이다. [그림 5-1]은 비대면 수업에서 활용되는 메타버스 사례이다.

증연구, 「정책연구」, 경기연구원, p.3.
6) 김희철·박일준·김묘은(2023). 교육용 메타버스 플랫폼 개발을 위한 제언: 델파이 연구를 중심으로, 「한국컴퓨터정보학회논문지」, 28(2): 235-246, p.236.
7) 양은별·류지헌(2021). 메타버스 학습환경에서 동료와 교사 아바타가 학습 실재감과 시각적 주의집중에 미치는 효과, 「교육정보미디어연구」, 27(4): 1629-1653.

그림 5-1 메타버스 수업 사례

메타버스 수업의 강의 모습[8]

메타버스 수업의 강의실 입장 모습[9]

메타버스 수업의 강의실[10]

메타버스를 활용한 도서관 이용[11]

---

8) AI타임스(2021). [체험기] 광주·전남 최초 메타버스 강의 참석해보니, 10
월 5일자 기사.
9) AI타임스(2021). [체험기] 광주·전남 최초 메타버스 강의 참석해보니, 10
월 5일자 기사.
10) 동아일보(2022). AI로 맞춤학습 돕고, 메타버스로 대화형 수업, 4월 4일
자 기사.

메타버스 캠퍼스 이용 모습12)	실제 캠퍼스와 메타버스 캠퍼스13)

    [그림 5-1]에서 강의 모습이나 강의실에 입장하는 모습을 보면, 아바타별로 실제 사람의 이름을 붙여 놓고 있다. 현재 그림 상으로는 잘 식별되지는 않지만 아바타별로 머리에 표시된 글자가 학생들의 이름이다. 대학교 강의실에서 출석 체크를 하기 위한 것으로 보인다. 이렇게 하면 개념적 블렌딩에 의한 이미지화에 더욱 현실감을 높여주게 된다. 실제 수강생들이 누군인지 이름으로 명확히 보여주면서 그들과 동시에 수강하고 있음을 더 느

11) 동아일보(2022). AI로 맞춤학습 돕고, 메타버스로 대화형 수업, 4월 4일자 기사.
12) 동아일보(2022). 우리의 꿈은 현실이 된다… 캠퍼스 곳곳에서 만나는 메타버스, 11월 24일자 기사.
13) UPI뉴스(2022). 고려대·순천향대, SKT '이프랜드'서 메타버스 입학식, 2월 25일자 기사.

끼게 해주는 것이다.

그리고 역시 [그림 5-1]에서는 메타버스 캠퍼스를 이용하는 모습을 보여주는 그림이 있는데, 이는 실제 자신이 위치하고 있는 곳은 개인적 공간에 혼자 있지만 메타버스 속에서 다른 사람들과 함께 있는 모습을 나타내고 있다. 또 실제 캠퍼스와 메타버스 캠퍼스를 나타내는 그림에서는 메타버스 캠퍼스가 실제 캠퍼스를 얼마나 비슷하게 옮겨 놓고 있는지 보여준다. 이는 메타버스 속에 함께 있는 장소는 곧 실제 장소와 같은 곳임을 인식하게 하여 함께라는 이미지를 더 강화하는 데 기여한다. 온라인에서의 만남이 실제 장소에서 만남과 얼마나 비슷한가는 실제 장소에서 함께 있다는 점을 전제하는 경우에 특히 더 중요하게 작용한다. 온라인에서 만나지만 오프라인 장소의 특징과 유사성으로 인해 실제 만남에 의한 함께라는 이미지는 더 명확해진다.

각 대학에서는 비단 수업에 한정되지 않고 각종 학교 행사에서도 메타버스를 활용하고 있다. 코로나19 이전에 같은 공간에서 함께 했던 행사들을 이제는 불가피하게 같은 공간에서 할 수는 없지만, 그래도 함께한다는 점을 보여주기 위해서이다. 신입생의 경우 특히 그렇다. 입학식도 메타버스로 진행한다. 그 외 축제, 심리상담 서비스, 채용설명회, 국제하계·동계대학, 제품 제작·설계까지도 메타버스를 활용해서 진행하고 있다.14)

---

14) UPI뉴스(2022). 고려대·순천향대, SKT '이프랜드'서 메타버스 입학식, 2월

비대면 근무 역시 개념적 블렌딩에 의해 함께하는 이미지를 만든다. 비대면 근무는 재택근무가 대표적인데, 이 역시 코로나19로 인해 급속도록 확대되었다. 코로나19 확산이 심각할 때는 공공기관의 경우 의무적으로 재택근무를 하도록 할 정도였다. 재택근무는 단지 장소가 사무실이 아닐 뿐 근무 시간은 사무실에서와 동일하게 이루어지는 것이 기본이다. 물론 업무 종류나 형태 등에 따라 다양한 재택근무가 가능하지만, 여기서는 코로나19가 아니라면 사무실 근무가 기본인 경우를 말한다. 그래서 이 역시 물리적으로 떨어져 있어도 함께 근무하고 있는 이미지가 필요하며, 그것은 개념적 블렌딩 의해 만들어진다.

개념적 블렌딩을 위한 두 입력공간 중 하나는 실제 사무실에서 일할 때 해당하는 요소들로 구성된 입력공간이고, 다른 하나는 재택근무와 관련된 요소들이 포함된 또 다른 입력공간이다. 이는 앞서 제2장에서 말한 그림이 활용되는 경우의 사례인 데스크톱 컴퓨터와 유사하다. 물론 데스크톱 컴퓨터 사례가 반드시 재택근무만을 설명하는 것은 아니지만, 그 내용은 재택근무에도 해당된다. 다시 말해 데스크톱 컴퓨터는 컴퓨터가 곧 사무실로 여겨지는 이미지를 생산하는 것이라면, 재택근무는 그 내용을 포함하여 물리적 거리가 명확히 드러나는 상태까지 아우른다. 사무

25일자 기사; 동아일보(2022). 우리의 꿈은 현실이 된다… 캠퍼스 곳곳에서 만나는 메타버스, 11월 24일자 기사.

실 내 데스크톱 컴퓨터는 축소된 사무실의 이미지이고, 재택근무
는 멀리 떨어진 곳에 옮겨진 축소된 사무실의 이미지다. 그래서
데스크톱 컴퓨터가 지닌 이미지 도출에서 사용된 입력공간 요소
가 여기서도 그대로 적용된다. 사무실에 해당하는 입력공간에는
서류, 종이, 볼펜, 전화기, 쓰레기통 등이 있다면, 컴퓨터 화면이
라는 입력공간에는 문서작성이 가능한 프로그램, 마이크, 스피크,
업무용 채팅방, 화상회의 플랫폼, 그리고 모니터 화면의 쓰레기통
등이 있다.

   그런데 이를 보면, 앞서 제2장의 데스크톱 컴퓨터 사례에서
설명했던 입력공간 중에서 컴퓨터 화면에 해당하는 입력공간에
포함되는 요소가 조금 다름을 알 수 있다. 마이크, 스피크, 업무
용 채팅방, 화상회의 플랫폼 등이 더 포함된 것이다. 선택적 투사
가 일어날 때 신택될 요소가 더 추가된 것이다. 이는 개념적 블렌
딩이 나타날 때 어떤 프레임을 적용하는가에 따른 결과이다. 앞
서도 살펴본 바와 같이 개념적 블렌딩이 나타날 때 입력공간의
요소에는 관련된 그 어느 것이건 가능하되 총칭공간의 프레임이
어떤 것인가에 따라 한정되어 교차공간 맵핑이 되는 요소가 선택
(선택적 투사)된다. 따라서 여기서는 사무실 내 데크스톱 컴퓨터
이미지는 그대로 이어지되 물리적 거리에 따른 재택근무에서 함
께하는 이미지를 만드는 것이므로 물리적 거리가 고려된 입력공
간이 설정된 것이다. 입력공간에 해당하는 많은 요소들 중에서

필요한 대응관계를 위해 관련 요소들을 더 추가해서 명시한 것이다. 이는 제2장에서 설명한 바와 같이 개념적 블렌딩의 특징인데, 블렌딩되는 개념의 완성도를 위해서는 교차공간 맵핑이 이루어지는 그 이외의 요소들도 추가되기 때문이다. 그리고 개념적 블렌딩에서는 설정된 입력공간에 존재하지 않았던 개념이 추가되는 것도 포함되기 때문에 비단 기존 데스크톱 컴퓨터 사례에서 말하는 입력공간 속 요소에서는 없었던 요소가 추가된 것으로 봐도 무방하다.

　따라서 두 입력공간의 요소는 물리적 거리를 둔 근무 프레임에 따라 교차공간 맵핑이 일어난다. 근무 중에서도 회의에 한정해서 보면, 책상 위 회의자료(종이)와 컴퓨터의 문서파일, 메모용 펜과 펜 기능을 하는 키보드, 회의 경청과 화면속 스피커 듣기, 회의시 발언(말하기)과 마이크 사용, 또는 회의의 대화와 채팅 사용 등이 그에 해당한다. 이를 통해 물리적 거리가 떨어져 있는 재택근무라고 해도 함께 일하는 것으로 이미지화되어 근무하게 된다.

　실제로 정부에서는 이러한 이미지와 더불어 공무원들이 재택근무를 할 때 사무실에서 일하는 것처럼 행동하도록 하는 업무 매뉴얼을 만들기도 했다. [표 5-1]에서 알 수 있듯이 재택근무를 해도 늘 소통할 수 있어야 하고, 함께 일할 때 언제든 소통되듯이 메신저를 활성화해야 하고, 자리를 비웠는지 식사 중인지 회의 중인지에 대해서도 자신의 상태를 언제나 동료에게 알리도

록 하고 있다. 또 업무관련 내용이 아니더라도 '사무실에서 동료
와 서로 이야기 나누는 것처럼' 자주 소통하도록 하는 규칙도 예
시로 들고 있다.

표 5-1 재택근무 매뉴얼[15]

기관별 · 부서별 의사소통 규칙(예시)의 일부

- 재택근무시간 중에는 늘 소통할 수 있어야 합니다.
- 재택근무자 및 해당 부서는 온나라메신저를 설치 · 활성화합니다.
- 만약 자리를 오래 비워야 하는 경우에는 관리자와 동료들에게 알
  립니다.
  ※ 또, 온나라메신저로 자신의 상태를 표시(온라인, 자리 비움, 식사
    중, 회의 중, 다른 용무 중 등)해 동료들에게 자신의 상황을 알립
    니다.
- 업무 관련 내용이 아니더라도 화상회의 등을 통해 사무실에서 동료
  와 서로 이야기 나누는 것처럼 자주 소통해 고립감을 해소합니다.

　　재택근무 역시 메타버스를 활용하여 이미지를 더 선명하게
하기도 한다. 비대면 수업 사례처럼 재택근무에서 비롯되는 개념
적 블렌딩과 메타버스에 의한 개념적 블렌딩까지 함께 작동하는
것이다. '함께하는 이미지'가 눈으로도 '보이는 이미지'로 나타나

---

15) 인사혁신처(2021). 「국가공무원 재택근무 매뉴얼: 재택근무자편」, 인사혁
　신처, p.23

는 것이다.

그런데 한편으로는 재택근무를 할 때 실제 사무실 근무와 상당히 유사하도록 구성되는 즉, 함께할 수 없어도 함께하는 이미지를 위해 다소 비판적 이슈가 될 수 있는 장치가 도입되는 경우가 있다. 그것은 재택근무자에 대한 통제이다. 그 한 예로 비대면으로 이루어지는 재택근무를 할 때 재택근무자의 도덕적 해이를 염려하여 컴퓨터 모니터 위에 캠을 설치하도록 하는 경우가 있는데, 그에 대해 과도한 감시라는 지적이 있다.[16] 또 재택근무시 일정한 시간 동안 마우스의 움직임이 없으면 재택근무자가 자리를 비운 것으로 판단하여 그에 대한 정보가 회사로 자동 보고되는 경우도 있어서,[17] 재택근무자는 거리는 떨어져 있어도 회사와 함께하고 있다는 점을 주기적으로 보여주어야 한다는 점이다. 이 역시 지나친 감시로 보일 수 있다. 그리고 재택 근무시 일부 감시 프로그램을 통해 컴퓨터 화면을 10분마다 한 번씩 캡처하고 또 직원이 이용한 웹사이트 목록과 방문 시간을 기록하는 경우도 있다고 한다.[18] 물론, 관점의 차이로 감시 여부나 감시의 정도 및

---

16) 한겨레21(2022). 당신이 재택근무를 해도 회사는 '지켜본다', 2월 13일자 기사.
17) 서울신문(2022). 재택근무 '클릭 수'까지 실시간 체크… 거실까지 들이닥친 노동 감시, 10월 10일자 기사.
18) 서울신문(2022). 재택근무 '클릭 수'까지 실시간 체크… 거실까지 들이닥친 노동 감시, 10월 10일자 기사.

강도에는 이견이 있을 수 있다.

그렇지만 한 가지 분명한 사실은, 사무실 근무에서의 상황이 재택근무에서도 크게 차이 나지 않도록 구현되도록 하고 있다는 점이다. 모니터 위 캠 설치와 같은 행동의 제약이나 자리 비울 때 정보 전송(보고) 등은 사실 사무실 근무에서는 큰 인식 없이 받아들이는 상황이다. 사무실에서 상관의 눈은 캠이었고 자리가 비워져 있으면 왜 비워져 있는지 곧바로 확인 가능하다. 이에 대해 사무실 근무에서는 때로는 무심할 정도로 따로 신경 쓰지 않는다. 과도한 감시라는 비판은 재택근무를 현장 근무처럼 하려는 과정에서 새삼 불거진 것이다. 따라서 재택근무 과정에서 일어난 과도한 감시라는 비판의 이슈가 지니는 의미는 과도한 감시 등에 대한 규범적 판단을 떠나, 재택근무가 현장근무에 가깝게 구현되고 있다는 점을 보여준다. 감시마저 현실에서처럼 구현하려고 한다는 점이다. 사무실 현장에서의 감시가 재택근무에서도 적용되도록 함으로써 재택근무를 할 때 현장의 사무실 환경이 보다 더 사실적으로 드러나도록 한다는 점에서, 재택근무가 현장근무에서처럼 '함께하는' 모습을 적극적으로 구현하고 있는 것이다. 현실에서 이미 감시를 하고 있는 상황이라면, 재택근무에서도 그러한 상황이 이어지는 것은 당연한 것이 되므로 적극적으로 추구하는 것이다. 이는 곧 재택근무로 인해 함께할 수 없지만 마치 사무실에서 함께하는 듯한 실감을 느끼게 해주는 것이므로, 함께할 수 없지만 함께하는 이미지 생산에 기여하는 것이 된다.

그 외에도 함께할 수 없지만 함께하는 여러 사례들이 존재한다. 법원의 재판을 영상으로 진행하는 영상재판이 그에 해당한다. 대법원은 코로나19와 같은 재난 상황에서도 국민이 재판받을 권리를 보장받을 수 있도록 하기 위해 참석자가 구비한 컴퓨터로 영상·음성을 동시 송·수신하며 재판에 참석할 수 있게 하였다.[19] 또 온라인 채용 박람회 개최도 비대면 영상을 통해 진행하고, 학술대회 역시 비대면 영상으로 학술 발표와 토론을 하고, 비대면 영상 계좌개설, 비대면 영상을 통한 상담 등도 존재한다.

코로나19에 의한 인간과 인간이 서로 함께 할 수 없지만 함께 하려는 노력은 공식·비공식 의례에서도 나타난다. 공식적 의례는 앞서도 예시로 나열했던 비대면 입학식이나 졸업식 등이 해당 될 수 있다. 그리고 비공식 의례에는 명절행사, 제사, 결혼식, 돌잔치 등이 해당된다. 이 중 그 한 예로 정부는 비대면 명절을 특히 강력히 권고하였다. 대규모 인구 이동에 따라 전염병의 전염 가능성이 매우 높아지기 때문이었다. 그래서 2021년 추석을 예로 들면, 당시 국무총리가 본부장으로 있는 중앙재난안전대책본부는 관련 부처로부터 '추석 연휴 비대면 활동 지원 및 대국민 소통방안'을 보고받고 그 세부 방안들로 '온택트 명절보내기 프로그램'을 지원하는 것 등이 제시되었다. 서로 떨어져 있어도 함께

---

19) 중부일보(2022). 코로나와 동거… 세상이 변했다, 7월 6일자 기사.

할 수 있는 여건 마련을 위해 추석연휴 동안 영상통화를 무료로 지원하거나, 비대면 차례 지내기와 메타버스 공간에서 가족·친지와 모임을 갖고 소통하도록 메타버스 체험 이벤트도 실시하였다.[20) [그림 5-2]는 보건복지부에서 함께 할 수 없어도 함께할 수 있는 '마음 가까이 두기' 홍보 자료로 만든 것이다.

그림 5-2 마음 가까이 두기 홍보 자료[21)

---

20) 보건복지부(2021). 추석 연휴 비대면 문화콘텐츠로 지친 마음을 달래세요, 9월 17일자 보도자료.
21) 보건복지부(2020). 5일간 강력한 사회적 거리 두기, 정부부터 앞장서 실천한다!, 별첨 자료, 3월 22일자 보도자료.

사실, 의례 즉, 한병철이 말하는 리추얼은 상징적 행위이자 공동체가 보유한 가치들과 질서들을 반영하고 전승하며 또 사람들을 모으고 동맹하고 전체성 및 연대를 창출하는 한에서 일종의 합침의 실천이 핵심이다.22) 심지어 동물들도 의례를 통해 공동체를 형성하고 유지한다. 의례는 서로를 향한 존경심을 드러내고 갈등을 해소하면서 황홀감을 느끼게도 해준다. 다소 불편하고 귀찮은 면도 있지만 인간은 의례를 통해 그 불편함 마저 공유하며 일체감을 느낀다. 의례의 동물이기도 한 인간은 바로 그 의례로 원활한 소통을 하고 서로 보살피며 공동체를 더 단단하게 한다. 이처럼 의례는 좀처럼 끊어내기 힘든 것이다.23)

그러나 코로나19로 인해 합침을 가능하게 하는 함께하기는 가능하지 않게 되었다. 그나마 함께하는 이미지가 그것을 대신하게 되었다. 앞의 비대면 수업이나 비대면 근무 등과 같이 의례 역시 개념적 블렌딩에 의한 함께하는 이미지로 이루어지게 된 것이다. 물론 한병철은 코로나19와는 별도로 오늘날의 리추얼은 탈리추얼화되어 간다고 진단하고 있기는 하다. 그에 동의하는 입장이라면 코로나19는 그것을 더욱 가속화시키는 역할을 할 것이다. 실제로 '셧인 이코노미(Shut-in Economy)' 현상이 발생하기도 하는데, 이는 '스스로 가두다'라는 의미로 외부와 물리적 소통을 차

---

22) 한병철(2021). 전대호 옮김, 「리추얼의 종말」, 김영사, p.8, pp.14-15.
23) 케이틀린 오코넬, 이선주 옮김, 「코끼리도 장례식장에 간다」, 현대지성.

단하고 개인화된 공간상에서 경제사회활동을 영위한다는 의미이
다. 자의적 고립인 것이다.[24] 이런 탈리추얼화는 접촉을 격렬히
꺼려하는 코로나19가 더욱 촉진시켰다.

이와 같이 코로나19는 함께 할 수 없다는 명분으로 탈리추
얼화에 기여하고 있으면서도, 또 한편으로 보면 입학식이나 졸업
식은 물론이고 명절행사나 제사나 결혼식 등의 의례에서도 비대
면 방식을 활용해서 여전히 함께하려는 이미지를 통해 함께하려
고 한다. 인간과 인간이 비대면으로라도 함께하려고 이런저런 노
력을 하고 있는 것이다. 코로나19는 함께할 수 없지만 그래서 탈
리추얼화를 가속시키는 면도 있지만 함께하려는 이미지를 통해
함께하려고 한다는 점에서, 탈리추얼화되어 가면서도 리추얼을
추구하고 있는 현실인 것이다.

인간과 바이러스가 공존으로 함께하기

함께할 수 없지만 함께하는 이미지는 인간과 인간 간 관계에
서뿐만 아니라 코로나19와 인간 간 관계에서도 나타난다. 인간과
코로나19도 함께 할 수 없지만 함께하는 형태로 이미지화된다.

---

24) 대한민국 정책브리핑(2021). 코로나 이후 네 가지 주요변화에 주목해야,
1월 22일자 기사.

여기서 말하는 함께하는 형태란 함께 살아가는 것을 말하는데, 앞서 살펴봤듯이 사실 인간과 바이러스가 함께 살아간다는 것은 성립하지 않는다. 보통의 생명체로 보기 힘든 바이러스는 그 자체가 생명체가 아닌 까닭에 독자적으로 살아가는 것은 물론이고 숙주의 형태가 아닌 누구와 더불어서 함께 살아갈 수도 없다. 감염과 기생에 의해 숙주가 있어야 감염되고 증식될 뿐이다. 바이러스 감염에 따른 번식은 흔히 말하는 누군가와 함께 살아간다고 말할 때의 삶과는 다르다. 그러나 일상에서는 이러한 엄밀한 의미보다는 의사소통에 초점을 두기 때문에 바이러스와 인간이 함께 한다는 말이 자연스럽게 사용되고 있다. 실제로는 생명체가 아님에도 불구하고 바이러스와 인간이 함께 한다는 말이 자연스럽게 사용 가능한 이유는 개념적 블렌딩에 의해서이다.

우선 바이러스인 코로나19는 생명체가 아니기 때문에 기본적으로 인간과 함께 할 수 없지만 개념적 블렌딩에 따른 상상에 의해 함께 할 수는 있는데, 그것은 함께 삶을 살아간다는 것이라기보다는 코로나19의 완전한 퇴치가 어려워서 바이러스의 존속을 인정하는 것을 말한다. 인간이 바이러스의 존속을 인정하고 일상의 생활을 한다는 것은 바이러스 감염자와 비감염자의 공생이 큰 문제가 되지 않는 수준이 되었음을 말한다. 감염자인 확진자는 바이러스에 의한 것이기 때문에 바이러스를 내포하거나 대리하는 대상이 되어, 그와 함께 살아가는 비감염자까지 고려한다면 결국은 바이러스까지 포함된 모두가 함께하는 것이 된다. 개념적 블렌딩에 의한 이미지는 이를 가능하게 한다.

　　개념적 블렌딩을 위한 입력공간은 코로나19 감염자가 살아가는 모습과 비감염자가 살아가는 모습 각각이 된다. 감염된 확진자가 살아가는 모습의 입력공간에는 가벼운 증상 또는 무증상, 의식주, 인간관계 교류, 일 등이 되고, 비감염자가 살아가는 모습의 또 다른 입력공간에는 건강을 비롯하여 의식주, 인간관계 교류, 일 등이 된다. 이 두 입력공간은 총칭공간 속에서 일상생활을 하는 프레임으로 한정되어 감염자나 비감염자 간 교차공간 맵핑이 일어나면서 함께 살아가는 이미지가 생산된다. 감염자나 비감염자 모두 일상생활에서 큰 차이가 없이 어울릴 수 있는 상상에 따른 것이다. 특히 감염자의 치사율이 낮아지고 동시에 상대적으로 높아지는 백신 접종률 덕분에 그런 상상이 더 가속화된다.

　　그래서 우리는 생활 속에서나 TV 등으로부터 코로나19와 인간이 함께 살아갈 수 있다고 말한다. 퇴치되지 않고 확진자와 비확진자가 어울려서 살아가듯이 인간을 숙주로 삼은 코로나19는 숙주인 인간(감염자)과 또 숙주가 아닌 인간(비감염자)과 함께 살아간다. 코로나19와 인간이 함께한다는 말은 대통령이나 정부 관료들의 말에서도 쉽게 확인된다. 예컨대, 대통령은 "결국 장기전을 염두에 두고 코로나 바이러스와 불편한 동거를 각오해야 하는 상황입니다.", "바이러스와 싸우면서 동시에 일상으로의 전환도 성공적으로 이루어내야 합니다.", "단계적 일상회복은 코로나19와 공존을 전제로 방역 상황을 안정적으로 관리하면서 일상회복을 향해 나아가는 것입니다."라며 코로나19와 싸움은 물론이고 동거하며 일상을 살아가야 함을 말하고 있다.25) 중소벤처기업부 장관은 "좋건 싫건 코로나바이러스 감염증(코로나19)과 공존하고 동거하는 방법을 찾아야 하고 수위나 방식은 우리의 환경과 맞춰야 한다.", "코로나를 완전히 박멸하는 방식은 가능하지 않다는 게 대부분 전문가의 의견인 것 같다"며 이 같이 말하고 있다.26) 전염병 담당 주무기관인 질병관리청에서도 '새로운 일상, 감염병과의 공존 시대'를 주제로 감염병관리 콘퍼런스를 열었고, 문화체육관광부도 한국문화관광연구원과 함께 '코로나19 공존 시대의 국제관광협력 방안'을 주제로 국제관광 협력정책 토론회를 열기도 했다.

광역자치단체장인 경기도지사 역시 "언제든 다시 쓰나미가 몰려올 수 있다고 예측하고 준비하자는 말씀을 드린 바 있는 데 지금 다시 또 그 시기가 왔다.", "코로나19는 아주 상당기간 아마도 영원히 우리와 동행하지 않을까 생각된다. 불편하지만 이 동

---

25) 대통령기록관(2020). 수석·보좌관회의, 「문재인 대통령 연설문집 제3권 －별권」, 2020년 4월 27일; 대통령기록관(2021). 2022년도 예산안 시정 연설, 「문재인 대통령 연설문집 제5권－상」, 2021년 10월 25일.
26) 조선일보(2021). 권칠승 중기부 장관 "코로나와 동거 방법 찾아야", 9월 1일자 기사.

거를 기정사실로 받아들이고 그에 상응하는 대응책을 강구해야
한다."고 말하며 역시 인간과 코로나19가 동행하고 동거하게 된
다고 말하고 있다.[27] 여기서 흥미로운 점은 코로나19와 같은 바
이러스 발생을 쓰나미로 표현하고 있다는 점인데, 이 역시 개념
적 블렌딩에 의한 상상을 불러일으킨다. 만일 이를 '바이러스 쓰
나미'라고 한다면, 쓰나미에 해당하는 입력공간과 바이러스에 해
당하는 입력공간에서 교차공간 맵핑이 발생할 수 있다. 쓰나미에
는 어느 날 갑작스럽게 발생, 짧은 시간 동안 피해, 대규모 연쇄
적 파괴 등의 특성들이 입력공간의 요소가 되고, 바이러스에는
예측불허 발생, 밀접 및 접촉에 의한 짧은 시간동안 전염, 대규모
연쇄적 전염 피해 등이 입력공간 요소가 된다. 이들 요소가 총칭
공간에서 피해 프레임에 의해 교차공간 맵핑이 일어난다. 그에
따라 바이러스 쓰나미는 갑작스러운 대규모 피해가 사회전반에
걸쳐 발생되는 바이러스 전염을 의미하는 하나의 이미지가 된다.

　이처럼 비록 쓰나미 만큼이나 큰 피해를 주는 코로나19이지
만, 그와 동시에 동거, 동행, 공존 등의 표현으로 인간과 함께 살
아갈 바이러스로 상상되고 있다. 이는 코로나19에서 벗어나기 위
한 노력의 연장이자 또는 한편으로는 노력 방향의 전환점으로써
'공생전략'이 강조되고 있음을 말한다. 당장의 코로나19 퇴치 이

---

27) 경기일보(2020). 이재명 "코로나 쓰나미 다시 몰려온다…불편한 동거 대
　　비해야", 5월 27일자 기사.

상으로 중장기적 안목에서 코로나19와 같은 낯선 도전과의 공생에 대한 고민이 절실해 보이는 결과이다.[28] '위드(with) 코로나'가 그 모든 것을 집약한 말이다. 제로(zero) 코로나19도 아니고 포스트(post) 코로나19 시대도 아닌 위드 코로나19 시대인 것이다. 이는 인간들이 살아가는 국가나 도시의 새로운 모습과 역할이 요구될 수밖에 없는 상황이라는 판단에서 등장한 것이다.[29] 조르조 아감벤은 팬데믹 상태를 두고 예외상태로 말하기도 하였는데, 그 용어에 대한 동의 여부를 떠나 어쨌든 그의 말대로 예외상태와 같이 그 전과는 다른 상태가 이제는 일반적인 '노멀' 상태가 된 것이다. 이를 두고 뉴노멀(new normal)이라고 하기도 한다.[30] 함께 살아갈 수 없는 코로나19와 함께 살아가는 상상을 현실로 받아들이는 인식을 하며 살아가고 있는 것이다.

다음은 앞의 제3장과 제4장처럼 2020년 1월 1일부터 2022년 12월 31일 동안 우리나라 언론매체 기사(경향신문, 동아일보, 매일경제신문, 문화일보, 조선일보, 중앙일보, 한겨레, 한국경제신문, 한국일보, KBS기사, MBC기사, SBS기사)에 달린 댓글 중 함께할 수 없지만 함께하는 것으로 표현된 내용 중 일부이다. 코로나19가 인간과 함

28) 장보형(2022). 「위드코로나 시대의 공생전략」, 하나금융경영연구소, p.1.
29) 이삼수·문준경·윤병훈(2021). 「포스트 코로나19 시대의 도시재생 정책 방향 연구」, 한국토지주택공사 토지주택연구원. p.23
30) 조르조 아감벤(2021). 「얼굴 없는 인간: 팬데믹에 대한 인문적 사유」, 효형출판, p.47.

께 할 수밖에 없다는 내용들이다. 공생, 그냥 가다(함께 살다), 위드 코로나 등으로 표현하고 있다. 그리고 컴퓨터의 V3로 잡는거라는 표현은 그림을 통한 개념적 블렌딩처럼 표현한 것이다. 바이러스인 코로나19와 컴퓨터 바이러스를 잡는 컴퓨터 속 프로그램(이모티콘으로 표시)인 V3 간 개념적 블렌딩이다. 또 감기나 독감처럼 대응하는 것으로 코로나19와 함께하는 것을 말하고 있다.

"코로나는 변이로 인해 영원히 인간과 공생할 것이라 안타깝기만 하다."

"공생해야할 바이러스란 점이다."

"이제 면역이 생긴 사람들은 코로나 바이러스와 평화롭게 공존공생 할 수 있겠지만 면역이 안생긴 사람들은 잠시 고통스럽겠지만 그냥 가야 한다."

"전국민 위드코로나 가즈아~~"

"과학 방역은 코로나균을 컴퓨터에 넣어서 v3로 잡는거란다."

"자신이 감기에 걸렸을 때 타인에게 감염시키지 않으려고 마스크를 쓴 사람이 있나요? 독감이 유행할 때 마스크를 쓴 사람이 있나요? 이제는 개인도 그런 방역위생을 해야 하는 사회가 되어야 합니다. 나를 위해서가 아니라 타인을 위해서 말입니다."

관료의 언어와 이미지 생산

제6장

구분할 수 없지만 구분하는 이미지

제6장

구분할 수 없지만 구분하는 이미지

1. 구분해야 하는 상황

전쟁에는 원칙이 없다. 이기는 것이 목적이므로 비겁하거나 비열한 것도 없고 신사적 예의도 필요 없다. 선전포고 없이 전쟁을 일으켜서 이겨버리는 것이 전쟁 본연에 부합한 것이다. 전쟁이 전쟁다운 것은 아무런 룰(rule)이 없는 그 자체이다. 전쟁은 혼란을 혼란으로 여길 겨를도 없이 혼란한 상황으로 만들어 버린다.

하지만 문명사회가 도래했고 국제질서나 사회질서가 존재하고 또 인간 생명을 고려하는 의식수준에 따라, 전쟁이라고 해도 무지막지하게 시작하지 않으려 한다. 그 주체가 국가가 되건 개인이 되건 선전포고 정도는 하나의 절차로 생각한다. 혼란이 극에 달할 것이 예상되므로 아주 최소한의 경계 정도는 긋고 시작한다. 전쟁 전(前)과 후(後)의 구분이 되는 지점이 그어진다. 그 지점이 전쟁 시작 지점이다.

　이런 구분은 상황판단의 체계성을 높여 준다. 전쟁이 시작되고 혼란이 가중될 것이 예상되므로 그 혼란을 잠재울 대책도 생각하게 해준다. 물론 전쟁 중의 혼란함이 마냥 침착한 상황판단과 대응으로 연결되지는 않겠지만, 그래도 전쟁 시작이 그어지면 그렇지 않은 경우보다 훨씬 도움이 된다. 그어진 시점은 시작을 나타내는 실체이다. 앙리 르페브르(Henri Lefebvre)의 말처럼 인간은 실체적인 것을 선호하는데, 인간에게 시간은 선험성에서 비롯된 기획으로서 일종의 실체로 간주된다. 그래서 어떤 것에 대한 분석과 지식은 단계를 구성하고 계산하기 위한 하나의 출발점이 필요하고 그 출발점이 실체로서 시간이 된다.[1] 그것이 전쟁에서는 시작 시점이 되며 그 이후로 분석과 지식이 가능한 행위가 나타난다. '구분' 작업이 그 행위들 중 하나이다.

　다시 말해, 이 작업은 존 조지 스토신저(John George Stoessinger)의 말처럼 전쟁을 마치 질병으로 여기면서 우리가 질병에 노출되고 고통당하는 등의 위험 부담을 통해 그 질병을 정복했듯이 전

---

　1) 앙리 르페브르(2013). 정기헌 옮김, 「리듬분석」, 갈무리, p.68.

쟁도 그런 과정을 거치게 되는데, 바로 그 과정에 구분 짓기가 포함되는 것이다.[2] 예비전력 구분, 단계별 물자 구분, 지형별·상황별 전술 구분, 부상자와 사망자 구분, 가용 무기 구분 등이 그 이후로 끝없이 이어진다. 즉 전쟁 중에도 계속된 '구분' 작업이 필요하기 때문에 시작 시점이 중요하다. 이처럼 전장(戰場)에서 이런저런 구분 짓기를 통해 다양한 전략과 전술을 펼치며 이윽고 전쟁 종결로 나아가는 것이다. 전쟁이나 혼란 속에서 그런 구분 작업을 잘 하는 것이 리더의 역할이다. 리더의 지휘 하에 일사분란하게 움직인다는 것은 각각 구분된 역할과 임무와 단계에 따라 적극적으로 대응한다는 것을 말한다. 비단, 전쟁이 아니더라도 구분 짓기 작업은 혼란할 때 특히 중요한 역할을 한다.

코로나19는 앞의 제3장에서 본 바와 같이 싸울 수 없지만 싸우는 이미지를 낳을 정도로 마치 전쟁과도 같지만, 그래도 총이나 칼이나 전투기가 오고가는 정도는 아니라서 다행이라 생각할 수 있다. 하지만 그 혼란함은 전쟁에 버금갈 정도이다. 선전포고 없이 갑자기 등장했고 보이지 않게 전염되는 속도가 종잡을 수 없었고, 일상생활 자체를 무력화시킬 정도로 많은 제약도 따랐다. 그동안 잘 경험하지 못했던 혼란한 상황으로 이끌었다. 삶의 방식에 큰 변화를 가져왔기 때문에 더욱 그랬다. 무엇보다도 끝을

---

2) 존 조지 스토신저(2008). 임윤갑 옮김, 「전쟁의 탄생: 누가 국가를 전쟁으로 이끄는가」, 플래닛미디어, p.508.

모르기 때문에 정신적 혼란함은 더욱 심했다. 일상생활 변화에 따른 우울감이나 무기력증 등 정신 건강에 문제가 발생하는 코로나 블루(corona blue)라는 말이 생길 정도였다. 전쟁에 버금갈 정도였고, 또 실질적으로 개인과 사회와 국가 전반에 혼란이 발생되었기에 여러 나라에서 코로나19 발생 상황을 국가재난으로 선포하기도 했다.

따라서 코로나19가 야기한 혼란함의 진정은 정부 관료들에게 가장 시급한 과제였고 지금도 그 여파는 계속되고 있다. '코로나바이러스감염증-19 중앙재난안전대책본부'의 본부장도 국무총리일 정도였다. 실제로 국가재난 발생시 정부 관료는 위기커뮤니케이션을 주도한다. 그들은 혼란을 가중하는 거짓 정보를 구별하고, 또 필요한 조치에 대한 여러 구분 전략을 통해 협력을 도모하고, 또 희망적인 메시지를 전달하기 위해 노력한다.3) 중요한 것은 일단 혼란함이 더 악화되는 것을 막고 가급적 혼란한 정도를 진정시켜야 한다. 그것을 위해 비단 정부 관료가 아니더라도, 흔히 혼란한 상황에서는 '구분 짓기'가 적극 활용된다.

사실, 꼭 혼란한 상황이 아닌 경우에도 인간은 구분 짓기를 좋아할 만큼 다양한 분야에 구분선을 그어왔다. 리사 펠드먼 배

---

3) Reynolds, B., & Seeger, M.(2007). Crisis and emergency risk communication as an integrative model, *Journal of Health Communication*, 12(3): 43−55.

럿의 말대로 우리는 인종이나 성별이나 국적처럼 일종의 상자
(box)들에 구분 짓는 이름표를 붙여서 정리하듯이 구분한다. 그런
데 그런 구분은 우리가 만든 것임에도 불구하고 마치 자연의 일
부처럼 취급하고 여기기도 한다. 사회적 현실을 물리적 현실로
착각하는 것이다. 그 착각은 때로는 여러 문제를 낳기도 한다. 구
분선의 윤리에 대한 논쟁들도 그래서 존재한다. 구분선을 강화할
때마다 책임의 문제가 거론되는 것도 그 때문이다.[4]

　　코로나19의 발생은 우리에게 분명 혼란함을 야기하였다. 감
염규모와 유행기간을 고려하면 그 혼란함이 결코 낮은 수준의 혼
란이 아니었다. 따라서 정부 관료는 그에 대한 다양한 방식의 대
응을 준비하였는데, 그 중 하나가 역시 구분 짓기였다. 예를 들
면, 거리 구분, 계층 구분, 공간 구분, 증상 구분 등이다. 사회적
거리를 통해 접촉 및 밀집 간격을 구분하여 바이러스의 감염 가
능성을 낮추었고, 또 코로나19에 특히 취약한 이들을 별도로 구
분함으로써 전염에 따른 피해를 최소화하려고 하였다.

　　이어서 살펴보겠지만 사실 이런 구분들은 구분될 수 없는 것
을 개념적 블렌딩을 통해 구분한 결과이다. 사례마다 다소 다르
지만, 코로나19가 발생되지 않았을 경우의 요소를 두는 하나의
입력공간과 코로나19로 인해 등장한 상황 요소가 포함되는 또 다

---

4) 리사 펠드먼 배럿(2022). 변지영 옮김, 「이토록 뜻밖의 뇌과학」, 더퀘스트,
　　pp.178-180.

른 입력공간은 접촉이나 감염 여부나 그 가능성 등을 프레임으로
하여 교차공간 맵핑이 이루어진다. 그로부터 개념적 블렌딩이 나
타난다. 물론 앞의 리사 펠드먼 배럿이 말하는 사회적 현실로써
이런 구분은 얼마든지 이루어질 수 있다는 점에서, 구분될 수 없
다는 말은 물리적 구분의 불가능성을 두고 하는 말이다. 구분은
되지만 원래 존재하는 구분이 아니라 사회적으로 어떤 목적이나
의도 등에 의해 구분지었다는 의미이다. 때로는 그 구분이 물리
적 현실 속 구분으로 착각할 정도가 되기도 하는데, 코로나19에
의한 구분도 그렇다.

2. 구분하기

거리 구분: 사회적 거리 두기

익숙하지 않은 상황 때문에 등장한 익숙하지 않은 말이 익숙해질 때면 익숙하지 않은 상황은 익숙해진 현실이 된다. 코로나19 상황은 익숙하지 않았고 그로 인해 등장한 익숙하지 않은 말들도 이제는 익숙해졌다. '사회적 거리 두기(social distancing)'라는 말이 대표적이다. 물리적 거리와는 다른 의미로 등장한 이 말은 처음에는 생소했지만 이제는 일상에서 익숙한 말이 되었다.

사회적 거리 두기는 사회적 관계 속에서 일정 정도의 거리를 두도록 하는 것을 말한다. 여기서 말하는 사회적 관계는 개인들의 단순 모임부터 기관의 공식적 업무처리 영역까지 매우 광범위하다. 그동안 정부가 시행했던 사회적 거리 두기 조치를 보면 사회의 주요 분야별 관련 행동을 다양하게 포함하고 있다. [표 6-1]에서 볼 수 있듯이 사회적 거리 두기는 코로나19 감염 발생의 위험 상황에 따라 단계로 구분되어 있기 때문에 그 단계에 따라 조치 내용이 다르다. 사회적 거리 두기에서 말하는 일정 정도의 거리도 [표 6-1]에서 알 수 있는데, 그 역시 시기와 위험 상황으로 나누어진 단계에 따라 다양하다.

표 6-1 사회적 거리 두기 사례(일부)[5]

구분	주요 조치
전국 2단계 '20.8.23~9.6	① 실내 50인, 실외 100인 이상 집합·모임·행사 금지 ② 고위험시설 12종 집합금지 ③ 실내 국공립시설 운영 중단 ④ 학원·공연장 등 위험도 높은 다중이용시설 방역수칙 의무화 ⑤ 스포츠 경기 무관중 전환 ⑥ 학교·기관·기업 밀집도 완화
수도권 2.5단계 '20.12.8~12.28	① 중점관리시설 : 유흥시설, 노래연습장 등 집합금지 ─ 다만, 카페는 포장·배달만 허용, 식당은 21시 이후 포장·배달만 허용 ＊ 마스크 착용, 출입자 명단 관리, 환기·소독 등 수칙 의무화 ② 일반관리시설 : 방역지침 의무화, 음식섭취 금지, 인원 제한(예: 4~8㎡당 1명) ＊ 실내체육시설 집합금지, 및 독서실·스터디카페 단체룸은 21시 이후 운영중단 ③ 모임·행사 : 50명 미만으로 인원 제한 ④ 종교시설 : 예배 등 비대면으로 실시, 모임·식사 금지 ⑤ 국공립시설 : 소관부처·지자체에서 수립한 시설별

---

5) 질병관리청(2022). 「사회적 거리두기 시행연혁」, 질병관리청.

방역지침에 따라 방역 철저 관리하여 운영

* 경륜·경정·경마장·카지노 운영 중단, 체육시설 30% 이내로 이용인원 제한

⑥ 사회복지이용시설 : 이용인원 30%(50명 이내) 제한 등 방역 강화하며 운영

* 시설별 방역 지침에 따라 운영, 가능한 경우 비대면 서비스 병행

⑦ 스포츠 관람 : 무관중 경기

⑧ 등교 : 밀집도 1/3 원칙

⑨ 공공기관 : 기관별·부서별 전 인원의 1/3 이상 재택근무 등 실시

⑩ 아파트 내 편의시설 운영 중단

수도권 새로운 거리두기 4단계 '21.10.4.~10.17.

① 1그룹 시설 집합금지(정규수칙化)

② 다중이용시설 22시 운영제한

1) 결혼식 접종완료자 인센티브 확대

• 식사제공(최대 99명): 접종완료자로만 최대 50명 추가 가능(49명＋50명＝99명)

• 식사미제공(최대 199명): 접종완료자로만 최대 100명 추가 가능(99명＋100명＝199명)

2) 실외체육시설 접종완료자 인센티브 확대

• 접종미완료자 최대 4(2)명＋@(완료자)로 종목별 경기인원의 1.5배 가능

3) 돌잔치 접종완료자 인센티브 확대

• 접종완료자 포함 최대 49명 가능

* 접종미완료자 최대 4(2)명＋45명(47명)＝49명
4) 3,000㎡ 이상 농수산물종합유통센터
• 출입자 명부 작성·관리 의무화
5) 뮤비방 등 노래연습장과 동일·유사하게 운영되는 경우 노래연습장 방역수칙 적용(1~4단계)
③ 사적모임: 4인까지 가능(18시 이후 2인)
- 다만, 접종완료자 포함(18시 전 2인/후 4인)하는 경우, 최대 6인이 가정 및 식당·카페에서 사적 모임 가능
④ 학교수업: 교육부 별도 조치
⑤ 직장(제조업 외) 재택근무 30% 권고

사회적 거리 두기에서 중요한 사항은 사람들 간 관계 과정에서 양적으로 표현된 거리감을 유지하도록 해야 한다는 점이다. 정부 관료는 그 양적 거리감 유지를 강조하고 대중들이 따르기를 기대한다. 양적 거리감은 물리적 거리로 과거부터 존재한 것이 아니다. 코로나19가 발생함에 따라 임의로 설정된 것이다. 그 정도의 양적 거리감을 유지한다면 바이러스 감염 전파 속도를 줄이거나 막을 수 있다는 판단에서 만들어진 것이다. 사회적 거리두기 조치가 단계별로 차이가 있는 이유도 객관적인 형태의 물리적 거리가 존재하는 것이 아님을 말해준다. 그럼에도 불구하고 사람들 간 관계 과정에 양적으로 구분된 기준을 제시하며 그것을 사

회적 거리로 부르고 있다.

　이러한 사회적 거리는 두 입력공간으로부터 교차공간 맵핑에 따른 이미지화된 결과이다. 사람들의 사회적 관계에 해당하는 요소가 포함된 입력공간이 하나이고, 물리적 거리에 해당하는 요소가 포함된 입력공간이 다른 하나이다. 전자의 경우 사람들이 만나서 악수, 대화, 앉기, 함께 음식 먹기 등이 포함된다. 후자의 경우 악수하는 물리적 거리, 대화하는 물리적 거리, 앉아 있는 물리적 거리, 함께 음식 먹을 때의 물리적 거리 등이 해당한다. 두 입력공간이 총칭공간에서 바이러스 감염 프레임에 의해 교차공간 맵핑이 이루어지면, 사람들 간 관계에서 감염되지 않기 위해 마치 물리적 거리인 것처럼 양적 수치로 표현된 거리가 생긴다. 다른 사람과 악수-악수할 때 감염되지 않는 물리적 거리, 다른 사람과 대화-대화할 때 감염되지 않는 물리직 거리, 다른 사람과 앉기-앉아 있을 때 감염되지 않는 물리적 거리, 다른 사람과 음식 먹기-음식 먹을 때 감염되지 않는 물리적 거리 등이 각각 대응된다. 이를 통해 감염되지 않기 위한 거리에서 사회적 관계가 형성되는 이미지가 만들어진다. 사람들 간 관계 과정에서 마치 물리적 거리가 존재하는 것으로 여기게 된다. 예를 들면 사적 모임이 4인까지 가능하다고 하면 4인 모임 이내는 감염되지 않는 물리적 거리가 있다는 의미가 된다. 그리고 비록 시간으로 표시되긴 했지만 22시 영업시간 제한 등도 그 시간 이내에 한정된 숫자의 고객을 대상으로 영업한다면 감염을 최소화할 수 있는 물리적 거리가 존재하는 상태에서 영업이 이루어질 수 있다는 의미이다.

사회적 거리 두기에 대한 강조는 새삼 언급할 필요가 없을 정도로 코로나19와 함께 널리 사용된 말이다. 방역책임 등 질병관리담당 관료들이 매번 당부한 것이 사회적 거리를 유지해달라는 말이었다. 정도의 차이는 있으나 코로나19 발생 초기부터 지금까지도 계속 강조되는 말이다. 코로나19 발생 초기의 사회적 거리 두기는 한시적(15일간)으로 적용되거나 또는 특정시기에 따라 강도 조정을 하였는데, 당시 정부 관료는 "단기간에 강화된 사회적 거리 두기를 실시하여 코로나19 확산을 최대한 막고, 우리 보건의료체계가 감당 가능한 수준으로 확진자 발생을 억제할 필요", "정부 부처부터 대국민 지원과 적극 참여를 통해 사회적 거리두기에 동참하는 국민을 지원합니다." 등으로 사회적 거리 두기를 강조하였다.[6] 또 공공 분야는 물론이고 민간분야에도 재택근무, 유연근무, 출퇴근 시간 조정으로 밀집된 환경을 피하고, '아프면 집에 있기, 아파하면 집에 보내기'가 가능한 근로환경을 조성하도록 했다.[7] 디지털 환경에서 사회적 거리 두기가 가능한 것

---

6) 보건복지부(2020). 5일간 강력한 사회적 거리 두기, 정부부터 앞장서 실천한다!, 3월 22일자 보도자료.

7) 보건복지부(2020). 5일간 강력한 사회적 거리 두기, 정부부터 앞장서 실천한다!, 3월 22일자 보도자료.

은 디지털 장비를 이용하여 마치 누에고치처럼 혼자서 해결할 수 있는 여건을 갖추고 사는 디지털 코쿠닝(digital cocooning)족이나 실외에서 하던 경험을 실내에서도 할 수 있는 여건을 갖추어 즐기는 인스피리언스(insperience: indoor+experience)족이 생겨날 정도로 그 여건도 많이 나아졌기 때문이다.

계층 구분: 코로나 취약계층

'코로나 취약계층'도 개념적 블렌딩에 의해 생산된 이미지에 해당한다. 취약계층이라는 구분뿐 아니라, 취약계층과는 또 다른 취약계층으로서 코로나 취약계층을 구분하는 것이다. 취약계층은 비단 코로나19 발생이 아니더라도 언제나 우리 사회에 존재해왔다. 취약계층의 기본 속성인 취약성(vulnerability)은 상처 입을 가능성의 의미로 인간이 삶을 살아갈 때 마치 구멍이 뚫릴 수 있는 것처럼(perforable) 항상 질병이나 죽음과 같은 상황에 처하게 되어 있는 점을 나타내는 용어이다.[8] 예를 들면 손상, 약점, 연약함, 불안정 등이 취약성에 포함된다. 인간은 태어나서 죽을 때까

---

8) Marcos, Alfredo(2016). Vulnerability as a Part of Human Nature, In Aniceto Masferrer · Emilio García − Sánchez eds., *Human Dignity of the Vulnerable in the Age of Rights: Interdisciplinary Perspectives*, Springer, pp.34 − 36.

지 누구나 취약성을 지니고 있고 또 취약한 경험을 하게 되므로 (예, 갓 태어난 아기 시절, 죽기 직전 등), 취약성은 인간의 보편적 속성이기도 하다. 그 누가되었든 어느 상황에서 누군가에게 의존(dependency)할 수밖에 없어서 더욱 그렇다. 하지만 보편적 속성이라고 해도 유독 더 취약한 이들이 있다. 다른 사람과 구별해서 볼 때 더 많은 위험에 노출된 특정 계층의 사람이 있다. 그래서 이들에게 '취약계층(vulnerable populations)'이라는 용어를 별도로 지칭(구분)해서 쓰는 것이다. 특히 상황적 취약성 이론에 따르면 상황에 따라 누구나 언제든 취약해질 수 있는데, 기존의 취약계층에게는 똑같은 상황이라고 해도 그 상황에 더 취약해진다. 그 상황으로 인해 구분을 진 의미가 드러나는 것이다. 코로나19 발생이 그 상황 중 하나에 해당한다.

실제로 조사에 따르면, 코로나19 발병 이전에 비해 취약계층에서 상대적으로 신체건강, 정신건강, 사회적·경제적 취약한 정도 등이 더 나빠졌고 우울감도 높은 것으로 나타났다.[9] 그리고 건강보험공단이 한 국회의원에게 제출한 '코로나19 상병 의료기관 내원환자 및 사망자 현황' 자료에 따르면 코로나19가 유행할 때 소득이 낮은 취약계층의 사망 위험이 유독 높았다.[10] 또 전국

---

9) 이태진 외(2023). 「사회통합 실태진단 및 대응방안(Ⅸ): 포스트코로나 시대의 사회통합도 제고를 위한 정책 방향」, 한국보건사회연구원

10) 연합뉴스(2022). 코로나19 취약계층에 더 가혹…소득하위 10% 사망률, 전체의 2배, 7월 24일자 기사.

경제인연합회 산하 한국경제연구원이 발표한 '코로나19가 취약계
층 직장 유지율에 미친 영향' 자료에 따르면 코로나19 발병이 저
소득층 등 취약계층의 고용에 상대적으로 더 큰 충격을 주었
다.[11] 해외에서도 마찬가지다. 세계은행(World Bank)의 자료에
따르면 코로나19는 취약계층의 취약성과 관련된 빈곤이나 불평
등에 부정적인 영향의 지속을 강화시켰다.[12] 이처럼 코로나19 발
생은 취약계층에게 취약함을 더 부가하였다.

　이처럼 기존의 취약성에 코로나19 발생이라는 새로운 상황
적 요인에 의한 취약성이 추가됨에 따라 기존의 취약계층과 구분
되는 '코로나 취약계층'이 새롭게 불리게 되었다. 이는 두 입력공
간에 의한 개념적 블렌딩으로 나타난 이미지다. 코로나19의 영향
요소가 포함된 것이 하나의 입력공간이고, 기존의 취약계층이 지
니고 있는 취약성(특성)이 또 다른 하나의 입력공간으로 된다. 전
자에는 접촉에 의한 감염, 비대면 활성화(대면 제약), 격리, 경제활
동 제약 등이고, 후자에는 소득이 낮은 일자리, 낮은 소득, 경제
활동 참여 제한(신체적 어려움 등), 비정규직 등이다. 새로운 환경
의 취약성 프레임으로 한정하여 교차공간 맵핑을 하면, 접촉에
의한 감염(접촉 위험 노출이 많은 낮은 소득의 일자리)－낮은 소득 일

---

11) 연합뉴스(2022). "코로나19, 취약계층에 더 타격…저소득층 직장 유지율
　　8.4%p↓", 8월 3일자 기사.

12) World Bank(2020). *Poverty and Shared Prosperity 2020*, World
　　Bank.

자리, 비대면 활성화 및 격리(대면 기반 일 자리 제약)—낮은 소득, 경제활동 저하—경제활동 참여 제한(신체적 어려움 등)이 그에 해당한다. 코로나19의 발생이 기존의 취약계층이 이미 겪고 있는 취약한 상황을 더 악화시키는 경향을 보인다. 따라서 총칭공간에서 코로나19와 같이 활동의 제약을 가져오는 새로운 환경의 취약성 프레임으로 한정된 두 입력공간의 요소들은 개념적 블렌딩을 통해 하나의 이미지가 만들어지는데, 그것은 새로운 취약성이 추가되어 기존의 취약계층과는 또 다른 측면에서 구분되는 '코로나 취약계층'이다. 코로나 취약계층은 코로나19가 지닌 속성에 기초한 취약성이 반영된 취약계층이라 할 수 있다. 기존의 취약계층과 겹치는 부분도 있지만 코로나에 의한 특수성이 부각된다는 점에서 또 다른 개념의 형태(이미지)를 지닌 취약계층이 된다.

그래서 정부 관료를 비롯하여 공공부문에서는 새롭게 구분된 취약계층인 코로나 취약계층에 대한 고려를 의식적으로 언급하기도 한다. 예를 들어, 대통령의 경우 "코로나19는 우리 사회의 가장 취약한 계층에게 가장 큰 타격을 주었습니다.",[13] "코로나19 취약업종을 중심으로 고용유지 지원을 더욱 확대해야 할 것입니다."[14]라는 말을 통해 코로나19 발생이 기존의 취약계층과는

---

13) 대통령기록관(2021). 확대경제장관회의, 「문재인 대통령 연설문집 제5권 —상」, 2021년 6월 28일.
14) 대통령기록관(2021). 민생경제장관회의, 「문재인 대통령 연설문집 제5권

구분될 수 있는 취약성을 지니고 있다는 점을 강조하고 있다. 코로나19 취약업종이라고 별도로 언급할 정도이다. 그리고 산업통상자원부에서는 "'코로나 취약계층과 수출기업 지원'에 쓰겠습니다"[15]라는 구호로 코로나 취약계층을 명시하면서 별도로 부각하고 있다. 인천항만공사에서도 '코로나19 취약계층 돕기 캠페인'을 말하기도 하고,[16] 한 지방자치단체에서는 '코로나 취약계층 무료택배 도서대출 서비스' 등을 제공하기도 한다.[17] 코로나19 발생은 그 외 정부의 각종 지원 및 여러 혜택이 코로나19에 의한 취약계층인 코로나 취약계층에 초점을 두고 이루어졌다. 취약성은 사회적 제도의 영향을 받아 구성된다는 점에서,[18] 코로나 취약계층에 대한 지원이나 혜택은 곧 해당 취약계층의 취약성이 무엇인가를 보여주면서 동시에 그 존재를 보여주는 것이기도 하다.

－상」, 2021년 7월 29일.

15) 산업통상자원부(2021). 코로나 취약계층과 수출기업 지원에 쓰겠습니다, 산업부뉴스, 7월 26일자 기사.

16) 인천항만공사 홈페이지(www.icpa.or.kr).

17) 인천시 연수구청(www.yeonsu.go.kr).

18) Fineman, M. A.(2008). The Vulnerable Subject: Anchoring Equality in the Human Condition, *Yale Journal of Law and Feminism*, 20(1): 1－24.

공간 구분: 클린존

코로나19 발생은 공간을 구분하기도 하였다. 코로나19는 앞서도 언급했듯이 미국 질병통제예방센터나 세계보건기구(WHO)에서 공기 전파를 공식적으로 인정했다.[19) 분사 전파나 접촉 전파 이외에도 공기 전파가 된다는 것이다. 이는 사람들의 밀집된 정도에 따른 가능성의 결과이다. 사실, 밀집된 곳의 공기 전파는 충분히 예상되었기 때문에 정부는 전문기관 등에서 공식적인 인정을 하기 이전에도 그 가능성을 낮추기 위해 노력하고 있었다. 공간을 구분하여 밀집된 상황을 사전에 막는 방법이 그에 해당한다. 지방자치단체 등이 지정하는 클린존이나 정부가 강력히 시행하게 하는 출입문의 방역 장치(손 소독, 열 체크 등)에 의한 안과 밖의 구분 등이 그에 해당한다.

여기서 클린존은 확진자가 방문한 시설을 방역소독을 완료하여 바이러스 감염 위험이 해소된 곳이거나, 또는 확진자 방문지와는 무관하게 시민 다중 이용시설 중 자율적 방역소독을 주기적으로 시행하여 안전한 곳을 말한다. 클린존은 공간 구분의 표식을 통해 알려주는데, 스티커나 안내표지판이 주로 활용된다. 클린존을 나타내는 표식은 코로나19 바이러스가 없다고 여겨지는

---

19) 한겨레(2021). 짐작은 했지만···공기전파, 코로나 주요 감염경로로 공식 확인, 5월 13일자 기사.

공간으로 이 역시 개념적 블렌딩에 의한 이미지를 지닌다.

클린존의 개념적 블렌딩이 일어나는 두 입력공간을 보면, 일반적인 깨끗한 공간 개념을 나타내는 입력공간과 바이러스가 없는 공간을 나타내는 입력공간이 각각에 해당한다. 전자는 문제를 일으키는 오염물이나 불순물이 없는 상태, 깨끗함이 유지되도록 하는 노력, 정리정돈 등이 포함되고, 후자는 바이러스가 없는 상태, 방역이 잘 되고 있는 상태, 방역 매뉴얼의 정상작동 등이다. 여기에 대해 쾌적한 마음이나 안심이 되는 마음 프레임으로 한정하면 오염물이나 불순물 없는 상태－코로나19가 없는 상태, 깨끗함이 유지되도록 하는 노력－방역이 잘 되고 있는 상태, 정리정돈－방역 매뉴얼 등이 대응된다. 물론 이 외에도 각각의 입력공간 속 요소는 더 다양할 수 있고 그에 따라 대응관계도 더 많을 수 있으나, 대략 이와 같이 볼 수 있다. 총칭공간의 쾌적한 마음이나 안심이 되는 마음 프레임이 요소들을 대응시킴으로써 바이러스가 없는 깨끗한 생태인 클린존의 이미지가 생성된다. [그림 6－1]은 클린존 스티커 사례이다. 이 스티커가 부착된 곳은 그렇지 않은 곳과 비교할 때 바이러스가 없는 깨끗한 구역(클린존)의 이미지를 그리게 해준다. 바이러스가 있는 공간과 구분된 곳이다.

그림 6-1 클린존 마크 사례

| 서울시 인증 클린존 마크 | 부산시 인증 클린존 마크 |

　출입문의 방역 장치에 의한 안과 밖의 구분도 마찬가지다. 손 소독과 열 체크를 통해 출입된 곳(안)은 바이러스 감염으로부터 안심 구역이 된 곳으로 클린존과 같은 이미지를 지닌다. 클린존처럼 바이러스가 없는 상태를 깨끗하거나 무결하다는 등 비유적으로 나타낼 수 있는 말이 있다면 그 말로 표현된 언어는 개념적 블렌딩에 의해 이미지화된다. 특히 여기서 방역을 위해 열을 체크하고 손소독을 하고 연락처를 적는 행위는 일종의 리추얼이기도 해서, 그 이미지의 선명도를 더 높인다. 리추얼은 특정 공간에서 이루어질 때 시간을 구조화함으로써 삶의 안정화를 추구한다. 한병철의 말대로 리추얼은 시간 건축물인 것이다.[20] 리추얼

20) 한병철(2022). 전대호 옮김, 「사물의 소멸」, 김영사, p.110.

이 실연될 때 시간은 구조화되어 그 속은 안식처가 된다. 열 체크, 손소득, 연락처 기록을 통한 시간을 구조화한 후 우리는 심리적 안정감을 얻는다. 그 외 코로나19 감염을 완전 차단하기 위해 출입제한구역으로 지정한 곳도 동일하다.

증상 구분: 공공물 부재

코로나19는 기존에 알려져 있지 않았던 바이러스이기 때문에 감염되었을 때 정확히 어떤 증상이 나오는지 알려지지 않았다. 감염자가 생길수록 증상 사례가 축적되면서 증상으로 보일 수 있는 정보들이 정리되어 갔지만 무증상도 있는 만큼 아직도 일관된 특정 증상으로 말할 수 없다. 이는 질병관리청에서도 코로나19에 감염되었을 때 "증상은 무증상·경증부터 중증 질환까지 다양합니다. 증상은 바이러스에 노출된 후 1~14일(평균 5~7일) 이내에 나타날 수 있습니다."로 그 다양함을 말하면서, 주요 증상을 다시 "발열 또는 오한, 기침, 숨가쁨 또는 호흡곤란, 피로, 근육통 또는 몸살, 두통, 미각 또는 후각 상실, 인후염, 코막힘 또는 콧물, 메스꺼움 또는 구토, 설사"로 소개한다. 그리고는 "이외 다른 증상이 가능할 수 있습니다."로 안내하고 있다.[21] 다양한 증

---

21) 질병관리청 코로나 종합안내 홈페이지(ncv.kdca.go.kr).

상이며 그 이외의 다른 증상도 가능하다는 점은 기존에 알려진 다른 질병과는 달리 코로나19가 알려져 있지 않기 때문이다.

그럼에도 불구하고 증상을 구분해야할 필요성은 존재한다. 증상을 통해 코로나19 감염 여부의 진단을 시작하게 되고 진단 후에는 역시 증상을 통해 추가 발병을 막기 위한 노력을 하며 처방 역시 증상을 통해 이루어지기 때문이다. 그렇다면 어떻게 증상 구분이 되는 것일까? 주로 기존에 알려진 다른 질병과 비교 등을 통해 증상 구분을 한다. 이때 개념적 블렌딩에 의해 코로나19 증상의 이미지가 상상된다.

코로나19 증상은 공공물(public object) 부재에 관한 설명으로 표현한다. 여기서 말하는 공공물이란 동일한 물체를 말하는 것으로, Hoffman이 동일한 물체를 통해 사실은 서로 다른 경험을 함에도 불구하고 서로 동일하거나 비슷한 경험을 하는 것으로 느끼는 것을 설명할 때 사용한 대상물이다.[22] 예컨대, 만일 내가 상대방에게 두통을 이야기 한다고 하자. 나는 두통에 대해 목 뒤쪽에서 시작해서 이마와 눈 주위로 이동하고 무엇인가가 머리를 두들기는 것처럼 아프다고 말한다. 이 말을 들은 상대방은 자신이 이

---

22) Hoffman, D. D.(2013). Public objects and private qualia: The scope and limits of psychophysics. In L. Albertazzi(Ed.), *Handbook of experimental phenomenology: Visual perception of shape, space and appearance*, Wiley−Blackwell, pp.71−89.

전에 앓았던 비슷한 두통을 기억해 내서 그것을 바탕으로 내 말에 감정을 이입하고 적절한 반응을 보인다. 그리고 몇 가지 치료법을 제안한다. 사실, 나를 제외하고 누구도 내 두통을 경험하지 못한다. 타인 또한 그 자신을 제외하고는 그 누구도 그의 두통을 경험하지 못한다. 각각의 고유함이 있기 때문이다. 그러나 이 고유함이 두통을 나누는 대회에 방해가 되지 않는다. 상대방은 내 두통이 그의 두통과 유사하다고 간단히 추정하고, 나 역시 그가 두통을 말하면 마찬가지로 추정한다. 이 과정에서 두 사람이 함께 경험할 수 있는 단 하나의 두통, 즉 '공공 두통(public headache)'이 없다는 사실은 전혀 문제가 되지 않는다.

기존에 알려지지 않았던 코로나19 증상에 대한 표현도 이렇게 이루어진다. 기존에 앓았던 감기와 같은 질병에 기초해서 서로의 증상을 만들어간다. 공공물로써 같은 경험을 하지 않더라도 (공공물 부재) 같은 증상으로 표현한다. 심지어 무증상의 경우 감기에 걸리더라도 크게 앓지 않는다는 사람에게는 그때의 무증상 경험이 지금의 코로나19의 무증상 감각의 기초가 되어 비슷한 무증상 확진자들과의 대화에서 하나의 증상(증상이 없다는 증상, 즉 무증상을 의미)으로 구성된다.

개념적 블렌딩도 이에 기초하여 이루어진다. 코로나19 확진자의 증상 요소들이 포함된 입력공간과 그 사람의 말을 듣고 대화하는 상대방의 과거 유사한 질병의 증상 요소들이 포함된 입력

공간이 존재한다. 또는 코로나19 확진자 한 명을 두고, 현재 코로
나19 확진시의 증상 요소들이 포함된 입력공간과 과거 자신이 앓
았던 유사한 질병의 증상 요소들이 포함된 입력공간이 존재한다.
입력공간을 구성하는 주체에 따른 구분일 뿐 동일한 맥락이다.
이때 전자의 입력공간에는 발열, 기침, 피로, 근육통, 두통, 미각
상실, 인후염, 코막힘이 포함되고, 후자의 입력공간에는 발열, 오
한, 기침, 피로, 몸살, 두통, 미각 상실, 인후염, 코막힘, 콧물이 포
함된다. 두 입력공간은 몸 컨디션 프레임에 따라 동일한 증상을
맵핑하게 된다. 발열, 기침, 피로, 두통, 미각 상실, 인후염, 코막
힘이 그에 해당하고, 이 증상들은 코로나19 감염시 기존의 다른
질병의 증상과 같은 증상으로 나타나는 코로나19 감염 증상 이미
지를 만들게 한다. 이렇게 함으로써 코로나19 감염 증상은 구분
된다. 과거 질병과 유사하다는 점으로 이미지화되는 것도 일종의
증상의 구분을 짓는 것이고, 역시 과거 질병과 다른 점이 있다면
그에 대한 이미지화도 증상 구분이 된다.

지금까지 살펴본 이러한 구분 짓기는 대중의 위험판단 능력
(risk literacy)을 위한 정부의 노력 및 대응과 판단의 결과로 볼 수
있다. 네이선 울프의 말대로 현재의 팬데믹 위험성도 그렇고 미
래의 위험성을 막기 위해서라도 대중의 위험판단 능력이 중요하
다. 가장 위험한 것은 위험에 대한 대중의 어설픈 판단이기 때문
이다. 위험 판단능력이란 대중이 팬데믹에 대한 정보를 이해하고

적합하게 해석할 수 있게 만들자는 개념이다. 무엇보다도 대중들이 침착성을 유지하며 지시에 충실히 따라야 한다. 언론이 쏟아내는 위협적인 소식에 대중은 만성적인 위험 불감증에 걸린 듯이 바라보고 있다. 이를 타개할 수 있는 방법은 대중 모두가 위험을 정확히 인지하고, 여러 형태의 재앙들이 어떻게 다른지 평가할 수 있어야 하며, 각 재난에 따라 적절히 대응할 수 있어야 한다. 바로 위험판단능력 보유와 활용이다.[23] 거리 구분인 사회적 거리두기, 코로나 취약계층 구분, 클린존과 같은 공간 구분, 증상 구분 등과 같은 정부의 구분 짓기는 바로 대중의 위험판단 능력을 위한 정부의 각종 대응과 노력의 산물이었고 그것을 위해 개념적 블렌딩이 활용되었던 것이다.

다음은 앞의 제3장, 제4장, 제5장에서처럼 2020년 1월 1일부터 2022년 12월 31일 동안 우리나라 언론매체 기사(경향신문, 동아일보, 매일경제신문, 문화일보, 조선일보, 중앙일보, 한겨레, 한국경제신문, 한국일보, KBS, MBC, SBS)에 달린 댓글 중 구분할 수 없지만 구분하는 이미지로 표현된 내용 중 일부이다. 관료의 언어로부터 개념적 블렌딩으로 이미지화된 거리 구분, 계층 구분, 공간 구분, 증상 구분 등이 표현된 말들이다. 사회적 거리두기에 대한 자연스러운 인식과 실천 의지나, 코로나19에 특히 취약한 계층의 존

---

23) 네이선 울프(2015). 강주헌 옮김, 「바이러스 폭풍의 시대」, 김영사, pp.310-311.

재를 인식하고 있다. 또 공간방역이라는 말로 바이러스로부터 안
전한 공간 구분에 대해서도 언급하고 있고, 코로나19의 증상을
기존의 다른 감염병 증상과 구분지어 말하기도 한다.

"끝까지 자발적으로 마스크를 착용하고 사회적 거리 두기에 적극
적으로 참여해서 의료진의 노고가 헛되지 않도록 해야겠습니다."
"아직 코로나19의 재확산세가 있는 만큼 사회적 거리두기를 잘 하
려는 시민의식이 있어야 합니다. … 아직 사회적 거리두기가 2단계
나 되기 때문에 경각심을 가질 필요가 있습니다."
"정말 단체 줄넘기처럼 모든 국민이 각자의 자리에서 사회적 거리
두기를 지킨다면 코로나 종식이 머지 않을 것입니다!"
"우리를 위해 열심히 백신 개발에 몰두하시는 분들을 생각하며 개
인위생과 사회적 거리두기를 잘 실천하면 다시 코로나19사태 전으
로 돌아갈 수 있다고 생각합니다."
"지금도 사회적 거리두기를 위반하는 많은 삐딱이 국민들이 거리
를 횡행하고 있습니다."
"바이러스에 취약하지 않은 계층의 치명율에 비해…"
"나를 코로나에 취약한 위험한 대상이라고 규정하고 차별하면 어
떤 느낌일까요?"
"감염에 취약 계층이…"
"백신과 함께 공간방역 즉 공기살균을 병행하여야 한다."
"시외버스 밀폐된 공간에서 몇 시간을 타고 가야 한다. 이 얼마나
위험한가!!!"

"감기의 일종이라 나타나는 증상이 메르스·사스는 설사 먼저, 코로나19는 구토 먼저로 다양하고 독감처럼 매해 달라질 수도 있다고 하니 더 두려운 맘이 든다."
"감염병마다 나타나는 증상이 다르고, 그에 대한 순서도 다르다니 정말 신기합니다!"

관료의 언어와 이미지 생산

제7장

이미지 생산을 넘어

제7장

이미지 생산을 넘어

1. 스스로 상상하기와 긍정성 권력

사람들은 오래전부터 실재하지 않는 대상을 마음속에 그려 왔다. 어떠한 형태의 표시나 표현을 통해 그 상상을 드러내 보였다. 비록 실재하고 있어도 눈에 보이지 않다면, 역시 마찬가지로 그에 대해 마음속에 일종의 그림과 같은 상을 떠올렸다. 그렇게 함으로써 소통이 가능했기 때문이다. 심지어 미지의 보물섬이나 유토피아도 지도 속에 표시하며 서로 소통했다.[1] 지금도 보물섬

---

1) 쓰지하라 야스오(2021), 유성운 옮김, 「고지도로 보는 유토피아 상식도감」,

과 유토피아는 그 진위 여부를 떠나 물리적 실체로서 그림으로 남겨져 있다. 언젠가는 그 곳을 찾겠다는 사람들이 있을 정도이고, 그들은 바로 지도 속 그림으로 표시되었기에 믿고 있다. 이처럼 인간은 실재하지 않거나 실재해도 보이지 않는 것에 대해 나름의 상을 그리며 살아왔다. 특히 불확실성이 높은 시대에서는 비단 소통을 위한 목적뿐 아니라 그렇게 해야(마음속 그림이라도 그려야) 안정감도 느낄 수 있기 때문이다.

그래서 월리스 스티븐스(Wallace Stevens)은 진정한 실재는 이미지를 낳는 상상이 결합된 실재라고 했다. 실재는 사실보다 오히려 더 현실적인 것으로, 상상과 결합되지 않으면 그것은 단순한 사실이고 그렇다고 실재가 없이 이미지 등의 상상만 있다면 그것은 곧 공상이라고 했다. 결국 그가 말하는 현실 속에서 인간이 살아가는 실재는 상상에 의한 이미지 등이 결합된 실재인 것이다.[2] 상상 없이 살아가는 사람이 없고 상상만으로 살아가는 사람도 없다. 상상은 이미지를 동반하기에 이를 다른 말로 하면, 어떠한 이미지를 떠올리지 않고 살아가는 사람 없고 이미지만을 떠올리며 살아가는 사람도 없다. 그런 점에서 본다면 현실을 살아갈 때 개념적 블렌딩에 의한 이미지 생산과 그에 따른 인식과 행동을 보이는 것은 진정한 실재를 살아가는 인간의 모습이다. 현실 속 인간

이다미디어.

 2) 월리스 스티븐스(2020). 정하연 옮김, 「하모니엄」, 미행.

의 행위를 모순된 충동의 합성물(a compound of contradictory impulses)로 보는 이유도 그 때문인지 모른다.3)

코로나19 발생은 인간에게 실재하지 않는 대상을 여러 이미지로 그려서 상상이 결합된 진정한 실재를 맞이하도록 했다. 그 가운데 모순된 충동의 합성물로서 속성도 드러내 보였다. 수많은 이미지에 의한 인식과 그렇지 않은 인식의 혼재는 모순되는 모습을 낳기도 하지만(특히 개념적 블렌딩에 의해 생산된 이미지가 주는 모순), 그러한 것들의 합성물로서 코로나19에 대응해나간 이들이 인간이기도 하다. 이를 이끈 주체는 정부이고 그 속의 관료들이 그들의 언어로 소통했다. 때로 위급할 때는 소통을 넘어 지휘와 통제를 하기도 했다. 모두가 너무 몰랐고 불확실했기 때문에 일단 그들의 언어에 의지했다.

언어는 진공이나 개인 속에 존재하는 것이 아니어서 화자는 항상 특정한 사회적 언어를 말한다.4) 그래서 코로나19 발생에 따른 대응과정에서 사용된 관료들의 언어는 단순히 공공서비스 공급자의 외로운 외침이 아니라 사회적 언어로서 강력한 힘을 발휘했다. 코로나19 발생과 대응을 전쟁이나 전투 등 싸움으로 표현한 것, 무엇이 두려운 존재인지 눈에 보이도록 한 점, 함께하지

3) 김민주·윤성식(2016). 「문화정책과 경영」, 박영사, p.4
4) 수잔 티체·로리 코헨·질 머슨(2013). 신병현 옮김, 「언어와 조직 이해」, 커뮤니케이션북스, p.46.

못하게 하면서도 함께 할 수 있게 하여 영향력을 보인 점, 구분할
수 없는 것을 구분을 통해 구분된 어휘로 지칭하며 의사소통을
한 점은 모두 코로나19에 따라 관료가 사용하는 사회적 언어의
힘을 보여준다. 사실, 그 힘은 권력이다.

　권력은 "다른 사람들의 반대를 거슬러서라도 자신의 의지를
실현시킬 수 있는 가능성",5) "A와 B 사이에서 A가 시키지 않았
더라면 B가 하지 않았을 행동을 A가 시켰기 때문에 B가 그에 따
랐다면 이때 A가 갖는 것",6) "A에 의해 B에게 가해지는 모든 형
태의 성공적인 통제로서 A가 B의 순응을 확보해 내는 모든 행
위"이거나,7) 또는 "자발성과 자명성에 기반을 두고 권력대상자의
특정 행동에 맞서려는 대신 그의 행동반경에 영향을 주거나 그것
을 변화시킴으로써 부정적인 제재 없이도 권력대상자가 자발적으
로 권력행사자의 의지에 따르는 결정을 하게 하는 것"8)과 "권력
대상자의 선호나 기호를 만들어 내거나 조절하면서 작동하는
것",9) "내가 상대방에게 내가 원하는 어떤 행동을 강제로 하도록

5) Weber, Max(1948). *From Max Weber: Essays in Sociology*, London: Routledge, p.180.
6) Dahl, Robert(1957). The Concept of Power, *Behavioral Science*, 2(3): 201－215, pp.202－203.
7) Bachrach, Peter and Morton S. Baratz(1970). *Power and Poverty: Theory and Practice*, Oxford University Press, pp.43－44.
8) 한병철(2016). 김남시 옮김, 「권력이란 무엇인가」, 문학과 지성사; 김민주(2017). 예산배분 권력의 역전, 「인문사회과학연구」, 18(3): 143－181.

하는 것이 아니라 상대방이 알아서 스스로 내가 원하는 행동을 하도록 하는 것" 등이다.[10] 앞의 세 개의 정의가 강압이나 강제 등의 부정적 요소에 의한 권력에 초점을 둔 정의라면, 뒤의 세 개는 강압이나 강제가 아닌 자율성에 기초한 긍정적 요소에 의한 권력의 정의이다. 세련되고 정교하고 스마트한 권력은 뒤의 세 개에 가까운 정의다. 무엇보다도 뒤의 세 개는 생활에 밀접하지만 잘 보이지 않는 권력으로 자주 활용되는 권력이기도 하다.[11]

그 어떤 형태의 권력이 되었건 많은 경우 결국 언어를 통해 메시지가 전달되거나 의사소통된다는 점에서 언어를 통한 권력 행사는 자연스럽다. 하지만 언어 사용 방식에서는 차이가 있다. 긍정적 요소에 의한 권력은 강압적이지 않은 언어로 보다 다채롭게 구사된다. 부정적 요소에 의한 권력이 강압이나 강제와 같은 비교적 단순한 위협적 언어로 권력이 작동한다면, 긍정적 요소에 의한 권력은 부정적이지 않은 언어로 스스로 권력행사자의 의도에 부합되는 행동을 하도록 이끌게 한다.

따라서 코로나19 대응을 위한 관료의 언어 중 개념적 블렌딩에 의한 언어는 사실, 권력의 관점에서 본다면 긍정적 요소에

9) Lukes, Steven(2005). *Power: A Radical View*, London: Palgrave Macmillan, p.29.
10) 김민주(2021). 「자치와 보이지 않는 권력」, 박영사, p.137.
11) 김민주(2021). 「자치와 보이지 않는 권력」, 박영사.

의한 권력 작동이라고 할 수 있다. 평소 사용하는 언어로부터 블렌딩되어 생산되는 이미지를 통해 해당 현상을 스스로 이해하도록 만들기 때문이다. 앞서 코로나19 상황에서 등장한 개념적 블렌딩의 여러 사례들을 보면, 언어 자체에서 오는 강압이나 강제나 위협적인 인상은 거의 없다. 그럼에도 불구하고 효과적이다. 예컨대 그 누구도 코로나19 대응 과정을 싸움이나 전쟁으로 여기서 표현(언어 사용)해라고 말하지 않는다. 다만 코로나19 대응의 주무 담당 관료들이 그 언어를 사용하면서 우리도 자연스럽게 쓰게 되고, 개념적 블렌딩의 특성상 그 언어를 사용하게 되면서 이미지를 함께 생산하게 된다. 그리고 이제는 코로나19 대응 과정을 싸움이나 전쟁이나 전투를 하는 것으로 여긴다. 억지로 그렇게 여기게 만든 것이 아니라, 누구나 개념적 블렌딩을 통한 언어를 사용하면서 자연스럽게 스스로 이해하며 수용한 것이다. 조지 레이코프의 말처럼 언어는 사고를 표현하고 전달하고 사고에 접근하고 사고를 만드는 수단이라고 할 때,[12] 그 사고는 강제에 의해 만든 것인 아니라 스스로 만든 것이다.

이는 본명이 마리 앙리 벨(Marie Henri Beyle)인 소설가 스탕달(Stendhal)이 '인간에게 말(언어)이 있는 것이 그들의 속마음을 감추기 위해서'라고 했던 말과 같은 맥락이다. 언어는 의사소통을 위한 것이라는 일반적 통념에 따르면 속마음을 감추기 위해서라

---

12) 조지 레이코프(2012). 나익주 옮김, 「폴리티컬 마인드」, 한울, p.45.

는 말은 얼핏 모순처럼 들린다. 하지만 이 말은 두 가지 측면으로 해석될 수 있다. 하나는, 표현을 위한 말이지만 모든 표현을 다 하지 않을 수도 있다는 의미다. 할 수 있는데 다 하지 않는 것은 다하지 않은 만큼은 남겨 놓는 것이고 때로는 그것이 바로 감추는 것일 수도 있다. 이렇게 할 수 있는 것은 표현할 수 있게 하는 말이 있기 때문에 가능하다. 말이 없다면 애초에 감추건 감추지 않건 그런 구분이 성립될 수 없다. 따라서 이는 인간이 말을 함으로써 가능한 또 다른 면을 말해준다. 언어의 기능적 효과의 결과에 가깝다.

　다른 하나는, 말이 지니는 상상의 기능에서 비롯된다. 언어는 말하는 사람이 스스로 인지함으로써 이해된다. 내가 말하면 상대방은 내 말을 듣고 이해하기도 하지만 인지 구조상 나의 말로 시작된 이해라고 해도 결국은 상대방 스스로 이해하게 된다. 물론 이해가 아니라 오해할 수도 있다. 그러나 그것 역시 스스로 이해한 결과이다. 따라서 대화는 상대가 있어야 가능하지만 그런 대화도 미시적으로 보면 상대가 말하는 바에 대해서나 아니면 내가 하려는 말에 대해서나 스스로의 인식이 우선한다. 바로 이점에서 언어를 통한 상상이 가능하다면, 상대방과 어떠한 언어로 말을 할 때 그 언어에 의한 상상은 스스로가 한다. 내가 의도를 감추고 상상을 불러일으키는 언어를 사용하고 있다면, 상대방은 내 의도를 인식하지 않고 주어진 언어에 의한 상상을 스스로 한다. 하지만 개념적 블렌딩의 언어를 사용하면, 상대방은 스스로 상상을 하지만 내 의도가 녹여든 상상을 하는 것이다. 개념적 블렌딩의 언어는 상상을 통해 이미지로 이끄는 방식이라서 기본은 내가 제시한 언어로 상상한다. 그 상상은 결국 말을 한 사람의 속마음을 감추기 위해 사용된 언어에 따른 것으로도 볼 수 있다. 개념적 블렌딩의 언어는 상상의 과정을 거쳐야 최종 언어에 대한 이해가 가능하므로, 최종 언어는 의도 없는 언어일 수 있지만 그 과정에서 거쳐야 하는 상상은 자신의 속마음을 감춘 것일 수 있다. 앞의 사항이 언어의 기능적 효과에 가깝다면 여기서는 언어의 권력성에 해당한다. 개념적 블렌딩을 통해 코로나19 대응 과정을 싸움이나 전쟁이나 전투를 하는 것으로 상상하게 만드는 것이나 보이지 않는 것을 보이게 하고 또 구분 짓게 하는 등과 같다.

이처럼 권력이 언어를 통해 '드러나는(displayed)' 것만이 아니다. 권력은 종종 언어를 통해 '성취되기도(achieved)'한다. 성취 범주에 포함될 수 있는 언어의 기능에는 사회 통제나 정서에 영향 미치기 및 사고 형성 등이 해당한다.[13] 코로나19 대응 과정에서 사용된 개념적 블렌딩에 의한 관료의 언어는 바로 이러한 기능을 하되, 스스로 하게 하는 긍정성에 의한 권력 작동으로 한 것이었다. 물론 지금도 계속되고 있다.

---

13) 뮤리엘 사빌−트로이케 지음(2009). 왕한석 외 옮김, 「언어와 사회」, 한국문화사, p.399.

강압 등 부정성에 의한 권력보다 스스로 하게 하는 긍정성에
의한 권력은 흔히 권력으로 인식하는 것과는 다르게 여겨져서 잘
알아차리지 못한다. 권력행사자의 입장에서 볼 때 이는 가장 편
한 권력행사 방식이다. 상대방이 스스로 알아서 내 의도대로 움
직이므로 그것만큼 편한 것도 없다. 그래서 때로는 그 방식이 겉
으로는 좋은 것처럼 보이는 포장이 입혀지기도 하는데, 바바라
크룩생크(Barbara Cruikshank)가 말하는 시민성 테크놀로지(technology
of citizenship)가 그 예가 된다. 그에 따르면 국가는 시민을 대상
으로 시민다움을 지니게 하기 위해 시민들에게 시민이 되는 여러
기술(교육이나 캠페인 등의 다양한 방식으로 개인을 정치적으로 능동적이
게 만들고 스스로를 자율적으로 통치할 수 있게 만드는 것)들을 사용하
게 되는데, 그것이 바로 시민성 테크놀로지다.[14] 당사자들은 잘
모른다. 시민이 된다는 것은 좋은 것이므로 그에 따르는 깃 또한
좋은 것으로 생각할 뿐이다. 이처럼 코로나19 발생으로 정부 관
료들은 불가피하게 다양한 개념적 블렌딩을 통한 상상을 불러일
으키는 언어를 사용하면서, 자신들의 대응조치에 따르는 국민들
이 스스로 판단하고 따르는 것으로 여기게 하는 권력 행사를 한
결과를 낳았다.

14) 바바라 크룩생크(2014). 심성보 옮김, 「시민을 발명해야 한다」, 갈무리,
   pp.16−63.

2. 리듬 속 컴퓨터 바이러스처럼

이제 더 이상 '컴퓨터 바이러스'가 어색하게 들리지 않는다. 컴퓨터를 접하며 살아온 세대는 낯설지 않게 누구나 곧바로 이해하며 사용하는 단어다. 개념적 블렌딩은 기존의 익숙한 개념들로부터 블렌딩된 새로운 개념으로 나아가는 것이기 때문에 처음에는 블렌딩된 개념이 어색하고 낯선 것이 당연하다. 컴퓨터와 바이러스 각각은 익숙했지만 둘이 블렌딩된 컴퓨터 바이러스는 상대적으로 낯설었다. 하지만 지금은 컴퓨터나 바이러스 각각의 단어만큼 컴퓨터 바이러스도 익숙해졌다. 비유하자면 컴퓨터 바이러스가 블렌딩되는 과정의 속도는 빛의 속도처럼 빠르다. 외국어를 처음 접할 때는 번역을 거치며 시간이 걸리지만 익숙해지면 그냥 이해되는 것과 같다.

현재 코로나19로 인해 나타난 여러 개념적 블렌딩의 언어들은 컴퓨터 바이러스라는 말이 시작된 초기와 같은 상황이다. 물론 그러한 개념적 블렌딩된 여러 단어나 용어들 중에는 컴퓨터 바이러스가 사용된 말의 초기 시기가 아니라 이미 중기 정도에 해당하는 것도 있을 것이다. 컴퓨터 바이러스라는 말이 처음 사용되었을 때와 비교할 때, 코로나19 발생 시기에 사용된 여러 개념적 블렌딩은 컴퓨터 바이러스 말이 등장했을 때보다 더 집중적으로 사용되었기 때문이다. 사회 전체가 코로나19를 마주하며 대응하고 적응했기에 더욱 그렇다. 따라서 대체로 지금은 코로나19에 의한 개념적 블렌딩은 여러 이미지 생산으로 이어지고 그 이미지들이 컴퓨터 바이러스처럼 우리에게 익숙해지고 있는 중이다. 이는 곧 생산된 이미지가 현실에 밀착되는 후속 과정으로 앙리 르페브르가 말하는 '리듬'이 추가되는 것을 의미한다. 코로나19는 단순한 이미지 생산에 그치는 것이 아니라, 바로 그렇게 생산된 이미지는 우리 삶의 리듬에도 영향을 준다.

　리듬이란 '반복 속의 움직임과 차이'로써 '제스처나 행위나 상황이나 차이의 반복', '선형적 과정과 순환적 과정의 간섭', '탄생, 성장, 절정, 쇠퇴, 종말', '밤과 낮의 주기적 반복'과 같은 것들이다. 앙리 르페브르는 장소와 시간, 에너지 소비의 상호작용이 있는 곳이라면 어디나 리듬이 있다고 했다.[15] 그곳은 우리 인간이 살아가는 곳(사회 등)이다. 그리고 우리 인간의 몸속 혹은 몸 그 자체가 리듬이기도 하다. 리듬을 생체적 리듬과 사회적 리듬으로 구분하는 것도 그 때문이다. 인간이라면 누구나 리듬을 지니고 있고 그 리듬 속에서 살아간다는 말도 같은 맥락의 의미에서 사용된다. 누구나 리듬을 지니고 있다는 말은 생체적 리듬이 있다는 말과 동시에 사회적 리듬의 영향을 받는다는 말이고, 동시에 리듬 속에서 살아간다는 말은 생체적 리듬에 의해 몸이 움직이면서 동시에 사회적 리듬 속에서 살아가고 있음을 말한다.

---

15) 앙리 르페브르(2013). 정기헌 옮김, 「리듬분석」, 갈무리, p.80.

물론 리듬에 의해 영향을 받는 것뿐 아니라 선호에 의해 리듬을 취하기도 한다. 즉, 우리는 각자가 자연스럽게 선호하는 기준과 빈도를 가지고 있다. 각자의 심장 박동이나 호흡 등 자신의 리듬을 기준 삼아 특정 리듬들을 선호한다. 노동시간과 휴식시간, 깨어있는 시간과 잠든 시간 등도 기준이 될 수 있고 그에 따라 선호된 리듬이 생긴다. 반복과 차이로 패턴의 물결을 이루는 리듬과 인간이 상호작용하고 있는 것이다.

겉에서 볼 때는 충만하고 연속적인 것처럼 보여도 그 내부에는 반복적 측면들이 들어 있다. 우리가 인식하고 지각하는 소리, 빛, 색깔, 사물들 모두가 마찬가지다. 리듬은 하나가 아니며 여러 리듬들이 하나의 앙상블(ensemble)을 만든다. 그 앙상블이 있는 사회 속에서 인간이 살아가고 있다. 물론 앙상블은 흐트러짐이나 깨짐이 있기에 가능한 말이기 때문에 충격 등에 의해 출렁인다. 충격이 가해지면 흐트러지고 깨진다. 그리고는 다시 또 리듬이 된다. 다중성(plurality)을 지니는 리듬들이 만드는 앙상블은 예측할 수 없지만 수많은 다양한 충격이 오고 간다. 오면서(충격 발생) 흩트리고 깨지게 하고 갈 때(충격 완화)는 안정되어 보인다.

코로나19가 오면서(발생하면서) 우리의 리듬을 흩트렸다. 마스크를 착용을 하며 생활하는 것은 기존의 생체적 리듬은 물론이고 사회적 리듬에 어울리지 않는 것임에도 불구하고 마스크 착용은 필수이자 의무이자 강제가 되었다. 마스크를 쓰고 회의를 하고 강의를 하고 심지어 가족 중에 코로나19 확진자가 생기면 집에서도 마스크를 착용하며 생활할 정도였다. 코로나19에 따른 강제적 영업종료 시간 규제도 그동안 각자 운영하는 가게를 각자에 맞게 오픈시간과 종료시간을 정해서 영업했던 리듬을 깼다. 영업을 할 때도 인원 제한이 있고 방역수칙 준수를 해야 하는 즉, 전에 없던 것들을 해야 했다. 이러한 사례는 무수히 많다. "코로나19 때문에"라는 말로 거의 모든 것이 허용되고 가능할 정도였는데, 바로 그 조건이 의사소통과정에서는 기존 리듬과는 다른 무엇인가가 영향을 준다는 일종의 신호 역할을 한다.

사실, 코로나19 이전에도 수면, 식욕, 갈증, 배설 욕구 등과 관련된 우리의 생체적 리듬은 사회적 환경과 노동 생활에 의해 조건 지어져왔다. 단적으로, 계약에 의해 고용된 일터를 생각하면 그렇다. 일하러 가야하기에 내 몸의 수면 리듬은 재설정된다. 일터에 가기 위해 자는 시간, 일터에서의 피곤함 때문에 생기는 졸음과 수면 시간 등이 그에 해당한다. 코로나19는 이러한 기존의 리듬과 재설정된 리듬에 또 변화를 가져온 것이다. 또 기존의 변화들을 가속화시켰다. 한 예로, 영상(비대면)을 활용하는 다양한 변화의 노력과 시도는 그동안의 그 노력과 시도의 양보다 몇 배나 많고 또 빠르게 변화를 가져왔다.

코로나19 대응을 위해 개념적 블렌딩으로 만들어진 이미지는 여기에 기여했다. 싸울 수 없는 바이러스이지만 싸우기 위해 각종 방역수칙을 무기 삼아 따라야 했다. 보이지 않는 바이러스의 이동을 보이는 확진자의 동선을 보면서 자신의 동선과 겹치면 코로나19 검사를 받아야만 했고 설사 동선이 겹치지 않더라도 이동할 때 그 동선을 피하려 했다. 코로나19로 함께할 수 없게 되자 함께하는 방안으로 화상회의를 하며 일터가 아닌 집에서 일을 해야 했다. 구분할 수 없는 구분을 짓기 위해 출입시 손소독을 하고 열 체크 행위도 따라야 했다. 이 모든 것은 기존의 리듬과는 다른 행위들이다. 개념적 블렌딩이 생산한 이미지는 코로나19에 대응하기 위한 것이었으나, 그것은 이제는 기존의 리듬과는 다름이 요구된다는 점을 보여주면서 새로운 리듬을 위한 시작임을 말하는 것이기도 했다. 물론 이 과정은 고통스러운 과정이고 때로는 무질서가 초래되기도 한다. 처음에는 혼란스럽고 리듬의 조화를 이루는 조화 리듬성도 형성되지 못했다.[16] 하지만 생산된 이미지가 생활 속에서 계속 반복될수록 이제는 기존에 없던 새로운 리듬이 추가된다. 물론 기존의 리듬이 없어지기도 하고 수정되기도 하면서 새로운 리듬의 추가가 이루어진다. 마스크 착용이 리듬이 되어 오히려 마스크를 벗는 것이 어색하게 된 정도이고, 사회적 거리 두기 역시 리듬이 되어 불필요한 근접 대화는 꺼려하게 되었다. 비대면 택배 서비스 역시 리듬이 되어 대면으로 택배 물건을 주고받는 것은 단순한 어색함을 넘어 불편함이 되었다.

---

16) 앙리 르페브르(2013). 정기헌 옮김, 「리듬분석」, 갈무리, p.81.

코로나19로 만들어진 개념적 블렌딩에 따른 이미지 생산의
결과물은 처음에는 기존 리듬과는 다른 리듬을 보여주는 데서 시
작하여 낯선 것들이었지만, 점점 기존의 리듬이 낯설게 될 정도
로 이 이미지들이 새로운 리듬을 형성하는 요인이 되어 갔다. 컴
퓨터 바이러스라는 말이 낯설고 어색했지만 필요한 개념이었기에
일단은 수용되어 사용되었고 그 말을 쓸 때마다 점점 개념적 블
렌딩의 속도는 더 높아져 이제는 개념적 블렌딩의 과정을 거칠
필요가 거의 없게 되었다. 컴퓨터와 바이러스 각각에 대한 인식
과 동일한 수준의 속도로 컴퓨터 바이러스도 인식한다. 코로나19
에 의해 생산된 네 가지 측면의 이미지도 최초 코로나19가 발생
하고 각종 이미지들이 개념적 블렌딩을 거쳐 등장하기 시작한
2020년보다 지금은 훨씬 더 익숙해졌다. 이는 리듬으로서 자리잡
아가는 과정이며 그것은 곧 새로운 리듬의 추가가 된 것이다. 리
듬 속 컴퓨터 바이러스처럼 리듬 속 이미지들이 되어가고 있다.
그 이후에는 컴퓨터 바이러스에 의해 컴퓨터 작업 행위의 리듬이
만들어지듯 개념적 블렌딩에 의해 생산된 이미지가 곧 리듬의 한
축을 맡게 될 것이다.

3. 단절적 전환 인식

기존 리듬이 흐트러지고 새로운 리듬이 만들어질 때 단절이 발생한다. 코로나19는 일종의 단절 발생과 같다. 점증적 변화와는 다른 단절적 변화는 일종의 이벤트(event)가 기점이 되어 그로부터 시작하는데, 코로나19 발생이 그에 해당하기 때문이다. 진화생물학 연구에서 화석의 단절을 중요 기점으로 파악하듯이 사회 현상에서도 갑작스럽고 급격한 변화를 야기하는 전환점은 곧 단절점이 되어 변화의 기점이 된다.17) 그 변화란 기존 리듬에 변화를 주거나 새로운 리듬이 생기는 등과 같이 리듬의 변화다. 코로나19 발생은 최근 그 어느 단절적 이벤트보다 더 체감도가 높았다. 울리히 벡(Ulrich Beck)의 말처럼 현대사회는 자연의 위험(danger)은 물론이고 사회적 위험(risk)이 곳곳에 상존하는 위험사회(risk society)에 처해 있는데,18) 그 위험도를 더 높이는 것은 예상할 수 없는 위험의 도래다. 나심 니콜라스 탈레브(Nassim Nicholas

---

17) Baumgartner, Frank R. and Bryan D. Jones(1993). *Agendas and Instability in American Politics*, Chicago: University of Chicago Press; Jones, Bryan D. and Frank R. Baumgartner(2005). A model of choice for Public Policy, *Journal of Public Administration Research and Theory*, 15(3): 325−351, p.325.

18) 울리히 벡(2014). 홍성태 옮김, 「위험사회 새로운 근대성을 향하여」, 새물결.

Tale)가 제시하는 블랙스완(black swan)이 그렇다. 단순히 예상할 수 없는 것을 넘어 전혀 예상할 수 없을 뿐만 아니라 극단적 상황을 초래해서 운명에 영향을 줄 정도가 생길 수도 있다.[19] 이런 것들은 단절적 현상이다. 코로나19 역시 기존의 바이러스 감염과 비교할 때 유행 기간, 전파 속도, 감염층의 다양성 등에서 미치는 영향은 상상할 수도 없이 컸다.

단절 발생은 인간에게 크게 두 가지 모습을 이끌어 낸다. 하나는 단절 이전의 상황을 생각해보면서 그때의 상황을 더 잘 이해하게 되거나 때로는 그리워 한다는 점이고, 다른 하나는 단절 이후의 상황을 생각하며 단절의 비정형성을 안정적으로 만들려고 하면서 동시에 새로운 상황에 대한 기대감도 가지게 된다는 점이다. 단절은 그 이전 상황과 그 이후 상황을 이해하고 해석하게 하는 전환점인 것이다.

먼저, 단절에 의해 보여지는 두 가지 모습 중 하나는 한병철의 말대로 바이러스가 현실을 복구시킨다. 현실은 바이러스라는 대립체의 형태로 자신의 복귀를 알린다.[20] 고통은 현실이고 그 고통에는 현실을 깨닫게 하는 효과가 있다는 의미에서 현실 복구와 복귀를 말한다. 디지털 사회를 예로 들면, 디지털화된 사회 속

19) 나심 니콜라스 탈레브(2008). 차익종·김현구 옮김, 「블랙스완」, 동녘사이언스.
20) 한병철(2021). 이재영 옮김, 「고통 없는 사회」, 김영사, p.53.

에서 디지털로 인해 무감각하고 둔감하던 인간에게 감각적 현실을 인식하게 하는 현실충격 방법 중 하나가 코로나19 발생이라는 의미다. 당연시 여겼던 일상의 여러 일들이 바이러스로 인해 제약 당하면서 그 일상이 어떤 것인지를 비로소 알게 되는 것이다. 무감각하던 수많은 것들이 사실은 현실임을 새삼 깨닫게 해준다. 단순히 일상의 소중함을 알게 되었다는 것을 넘어, 일상이 지니고 있는 모습이 어떤 것이었는지를 느끼게 된다. 고통에는 현실을 깨닫게 하는 효과가 있다는 앞의 말은 곧 코로나19로 인한 고통 덕분에 그동안 디지털화 속에서 무감각했던 현실이 어떤 것인지를 알게 해준 것을 의미한다.[21] 디지털화 속 무감각적 현실의 리듬이 코로나19에 의해 영향을 받으며 크고 작은 변화를 가져오고 그로부터 현실이란 어떤 것인지 이해하고 해석하게 되는 것이다. 물론 여기에는 역설적인 면도 존재한다. 코로나19는 다시 디지털화를 가속화시키는 면도 많았기 때문이다. 하지만 그것은, 코로나19에 의해 디지털화 속 무감각적 현실을 이해하고 또 깨닫게 되면서 동시에 또 코로나19로 인지되고 감각된 현실을 위한 디지털화(예, 비대면 기술 확대 등)가 추구되는 상황은 겉으로는 역설적으로 보이지만 그것은 현실 적응을 위한 현실적 조치이다. 현실 감각에서 비롯된 것이다.

---

21) 한병철(2021). 이재영 옮김, 「고통 없는 사회」, 김영사, p.53.

디지털화 속 현실 이외의 다양한 측면의 현실도 마찬가지다. "사실은 없고 그에 대한 해석만 있을 뿐"이라고 한 프리드리히 니체(Friedrich Nietzsche)의 말처럼 우리 인간은 이해와 해석으로 현실임을 인지한다.[22] 이 말은 진짜 사실이 있다 혹은 없다는 것보다는, 설사 진짜 사실이라는 것이 존재하다고 해도 사람들은 각자의 이해와 해석을 한다는 의미이다. 코로나19에 의해 발생된 현재 시점의 단절은 단절 이전의 상황을 단절 요인(코로나19)에 의해 이해하고 해석하게 하면서 단절되기 전에는 무심하고 별 관심이 없었던 단절 이전의 상황을 더 잘 알게 된다. 프리드리히 니체가 말한 해석에는 그리움도 포함되므로 때로는 그때를 그리워한다. 마스크 벗고 생활할 때가 더 좋았다라는 그리움을 말하면서, 마스크를 착용하지 않던 과거의 일상을 더 이해하게 된다. 공기를 직접 들이 마시는 과거의 일상이 어떤 것인지 이해하게 되고, 마스크 없이 대화할 때 전달되는 메시지가 분명 존재한다는 점이나, 그리고 대면으로 진행했던 일의 비효율성 또는 대면의 효과성 등도 알게 된다.

이 이해와 그로부터 가능한 해석은 개념적 블렌딩에 의해 이미지가 만들어질 때 함께 작동한다. 개념적 블렌딩을 위해 기존에 익숙한 개념들은 단절이 발생하기 이전에 있던 개념이고 그것을 통해 새로운 개념을 만드는 것은 단절에 따른 현재의 상황이

---

22) 프리드리히 니체(2018). 김세영·정명진 옮김, 「권력의지」, 부글북스.

다. 단절 때문에 등장한 개념적 블렌딩은 단절이 기점이 됨을 분명히 인식하며 이루어진다. 단절 경험을 각인시킨다.

단절 경험으로의 각인은 단절 이후 상황을 위한 각종 대처에서도 나타난다. 단절은 앞서 살펴본 바와 같이 단절 이전의 상황을 이해하도록 하기도 하지만, 단절 이후의 상황을 생각하며 단절의 비정형성을 안정적으로 만들려고 한다. 리듬으로 표현하자면, 충격에 의한 리듬은 기존과는 다른 물결과도 같은 것이므로 그 충격을 고려하면서 다시 리듬으로 자리 잡으려고 한다. 이때 다시 리듬은 그 전의 리듬을 의미하는 것이 아니라, 충격을 수용하거나 안정시키는 형태의 리듬이기 때문에 충격 이후의 리듬의 의미이며 이는 전의 리듬과는 다르게 자리잡는 리듬이 된다.

코로나19 발생에 따른 정부의 표준화된 방역수칙은 정부가 공식적으로 추진하는 비정형적 현실의 안정화 노력의 대표적 산물이다. 코로나19 이전으로 무조건 돌아가자는 것이 아니라, 코로나19가 유행하는 현재를 살아가기 위한 방역수칙이고 그 이후를 준비하기 위한 사전단계 이기도 하다. 이런 노력은 기존의 같은 안정을 '되찾기'보다는 현 상황에서 '안정하려'고 하는 노력이다. 싸울 수 없지만 싸우려했고, 보이지 않지만 보이게 하고, 구분할 수 없지만 구분했고, 함께 할 수 없지만 함께 하려는 개념적 블렌딩에 의한 이미지 생산은 모두 현재의 단절 요인인 코로나19 대응과 그 이후를 생각하게 이끈다. 이미 앞서도 언급했듯이 개념적 블렌딩은 기존의 익숙한 개념 즉, 코로나19 이전에도 있던 개념을 통해 만들어지기 때문에 현재와 기존의 단절을 이해하는 동시에 새로 만들어진 개념적 블렌딩의 용어는 단절이 발생한 현재와 이후 계속 사용될 말이 된다. 개념적 블렌딩이 진행되는 과정상 기존의 개념을 활용하는 것은 단절 이전을 이해하는데 도움이 되고, 도출된 개념적 블렌딩의 용어는 현 시점의 단절과 그로부터 후속될 상황을 이해하도록 한다. 코로나19에 의한 개념적 블렌딩은 분명 단절적 전환 인식을 통해 단절 경험을 각인시키는데 기여한다. 따라서 생산된 이미지는 단순히 이미지 생산에만 머무는 것이 아니라, 이미지 생산 과정에 의해 단절 기점을 이용하여 단절 이전과 현재와 그 이후를 단절적으로 나누어볼 수 있게 한다.

4. 언어로 계속 포착하기

경험하지 못했던 일이 발생해서 그것을 언어로 표현하면 그것은 비로소 경험이 되고 그 경험의 내용도 규정된다. 언어는 자의성과 창조성을 특징으로 하기 때문에 언어를 사용하는 인간은 경험한 일은 물론이고 경험하지 못한 일에 대해서도 언어로 포착할 수 있다. 기존의 언어를 활용하여 상상을 불러일으켜서 새로운 개념의 언어를 만드는 개념적 블렌딩은 경험하지 못한 현상을 포착해서 언어로 나타내는 데 한몫하고 있다.

코로나19에 따른 일련의 사회현상은 겪어 보지 못한 일이었다. 상상조차 하지 못했던 일들이 벌어졌다. 여기에 대해 언어를 사용하는 인간은 다음과 같은 대응을 한다. 코로나19로 나타난 사회현상을 언어로 포착하여 공식화된 경험으로 인식하거나, 아니면 언어로 포착하지 않거나 또는 포착되지 않아서 현상 그 자체로만 남도록 하는 것이다. 사회문제를 해결하는 데 공적 권력을 사용하도록 허용된 정부는 후자보다는 전자에 가깝게 행동한다. 정부 관료는 사회를 구성하는 인간들 간 정치적 책임성(political responsibility)의 의미를 알고 있기 때문에 가만히 구경만 하고 있는 것은 아니라서 그렇다. Young이 말하는 정치적 책임성은 현재의 상태가 만들어지는 과정에 우리 모두가 연결되어 있음을 말한다. 예를 들면, 가난한 나라의 커피 공장의 값싸고 열악한 노동

자들의 인권 및 처우 문제는 결국 먼 이국에 살고 있더라도 우리가 커피 소비를 하기 때문이므로 우리에게도 정치적 책임이 있다는 말이다. 그런 구조 속에 사는 인간들은 비록 법적 책임은 없다고 해도 그 구조 속에서 부정의(injustice)에 영향을 미친 것이므로 부정의를 치유할 책임은 있다는 것이다. 정치적 책임성은 구조적 불평등과 부정의의 문제에서 특히 강조된다.23) 이처럼 사회의 부정의에는 누구나 기여했기에 모두에게 정치적 책임성이 존재하는데, 그 모두의 정치적 책임성을 하나로 모아서 실천하려는 노력은 바로 정부 관료에 의해 행해진다. 비단 부정의가 아닌 사회 전반에 영향을 미치는 문제도 마찬가지다. 특히 만일 사회문제가 그 전에는 경험하지 못했던 것은 물론이고 국가재난으로 선포될 정도라면, 정부 관료는 코로나19 경험과 같이 전에 없던 상황이라서 없던 개념을 만드는 개념적 블렌딩과 같은 말로 이미지를 생산하며 대응해나간다. 이미지들은 코로나19에 대응하는 방법이자 의사소통인 것이다. 그리고 한편으로는 생산된 이미지는 권력으로, 리듬으로, 단절 경험으로까지 더 나아간다.

그런데 만일 후자라면 어떨까? 즉 언어로 포착하지 않거나 포착되지 않아서 현상 그 자체로만 남도록 하면 어떨까? 사실, 언어로 모든 것을 다 포착하기는 힘들기 때문에 포착되지 않은 현

---

23) Young, Iris Marion(2004). Responsibility and Global Labor Justice, *The Journal of Political Philosophy*, 12(4): 365-388.

상이 남아있는 것은 지극히 당연하다. 의도해서 포착하지 않은 사례도 충분히 있을 수 있지만 어쩌면 포착할 수 없었거나, 의도치 않게 포착되지 않았거나, 현상들을 언어로 포착해갈 때 새롭게 포착해야할 현상이 계속 도래 하는 등 그 이유는 다양해도 결과적으로 언어로 포착되지 않은 상태가 존재한다. 개념적 블렌딩에 의한 언어와 그에 따라 생산된 이미지로 여러 대응을 해도 인위적 언어가 미치지 않는 자연 그대로의 현상이 있다.

언어로 표현되지 않은 현상을 두고 인간의 언어 사용에 대해 생각해볼 수 있다. 언어가 그 자체로 세계의 그림이라고 했던 비트겐슈타인의 인생 전기 입장에 따르면 표현되지 않은 현상의 존재는 인간이 그리는 세계 그림의 미완성을 의미한다.[24] 그의 말대로 언어의 한계가 곧 그 사람의 한계라고 한다면 표현되지 않는 현상의 존재도 충분히 가능하다. 말 그대로 인간에게는 한계가 있기 때문에 표현되지 않은 현상도 있는 것이다. 그리고 인간의 한계가 모두 동일하지 않기 때문에 역시 누군가에 의해 표현되지 않은 현상도 있다. 사람마다 언어로 표현할 수 있는 범위는 다르고 그에 따라 세계를 그리는 그림의 폭도 다를 것이다. 이로부터 알 수 있는 중요한 사항은, 인간은 언어를 통해 자신을 나타낸다는 것이다. 단적으로 말해 어떤 언어를 사용하는가에 따라

---

24) 루드비히 비트겐슈타인(2008). 김양순 옮김, 「논리철학논고/철학탐구/반철학적 단장」, 동서문화사.

제7장 이미지 생산을 넘어 283

그 사람이 어떤 사람인지 알 수 있다.

　그런데, 인간은 언어를 통해 자신을 드러내기도 하지만 한편으로는 언어를 사용하지 못함으로써 정작 스스로에게는 자신을 더 잘 드러낸다. 스스로에게 더 잘 드러낸다는 것은 스스로를 더 잘 느끼게 된다는 의미다. 롤랑바르트는 모국어로 말하면 말하는 사람이 하나의 인격체로 구성되어 그가 어느 지역 출신이며 신분, 문화수준, 지성, 취미가 어느 정도인지 금방 드러난다고 말한다. 그래서 그는 언어가 다른 외국에서는 굉장한 휴식을 맞이할 수 있다고 말한다. 내가 그 나라의 언어를 할 수 없으니 나의 우둔함, 저속함, 허영, 세속성, 국적, 규칙성으로부터 벗어나기 때문이다. 그런데 바로 이때 오히려 나를 온전히 느낄 수도 있다고 했다. 즉 그 나라의 언어를 모르니 목에서 울려나는 소리, 감동의 호흡 등 순수한 의미로만 경험되는 이 미지의 언어가 나에게는 희미한 현기증을 일으키면서 인공적인 텅빈 무의 상태로 나를 휘몰아간다는 것이다. 이 무의 상태는 오로지 나를 위해서만 완성되는 것이다.[25] 이처럼 언어로 나를 표현하면서도 '언어 없음'이 또한 나를 표현한다. 이렇게 본다면 개념적 블렌딩으로 채워지지 않는 즉 언어로 포착되지 않은 현상은 어쩌면 나를 온전히 느낄 수 있는 여지를 둔 것과 같다.

---

25) 롤랑 바르트(2008). 김주환·한은경 옮김, 「기호의 제국 롤랑 바르트」, 산책자, p.19.

이러한 관점에 따르면 언어로 나를 표현하되 언어로 표현되지 않는 것 또한 나를 알 수 있게 해준다. 코로나19에 따라 정부와 그 속의 관료들의 노력은 언어로 표현되며 나를 비롯한 국민들에게 그 언어가 함께 사용되도록 했다. 언어가 사용되면서 스스로를 표현하기도 했지만, 표현되지 못한 상황과 현상 속에서는 스스로가 스스로에 대해 생각하며 느낄 수도 있었다. 코로나19를 마주한 현실에서 정부 관료들의 노력으로 만들어진 여러 언어는 이 상황 속 나와 우리가 어떤 환경에 놓여서 어떻게 해야 하는지 등을 인식하게 해주었다. 앞서 살펴본 네 가지 이미지를 만든 언어들이 그 인식을 위한 중요 수단이었다. 하지만 한편에서는 코로나19를 마주하고 있지만 그 현실을 어떻게 받아들이고 인식해야 하는지에 대한 언어적 표현 등이 아직 만들어지지 않은 때도 있었다. 지금도 현재 진행형으로서 언어적 표현이 미치지 않은 상황은 많을 것이다.

바로 여기서 개념적 블렌딩의 이미지 생산의 가능성이 계속 열린다. 현재와 같이 생산된 이미지의 예를 통해 코로나19와 같은 현상에 대한 이미지 생산이 가능함을 알 수도 있지만, 동시에 지금까지 언어로 포착되지 않아서 개념적 블렌딩이 일어나지 않은 상황은 언어 없음으로 인해 온전한 나를 느끼게 해주는데, 사실 그 순간에도 언어를 사용하는 인간은 자신을 느끼면서 언어적 표현을 위해 몸짓을 꿈틀거린다. 자신을 느낀다는 그 '느낌'을 이미 언어화된 표현으로 나타내고 있는 것이다. 이는 다니엘 S. 밀로(Daniel S. Milo)의 말처럼 내일이나 미래 개념을 이미 가지고 있는 인간에게 나타나는 특징이다.[26]

다니엘 S. 밀로에 따르면, 내일이나 미래라는 개념은 발명된 것이다. 오직 과거와 현재만이 실재하는데, 인간은 미래를 믿고 있다. 미래라는 개념이 있기 때문이다. 인간 이외의 생물이나 미생물은 기억을 가지고 현재를 경험해도 그들에게 내일이나 미래의 개념은 없다고 한다. 오직 인간만이 과거를 기억하는 것을 넘어 미래의 다른 것을 상상할 수 있다. 비현실적인 것을 상상하는 것을 넘어, 그것을 타인과 공유하고 이전에는 존재하지 않았던 것을 (미래)계획하고 또 실현해 낸다. 상상하기 어려운 일들이 내일 일어날지도 모른다는 아주 작은 가능성도 가지고 있어서, 그것은 인간의 머리 위를 맴돌기도 한다. 때로는 괴로울 정도다. 다음날의 도래는 곧 가능한 것, 가상의 것, 상상세계, 현실이 아닌 픽션의 세계 등인데, 이는 미래에 대한 여러 개의 선택지가 존재하는 것을 의미한다.

그래서 우리 인간의 정신은 지금 여기에 만족하거나 과거가 변하지 않은 채 이어질 것이라는 생각을 하지 않는다. 이렇게 도래하지 않은 미래 개념으로 인해 모든 것을 각기 다른 여러 방식

---

26) 다니엘 S. 밀로(2017). 「미래중독자: 오늘을 버리고 내일만 사는 별종」, 사피엔스, 추수밭.

으로 할 수 있음을 발견하게 되면서 우리 뇌를 구성하는 150억 개의 뉴런은 '창의적'이라는 질풍에 휩싸인다. 그리고 그 뉴런들의 소유주인 인간은 만성적인 불편함에 시달리기도 한다.[27] 계속 상상하려 하는 등 창의적인 무엇인가를 생각하기 위해서이고, 또 그것들을 언어로 표현하려는 습성 때문에 더욱 그렇다. "뭔가 말로 표현할 수 없지만 그 느낌이 있다.", "이것을 뭐라고 표현해야 할지 모르지만…" 등과 같은 말은 이미 언어로 표현하기 위한 인간의 노력이 개입되고 있음을 말한다. 이로써 언어로 포착되지 않은 것들도 개념적 블렌딩의 거리가 될 만한 것들로 인해 꿈틀거리게 된다. 물론 반드시 그 형태가 개념적 블렌딩으로만 나타나는 것은 아니지만, 개념적 블렌딩으로도 가능성을 지니고 있다.

인간에게 인지적 부담은 이런 것들이다. 전에 없던 것을 현존하는 것으로 인지하고 만들어야(구성) 하고 또 언어로 표현해야 한다. 언어적 공백을 둘 때조차 그 공백을 인지하고 그에 대해 또 언어로 말하려 든다. 언어는 의사소통이 기본이므로 의사소통을 통해 크고 작은 마찰도 생긴다는 점에서 외부적 요소에 의해 가중되는 인지적 부담도 적지 않다. 기존 개념을 활용하는 것부터 새로운 개념을 만드는 과정과 그렇게 해도 공백으로 남아있는 현상을 또 상상의 영역으로 끌어들여 온전한 본인을 느끼면서도 역

---

27) 다니엘 S. 밀로(2017). 「미래중독자: 오늘을 버리고 내일만 사는 별종」, 사피엔스, 추수밭, pp.32-33.

시 다시 그것에 대해 언어적 표현을 위한 신경을 곤두세운다.

사회적 현실이 확장되고 지속되려면 일반적으로 다른 상징 보다는 언어가 더 효율적이라고 한다. 이를 아는, 혹은 이미 그에 익숙해져버린 인간이 그대로 있지 않다. 그 효율성을 적극 활용 한다. 뇌과학 분야에서는 이를 인간이 아닌 인간의 뇌가 그렇게 하는 것으로 본다. 우리의 뇌는 단순한 이성의 기관이라기보다는 어떤 에너지가 필요하기 전에 그 필요를 예측하고 움직임을 효율 적으로 만들어내면서 생존을 위해 신체를 제어하는 역할을 한다. 마치 절약하고 잘 써야 하는 흔히 우리가 말하는 돈으로 표시된 예산처럼 '신체예산'을 효율적으로 관리해서 생존할 수 있게 해주 는 기관이 바로 뇌다. 뇌는 주변 환경에 맞추어서 세부조정하고 가지치기도 하며 효율성을 높인다.[28] 그래서 사회적 현실을 만들 때 효율적인 언어를 굳이 마다하지 않는다. 더 적극적으로 활용 한다. 뭐라 말할 수 없는 그 무엇에 대해서도 '뭐라 말할 수 없는' 이라는 것으로 비교하는 자체가 곧 말을 하려는 것임을 의미한 다. 뭐라 말할 수도 없는 표현이 지금으로서는 가장 효율적인 언 어 사용의 표현일 수 있다. 신체예산상 그렇게 표현하는 것이 에 너지 소모를 더는 일인 것이다. 언어 없음의 상태에서 자신을 느 낄 때 조차 그 느낌을 언어화하려는 습성을 위해 신경이 곤두선 다는 것 역시 사실은 신체예산을 효율적으로 사용하기 위해 뇌가

---

28) 리사 펠드먼 배럿(2022). 변지영 옮김, 「이토록 뜻밖의 뇌과학」, 더퀘스트.

가동하는 것이다.

개념적 블렌딩에 의해 만들어진 여러 이미지는 언어에 의한 상상이나 생각의 나래가 펼쳐진 결과물이다. 그렇게 나온 결과물은 그것들이 기존의 언어가 되어 또 다른 개념적 블렌딩의 가능성 기회를 주는 것은 물론이고, 그 전에 그것들이 만들어질 때 미처 만들어지지 않은 즉 언어로 표현되지 않은 영역도 언제가 될지는 몰라도 언어로 표현될 수 있다는 점에서 개념적 블렌딩의 가능성을 남겨두고 있다. 기본적으로 언어를 사용하는 인간이기에 그렇고, 계속 말로 표현하려고 하기 때문에 그렇다. 프리드리히 하이에크(Friedrich Hayek) 역시 그가 말하는 자생적 질서의 하나로 언어를 들 정도였다. 자생적 질서는 인간들이 자신들의 이익을 추구하기 위해 자신의 지식을 투입하여 행동하는 과정에서 저절로 생성되는 질서를 말한다. 자생적 질서는 인간행동의 결과로 저절로 생성되는 것이므로 이를 통해서도 인간과 언어의 관계가 어떤지 짐작할 수 있다.29) 의도하지 않아도 인간에 의해 만들어지는 언어는 데니스 버틀러 프라이(Dennis Butler Fry)가 말한 언어적 인간으로서 언어능력을 지닌 호모 로퀜스(Homo Loquens)에게는 자연스러운 현상이다. 언어능력을 지녔다는 점은 단순히 다른 동물과 구별된다는 것을 넘어, 찰스 로버트 다윈(Charles

---

29) 프리드리히 하이에크(2012). 김이석 옮김, 「노예의 길」, 나남출판, pp.73−77.

Robert Darwin)의 말처럼 인간이 하등 동물과 다른 유일한 점은 대단히 복합적인 소리를 생각과 결부시키는 능력이 거의 무한정 더 크기 때문이다.[30] 복합적 소리를 생각과 결부 시키는 능력도 그렇지만 그 능력이 하등 동물과 비교할 때 거의 무한정 더 크다는 점은 이미지 생산을 넘어서도 이미지는 계속 생산될 것임을 말한다. 따라서 언어에 의한 개념적 블렌딩의 작업도 계속될 것이다. 특히 불확실성이 높은 사회에서 정부 관료의 역할을 고려할 때 그들의 그 작업은 중요하다.

---

30) 찰스 로버트 다윈(2006). 「인간의 유래1」, 한길사.

참고문헌 ────────────────────────────────

경기일보(2020). 이재명 "코로나 쓰나미 다시 몰려온다…불편한 동거 대비해야", 5월 27일자 기사.

교육부(2021). 「2020 교육분야 코로나19대응」, 교육부.

국민일보(2020). 의정부시 코로나19 70대 확진자 추가…산행과 하천 운동해, 3월 25일자 기사.

국방부(2020). 정경두 국방부 장관, 대구지역 현장지도, '코로나19' 총력지원 및 확고한 군사대비태세 유지 당부, 3월 6일자 보도자료.

김동환(2013). 「인지언어학과 개념적 혼성이론」, 도서출판 박이정.

김민주(2021). 「자치와 보이지 않는 권력」, 박영사.

_____(2020). 민속문화에 나타난 관료 이미지 분석, 「한국행정연구」, 29(3): 155 – 189.

_____(2019). 대규모 정부사업의 반복된 철회가 마을주민에게 미친 심적 영향 분석, 「지방행정연구」, 33(4): 249 – 282.

_____(2019). 「공공관리학」, 박영사.

_____(2019). 「재무행정학」, 박영사.

_____(2019). 지방자치단체의 장소자산과 도시이미지, 「인문사회과학연구」, 20(3): 371 – 412.

_____(2018). 「시민의 얼굴 정부의 얼굴」, 박영사.

_____(2017). 「정부는 어떤 곳인가: 행정학의 이해와 활용」, 대영문화사.

_____(2017). 예산배분 권력의 역전, 「인문사회과학연구」, 18(3): 143 – 181.

_____(2016). 시민과 정부는 어떤 이미지로 존재하고 있는가?, 「한국행정연구」, 25(3): 1 – 32.

김민주·정동연(2022). 도시철도 운영기관 직원의 고령층 고객에 대한 이미지 분석, 「교통연구」, 29(3): 45 – 60.

김민주·윤성식(2016). 「문화정책과 경영」, 박영사.

김진영(2021). 어떤 죽음을 원하십니까?, 조선일보, 11월 9일자 칼럼.

김호직(2023). 불확실성의 포스트 코로나 시대, 「국가관리BRIEF」, 78호, 국가관리연구원.

김휘택(2018). 이미지와 의미 부여에 대한 일고찰: 바르트의 이미
　　지론을 중심으로, 「기호학 연구」, 57: 59 – 90.

김희철 · 박일준 · 김묘은(2023). 교육용 메타버스 플랫폼 개발을 위
　　한 제언: 델파이 연구를 중심으로, 「한국컴퓨터정보학회논문
　　지」, 28(2): 235 – 246.

나심 니콜라스 탈레브(2008). 차익종 · 김현구 옮김, 「블랙스완」,
　　동녘사이언스.

네이선 울프(2015). 강주헌 옮김, 「바이러스 폭풍의 시대」, 김영사.

뉴스1(2020). 코로나19 확진자 지역별 현황, 9월 15일자 기사.

뉴시스(2021). 행안장관 "코로나19 싸움 관건은 백신접종…차질없
　　이 준비", 1월 8일자 기사.

다니엘 S. 밀로(2017). 「미래중독자: 오늘을 버리고 내일만 사는
　　별종」, 사피엔스, 추수밭.

대통령기록관(2021). 2022년도 예산안 시정연설, 「문재인 대통령
　　연설문집 제5권 – 상」, 2021년 10월 25일.

＿＿＿＿＿＿＿(2021). 확대경제장관회의, 「문재인 대통령 연설문집
　　제5권 – 상」, 2021년 6월 28일.

＿＿＿＿＿＿＿(2021). 민생경제장관회의, 「문재인 대통령 연설문집
　　제5권 – 상」, 2021년 7월 29일.

＿＿＿＿＿＿＿(2020). (코로나19 관련)신종 코로나바이러스감염증
　　대응 종합점검회의, 「문재인 대통령 연설문집 제3권 – 하」,

2020년 1월 30일.

_____(2020). 제5회 국무회의, 「문재인 대통령 연설문집 제3권-별권」, 2020년 2월 4일.

_____(2020). (코로나19 관련)범정부대책회의, 「문재인 대통령 연설문집 제3권-하」, 2020년 2월 23일.

_____(2020). (코로나19 관련)대구지역 특별대책회의, 「문재인 대통령 연설문집 제3권-하」, 2020년 2월 25일.

_____(2020). (코로나19 관련)공적 마스크 5부제 판매 관련 메시지, 「문재인 대통령 연설문집 제3권-하」, 2020년 3월 6일.

_____(2020). (코로나19 관련)주요 경제주체 초청 원탁회의, 「문재인 대통령 연설문집 제3권-하」, 2020년 3월 18일.

_____(2020). (코로나19 관련)제1차 비상경제회의, 「문재인 대통령 연설문집 제3권-하」, 2020년 3월 19일.

_____(2020). 제16회 국무회의, 「문재인 대통령 연설문집 제3권-별권」, 2020년 3월 31일.

_____(2020). 수석·보좌관회의, 「문재인 대통령 연설문집 제3권-별권」, 2020년 4월 20일.

_____(2020). (코로나19 관련)#덕분에 챌린지 참여 메시지, 「문재인 대통령 연설문집 제3권-하」, 2020년 4월 27일.

_____(2020). 수석·보좌관회의, 「문재인 대통령 연설문집 제3권-별권」, 2020년 4월 27일.

_____(2017). 제19대 대통령 취임식, 「문대통령연설문집본문(상권)」, 2017년 5월 10일.

대전일보(2020). 정 총리 "코로나19 승기 잡겠다", 12월 11일자 기사.

대한민국역사박물관(2020). 인류와 함께 살아온 바이러스, 「역사공감」, 제20-2호, Vol.28.

대한민국 정책브리핑(2022). 한 총리 "코로나 위기 다시 와도 일상 지킬 수 있게 철저히 준비", 5월 27일자 기사.

_____(2021). 코로나 이후 네 가지 주요변화에 주목해야, 1월 22일자 기사.

_____(2020). 정 총리 "코로나19와 싸움 최대 고비…품격있는 시민의식으로 충분히 극복 가능", 12월 31일자 기사.

대한민국 정책브리핑(2020). 문재인 대통령 취임 3주년 특별연설, 5월 10일자 기사.

동아사이언스(2021). [감염병 시대 우리말](하)한국만 쓰는 코로나19, 선택이 맞았나, 8월 30일자 기사.

_____(2021). [감염병 시대 우리말](중)백신 맞은 국민 3명 중 2명 "언론과 정부 브리핑 참고했다…다만 좀더 쉬웠으면", 8월 26일자 기사.

_____(2020). 코로나19 감염력 무증상·경증 10일 중증 20일 간다…전세계 논문 77편 분석 결과, 10월 21일자 기사

동아일보(2022). AI로 맞춤학습 돕고, 메타버스로 대화형 수업, 4월 4일자 기사.

_____(2022). 우리의 꿈은 현실이 된다… 캠퍼스 곳곳에서 만나는 메타버스, 11월 24일자 기사.

_____(2020). '코로나 전사' 정은경 교체 만류한 이낙연의 '무한 신뢰' 인연, 9월 9일자 기사.

_____(2020). 코로나에 감염되면 왜 후각을 잃어버릴까, 9월 8일자 기사.

롤랑 바르트(2008). 김주환·한은경 옮김, 「기호의 제국 롤랑 바르트」, 산책자.

_____(1997). 김희영 옮김, 「텍스트의 즐거움」, 동문서.

루드비히 비트겐슈타인(2008). 김양순 옮김, 「논리철학논고/철학탐구/반철학적 단장」, 동서문화사.

루트비히 폰 미제스(2012). 황수연 옮김, 「관료제」, 지식을만드는지식.

리사 펠드먼 배럿(2022). 변지영 옮김, 「이토록 뜻밖의 뇌과학」, 더퀘스트.

_____(2017). 「감정은 어떻게 만들어지는가?」, 생각연구소.

마셜 매클루언(2011). 김상호 옮김, 「미디어의 이해: 인간의 확장」, 커뮤니케이션북스.

마커스 버킹엄·애슐리 구달(2019). 이영래 옮김, 「일에 관한 9가
　　지 거짓말」, 쌤앤파커스.

마흐무드 맘다니(2017). 최대희 옮김, 「규정과 지배」, 창비.

막스 베버(2018). 이상률 옮김, 「관료제」, 문예출판사.

맷 매카시(2020). 김미정 옮김, 「슈퍼버그보이지 않는 적과의 전쟁」,
　　흐름출판.

뮤리엘 사빌-트로이케 지음(2009). 왕한석 외 옮김, 「언어와 사회」,
　　한국문화사.

미히르 데사이(2018). 「금융의 모험」, 부키.

바바라 크룩섕크(2014). 심성보 옮김, 「시민을 발명해야 한다」, 갈
　　무리.

박천오(1996). 다원주의적 민주주의에 대한 한국관료의 태도, 「한
　　국행정논집」. 8(2): 243-257.

보건복지부(2021). 「코로나19 국민 정신건강 실태조사」, 보건복지부.

_____(2021). 추석 연휴 비대면 문화콘텐츠로 지친 마음을 달
　　래세요, 9월 17일자 보도자료.

_____(2020). 5일간 강력한 사회적 거리 두기, 정부부터 앞장
　　서 실천한다!, 별첨 자료, 3월 22일자 보도자료.

부산일보(2016). "민중은 개돼지…" '나향욱(교육부 정책기획관)
　　망언' 분노 확산, 7월 10일자 기사.

비비안 에반스·멜라니에 그린(2008). 임지룡·김동환 옮김, 「인지 언어학 기초」, 한국문화사.

빅토어 마이어 쇤베르거·토마스 람게(2018). 홍경탁 옮김, 「데이터 자본주의」, 21세기북스.

산업통상자원부(2021). 코로나 취약계층과 수출기업 지원에 쓰겠습니다, 산업부뉴스, 7월 26일자 기사.

서울경제(2020). 트럼프 "난 戰時 대통령"…국방물자생산법 발동, 3월 19일자 기사.

서울시 코로나19 통합사이트(www.seoul.go.kr/coronaV).

서울신문(2022). 재택근무 '클릭 수'까지 실시간 체크… 거실까지 들이닥친 노동 감시, 10월 10일자 기사.

_____(2020). '보이지 않는 것'의 두려움, 2월 27일자 기사.

_____(2014). 박근혜 대통령 신년 기자회견 "통일은 대박이다" 왜?, 1월 6일자 기사.

선정수(2020). 「코로나 전쟁, 인간과 인간의 싸움K–방역을 둘러싼 빛과 그림자」, 동아엠앤비.

성영조·이유진·이영석·김영록(2022). 경기도 메타버스 적용을 위한 실증연구, 「정책연구」, 경기연구원.

세계보건기구 홈페이지(www.who.int).

세계일보(2022). 김 총리 "전면적 봉쇄 없이 이룬 값진 방역 성과, 근거 없이 스스로 폄훼하는 것 경계해야", 5월 6일자 기사.

수원여객 홈페이지(https://blog.naver.com/suwoncitybus).

수잔 티체·로리 코헨·질 머슨(2013). 신병현 옮김, 「언어와 조직 이해」, 커뮤니케이션북스.

스티브 마틴·조지프 마크스(2021). 김윤재 옮김, 「메신저」, 21세기북스.

시사뉴스(2020). 코로나19유입 6개월…정은경 "7차전파까지 연결 고리 찾아낸 나라 전 세계에 없을 것", 7월 20일자 기사.

신의철(2021). 「보이지 않는 침입자들의 세계」, 21세기북스.

심준섭·김진탁(2014). 이미지이론에 따른 의사결정 프레임 분석, 「행정논총」, 52(2): 199−228.

쓰지하라 야스오(2021). 유성운 옮김, 「고지도로 보는 유토피아 상식도감」, 이다미디어.

아주경제(2021). 김부겸 총리 "코로나19 싸움 수도권 방역이 관건", 6월 29일자 기사.

알렉산드르 아파나시예비치 포테브냐(2016). 조준래·김민수 옮김, 「사고와 언어」, 한국외국어대학교 지식출판콘텐츠원.

앙리 르페브르(2013). 정기헌 옮김, 「리듬분석」, 갈무리.

양은별·류지헌(2021). 메타버스 학습환경에서 동료와 교사 아바타가 학습실재감과 시각적 주의집중에 미치는 효과, 「교육정보미디어연구」, 27(4): 1629−1653.

어맨다 몬텔(2023). 김다봄·이민경 옮김, 「컬티시」, 아르테.

에릭 홉스봄(2004). 박지향 외 옮김, 「만들어진 전통」, 휴머니스트

연합뉴스(2023). WHO "중국, 코로나 정보 공유 늘었지만 사망자
수 축소 여전", 1월 12일자 기사.

_____(2022). 코로나19 취약계층에 더 가혹…소득하위 10% 사
망률, 전체의 2배, 7월 24일자 기사.

_____(2022). "코로나19, 취약계층에 더 타격…저소득층 직장
유지율 8.4%p↓", 8월 3일자 기사.

_____(2022). 김광동 "과거사 정리, 오히려 반민주적"…위원장
자격 논란, 12월 16일자 기사.

_____(2021). 코로나19 신규 확진자 추이, 8월 19일자 기사.

_____(2020). 키신저 "코로나19 팬데믹, 세계 질서 영원히 바꿔
놓을 것", 4월 5일자 기사.

_____(2020). 국내 '신종코로나' 17번째 확진자 주요 동선, 2월 5
일자 기사.

_____(2020). 정총리, 1달 만에 대구 방문…"코로나19 싸움 아직
끝나지 않아", 4월 11일자 기사.

완도신문(2021). 코로나와 싸우는 완도, 힘내라 완도!, 7월 23일자
기사.

울리히 벡(2014). 홍성태 옮김, 「위험사회 새로운 근대성을 향하여」,
새물결.

유발 하라리(2015). 조현욱 옮김, 「사피엔스」, 김영사.

유튜브(2023). 뽀로로 안전 캠페인 영상
(https://www.youtube.com/watch?v = AxZA4N6M9QQ).

월리스 스티븐스(2020). 정하연 옮김, 「하모니엄」, 미행.

웬디 브라운(2010). 이승철 옮김, 「관용」, 갈무리.

이마이 무쓰미(2022). 김옥영 옮김, 「언어와 사고」, 소명출판.

이미나 · 홍주현(2016). 메르스 확산에 따른 정부의 위기 대응 메시지 언어 네트워크 분석, 「한국콘텐츠학회논문지」, 16(5): 124 – 136.

이병량(2018). 한국 관료의 엘리트화 현상에 대한 연구: 관료 나르시시즘의 조건으로서. 「정부학연구」. 24(1): 129 – 155.

이병희(2019). 북한을 보는 관점들의 차이: 이미지 이론을 중심으로, 「동북아연구」, 34(1): 183 – 213.

이삼수 · 문준경 · 윤병훈(2021). 「포스트 코로나19 시대의 도시재생 정책방향 연구」, 한국토지주택공사 토지주택연구원.

이슬기 · 김태형(2022). 코로나19 대응성과의 영향요인에 관한 연구: 민첩한 정부의 비선형성과 정부의 관리역량을 중심으로, 「지방정부연구」, 26(3): 225 – 254.

이태진 외(2023). 「사회통합 실태진단 및 대응방안(Ⅸ): 포스트코로나 시대의 사회통합도 제고를 위한 정책 방향」, 한국보건사회연구원.

인사혁신처(2021). 「국가공무원 재택근무 매뉴얼: 재택근무자편」, 인사혁신처.

인천시 연수구청(www.yeonsu.go.kr).

인천항만공사 홈페이지(www.icpa.or.kr).

장보형(2022). 「위드코로나 시대의 공생전략」, 하나금융경영연구소.

장흥군 홈페이지(www.jangheung.go.kr)의 기고문 메뉴.

정정길 외(2012). 「정책학원론」, 대명출판사.

중앙선데이(2021). 감염 재난은 보이지 않는 적과의 긴긴 싸움… 우울감 당연, 이타심이 가장 좋은 마음 방역, 12월 18일자 기사.

중앙일보(2019). 日 버르장머리 고쳐놓겠다…더 센 말로 일본 때렸던 YS, 8월 3일자 기사.

조던 피터슨(2021). 김진주 옮김, 「의미의 지도」, 앵글북스.

조선일보(2021). 직장인 71% "이모지 사용하는 동료에 더 호감", 7월 30일자 기사.

_____(2021). 권칠승 중기부 장관 "코로나와 동거 방법 찾아야", 9월 1일자 기사.

_____(2020). 권영진 대구시장 "코로나 싸움도 버거운데 신천지, 저급한 언론, 나쁜 정치와도 싸워야...사면 초가", 3월 11일자 기사.

_____(2020). 인류, 보이지 않는 적과 싸운 2020, 12월 31일자 기사.

조지 레이코프(2018). 유나영 옮김, 「코끼리는 생각하지 마」, 와이즈베리.

_____(2012). 나익주 옮김, 「폴리티컬 마인드」, 한울.

조지 레이코프·로크리지연구소(2007). 나익주 옮김, 「프레임 전쟁」, 창비.

조르조 아감벤·양창렬(2010). 양창렬 옮김, 「장치란 무엇인가? 장치학을 위한 서론」, 난장.

조민정·이신행(2021). 코로나19 관련 언론 보도 프레임 분석: 자료기반 자동화 프레임 추출 방법을 중심으로, 「한국소통학보」, 20(1): 79 – 121.

존 조지 스토신저(2008). 임윤갑 옮김, 「전쟁의 탄생: 누가 국가를 전쟁으로 이끄는가」, 플래닛미디어.

중부일보(2022). 코로나와 동거… 세상이 변했다, 7월 6일자 기사.

질병관리본부 홈페이지(현재는 질병관리청, www.kdca.go.kr).

질병관리청(2022). 「사회적 거리두기 시행연혁」, 질병관리청.

_____(2013). '위기에서 일상으로, 안전하게 건강하게' 비전 하에 2023년 질병관리청 주요업무계획 발표, 1월 9일자 보도자료.

질 포코니에·마크 터너(2009). 김동환·최영호 옮김, 「우리는 어떻게 생각하는가」, 지호.

찰스 로버트 다윈(2006). 「인간의 유래1」, 한길사.

케이틀린 오코넬, 이선주 옮김, 「코끼리도 장례식장에 간다」, 현대
　　지성.

코로나19 세계 지도 홈페이지(covid19.map.naver.com).

코로나19 예방접종 누리집 홈페이지(ncv.kdca.go.kr).

통계청(2022). 「한국의 사회동향」, 통계청·통계개발원.

클라이브 윌스(2021). 김수민 옮김, 「의도하지 않은 결과: 복잡한
　　문제를 보는 새로운 관점」, 프롬북스.

프리드리히 니체(2018). 김세영·정명진 옮김, 「권력의지」, 부글북스.

프리드리히 하이에크(2012). 김이석 옮김, 「노예의 길」, 나남출판.

파이낸셜뉴스(2020). 서욱 국방장관, 코로나와 싸우는 간사 생도
　　격려해, 12월 26일자 기사.

페르디낭 드 소쉬르(2022). 김현권 옮김, 「일반언어학 강의」, 그린비.

피터 홀린스(2019). 서종민 옮김, 「뻘짓은 나만 하는 줄 알았어」,
　　명진서가, pp.29－30.

하워드 S. 베커(2016). 김봉석 외 옮김, 「사회에 대해 말하기」, 인
　　간사랑.

한겨레(2021). 바이러스 공기 전파 막으려면, 3월 21일자 기사.

＿＿＿(2021). 짐작은 했지만…공기전파, 코로나 주요 감염경로로
　　공식 확인, 5월 13일자 기사.

＿＿＿(2020). 추석 '코로나 재확산' 위기, 국민 힘 모아 이겨내자 9
　　월 27일자 기사.

한겨레21(2022). 당신이 재택근무를 해도 회사는 '지켜본다', 2월 13일자 기사.

한병철(2022). 전대호 옮김, 「사물의 소멸」, 김영사.

_____(2021). 이재영 옮김, 「고통 없는 사회」, 김영사.

_____(2021). 전대호 옮김, 「리추얼의 종말」, 김영사.

_____(2016). 이재영 옮김, 「아름다움의 구원」, 문학과지성사.

_____(2016). 김남시 옮김, 「권력이란 무엇인가」, 문학과 지성사.

AI타임스(2021). [체험기] 광주·전남 최초 메타버스 강의 참석해 보니, 10월 5일자 기사.

EBS(2020). 클래스e – 이정모의 바이러스의 침공, 7월 연속 방송.

JTBC 코로나19 취재팀(2022). 「끝없는 끝을 향한 전쟁」, 정한책방.

KBS(2020). 코로나19 특집 다큐 바이러스와의 전쟁, 2월 29일 방송.

SBS뉴스(2022). 코로나 바이러스, 보행자의 등·엉덩이에도 붙어, 4월 16일자 기사.

YTN(2020). [코로나19 특별기획] 코로나19 260일, 끝 모를 전쟁, YTN 사이언스 스페셜, 10월 1일 방송.

UPI뉴스(2022). 고려대·순천향대, SKT '이프랜드'서 메타버스 입학식, 2월 25일자 기사.

Chalmers, Alan Francis(1999). *What is this Thing Called Science?*, third edtion, Indianapolis: Hackett Pub.

Coulson, S.(2001). *Semantic Leaps: Frame—shifting and Conceptual Blending in Meaning Construction*, Cambridge University Press.

Bachrach, Peter and Morton S. Baratz(1970). *Power and Poverty: Theory and Practice*, Oxford University Press.

Baumgartner, Frank R. and Bryan D. Jones(1993). *Agendas and Instability in American Politics*, Chicago: University of Chicago Press.

Boulding, K. E.(1961). *The Image: Knowledge in Life and Society*, University of Michigan Press.

Brewin, C. R., T. Dalgleish, & S. Joseph(1996). A dual repre—sentation theory of posttraumatic stress disorder, *Psychological Review*, 103: 670—686.

Dahl, Robert(1957). The Concept of Power, *Behavioral Science*, 2(3): 201—215, pp.202—203.

Dotan, Arad, Paula David, Dana Arnheim and Yehuda Shoenfeld (2022). The autonomic aspects of the post— COVID19 syn—drome, *Autoimmun Reviews*, 21(5): 103071 (10.1016/j.autrev. 2022.103071).

Dunleavy, Patrick(1991). *Democracy, Bureaucracy and Public Choice: Economic Explanation in Political Science*, London:

Prentice Hall

Dunleavy, Patrick(1985). Bureaucrats, Budgets and the Growth of the State: Reconstructing an Instrumental Model, *British Journal of Political Science*, 15: 299 – 328.

Ehlers, A., & D. M. Clark(2000). A cognitive model of post – traumatic stress disorder, *Behaviour Research and Therapy*, 38: 319 – 345.

Farmer, David J.(1995). *Language of Public Administration*, The University of Alabama Press.

Fauconnier, G. and M. Turner(1998). Conceptual integration net – works, *Cognitive Science*, 22: 133 – 187.

_____(1994). Conceptual projection and middle spaces, *Technical Report 9401*, University of California, San Diego, Department of Cognitive Science.

Fineman, M. A.(2008). The Vulnerable Subject: Anchoring Equality in the Human Condition, *Yale Journal of Law and Feminism*, 20(1): 1 – 24.

Glik, D. C.(2007). Risk Communication for Public Health Emergencies, *Annual Review of Public Health*, 28: 33 – 54.

Hymes, Dell(1962). The ethnography of speaking, In T. Gladwin and W. Sturtevant(eds), *Anthropology and Human Behavior*,

Washington, DC: Anthropological Society of Washington.

Hoffman, D. D.(2013). Public objects and private qualia: The scope and limits of psychophysics. In L. Albertazzi(Ed.), *Handbook of experimental phenomenology: Visual perception of shape, space and appearance*, Wiley–Blackwell.

Inhorn, M. C., & P. J. Brown(1990). The Anthropology of Infectious Disease, *Annual Review of Anthropology*, 19(1): 89–117.

Jenkins, Tony(2013). Reflections on Kenneth E. Boulding's the Image: Glimpsing the Roots of Peace Education Pedagogy, *Factis Pax*, 7(1): 27–37.

Jones, Bryan D. and Frank R. Baumgartner(2005). A model of choice for Public Policy, *Journal of Public Administration Research and Theory*, 15(3): 325–351, p.325.

Lukes, Steven(2005). *Power: A Radical View*, London: Palgrave Macmillan, p.29.

Marcos, Alfredo(2016). Vulnerability as a Part of Human Nature, In Aniceto Masferrer · Emilio García–Sánchez eds., *Human Dignity of the Vulnerable in the Age of Rights: Interdisciplinary Perspectives*, Springer, pp.34–36.

Mergel, I., S. Ganapati & A. B. Whitford(2020). Agile: A new way of governing. *Public Administration Review*, 81(1): 161–165.

Morgan, Gareth(2006). *Images of Organization*, Sage Publications.

Niskanen, William A.(1971). *Bureaucracy and Representative Government*, Chicago: Aldine–Atherton

Peltzman, S.(1976). Toward a More General Theory of Regulation, *Journal of Law and Economics*, 19: 21–240.

Pierson, Paul(2000). Increasing Returns, Path Dependence, and the study of Politics, *American Political Science Review*, 94(2): 251–267.

Prather, Kimberly A., Chia C. Wang, Robert T. Schooley(2020). Reducing transmission of SARS–CoV–2, *Science*, 368(6498): 1422–1424.

Reynolds, B., & Seeger, M.(2007). Crisis and emergency risk communication as an integrative model, *Journal of Health Communication*, 12(3): 43–55.

Rose–Ackerman, Susan.(1999). *Corruption and Government: Causes, Consequences, and Reform*, Cambridge: Cambridge University Press.

Samuels, W. J.(1997), Kenneth E. Boulding's the Image and Contemporary Discourse Analysis, In W. J. Samuels et al. ed., *The Economy as a Process of Valuation*, E. Elgar.

Stigler, Gorge(1971). The Theory of Economic Regulation, *Bell Journal of Economics and and Management Science*, 2(1): 3−21.

Trew, Tony(1982). *What the papers say, In Braj B. Kachru, ed. The other Tongue: English across cultures*, University of Illinois Press.

Tullock, Gordon(1967). The Welfare Cost of Tariffs, Monopoly, and Theft, *Western Economic Journal*, 5(3): 224−232.

Weber, Max(1948). *From Max Weber: Essays in Sociology*, London: Routledge.

World Bank(2020). *Poverty and Shared Prosperity 2020*, World Bank.

Young, Iris Marion(2004). Responsibility and Global Labor Justice, *The Journal of Political Philosophy*, 12(4): 365−388.

Zajonc, R. B.(1968). Attitudinal Effects of Mere Exposure, *Journal of Personality and Social Psychology Monograph Supplement*, 9(2): 1−27.

Zajonc, R. B.(1980). Feeling and Thinking: Preferences Need no Inferences, *American Psychologist*, 35(2): 151 − 175.

찾아보기

저자 소개

김민주(金玟柱)
동양대학교 북서울(동두천)캠퍼스 공공인재학부 교수

　평가, 재무행정, 문화정책, 관리 등에 관심을 가지고 있다. 2012년에 고려대학교에서 행정학 박사학위를 취득하고, 2013년부터 현재까지 동양대학교 북서울(동두천)캠퍼스의 공공인재학부 교수로 재직 중이다. 공공인재학부장과 한국행정학회 운영이사, 경인행정학회 연구위원장, 국가평생교육진흥원 독학행정학 분과위원회 위원 등을 역임했고, 국회도서관 자료추천위원단 위원, 각종 평가의 평가위원 및 평가위원장, 경기도 동두천양주교육지원청의 공적심사위원회 위원, 동두천시 재정운용심의위원회 위원 등으로 활동 중이다.

　지은 책으로는『면접지배사회에서 살아가기』(2022),『자치와 보이지 않는 권력』(2021),『행정계량분석론』제2판(2021),『호모 이밸루쿠스: 평가지배사회를 살아가는 시험 인간』(2020),『재무행정학』(2019),『공공관리학』(2019),『시민의 얼굴 정부의 얼굴』(2018),『정부는 어떤 곳인가』(2017),『문화정책과 경영』(2016),『평가지배사회』(2016),『원조예산의 패턴』(2014) 등이 있다.
　minju0803@gmail.com

관료의 언어와 이미지 생산

초판발행	2023년 11월 4일
지은이	김민주
펴낸이	안종만·안상준
편 집	양수정
기획/마케팅	박부하
표지디자인	이은지
제 작	고철민·조영환
펴낸곳	(주)**박영사**
	서울특별시 금천구 가산디지털2로 53, 210호(가산동, 한라시그마밸리)
	등록 1959. 3. 11. 제300-1959-1호(倫)
전 화	02)733-6771
f a x	02)736-4818
e-mail	pys@pybook.co.kr
homepage	www.pybook.co.kr
ISBN	979-11-303-1872-1 93350

정 가   20,000원

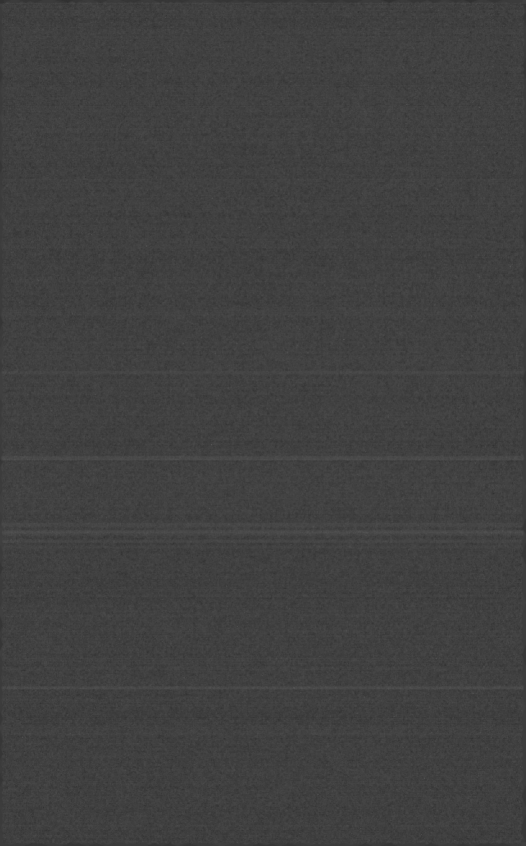